다문화 사회의
인문학적 시선

김영순

박병기

진달용

임재해

박인기

오정미

다문화
인문학
총서01

yeon
doo

다문화 인문학 총서 01

다문화 사회의 인문학적 시선

다문화 인문학 총서 02

다문화 현상의 인문학적 탐구

서문
: 다문화 사회의 인문학적 시선

인문학은 우리 인간의 삶, 사고 또는 인간다움 등 인간의 근원 문제에 관해 탐구하는 학문이다. 인간의 삶 자체가 인간을 둘러싼 사회문화적 맥락에 자유로울 수 없기에 현실의 인문학은 초국적 이주에 의해 형성된 다문화 사회에 대한 읽기와 해석의 방법론을 내놓아야 한다.

인문학은 분과 간 통합적 사고를 중요시한다는 특징이 있다. 이를 달리 이해하면 인문학의 분과 중 어느 한 분야를 공부하더라도 다른 분야에 대해 모르면 그 이해가 깊지 않을 수밖에 없다는 말이다. 특히 인문학은 인문학적 '감수성'을 추구한다.

감수성이라는 용어 자체가 사실은 '논리적 사고'를 기반으로 하는 이공 계열로부터 그와 구분되는 자신만의 가치를 주장하기 위한 전략의 일종이다. 인문학적 상상력은 '인문학적 사유'와 '인문학적 담론'이라는 것의 토대가 된다. 인문학적 담론은 그 출발이 철학부터가 논리학을 기반으로 한다. 그래서 인문학적 감수성은 '인문학적 사유'와 '인문학적 담론'의 추론과 논리를 작동하는 기반이다.

이런 맥락에서 본 저서는 다문화 사회를 인문학적 시선으로 바라보는 노력을 담고 있다. 다시 말해 초국적 이주로 형성된 다문화 사회에서 구성원들을 위한 인문학적 감수성이 요구된다는 논리다. 이를 위해 인하대 다문화융합연구소에서는 다문화 인문학 시민 강좌 시리즈를 기획하고 시민들과 비대면 화상 강의를 통해 교감하였다. 본 저서는 바로 시민 강좌를 통해 발표되었던 강연자들의 글 아홉 편을 묶은 결과물로, 교양 저서로서 세상에 내놓는다.

1장 '다문화 인문학: 다문화 시대 인문학의 자리매김'에서는 다문화 인문학을 다문화 사회를 위한 인문학적 접근으로 개념화한다. 다문화 인문학은 다문화 개념과 다문화 사회의 사회 문화 현상에 관한 이해, 그리고 다문화 사회에서 문화를 향유하고 창조해내는 인간의 관념과 행동에 관한 학문이다. 궁극적으로 '공존적 인간'을 형성하는 것이 다문화 인문학의 목적이다. 공존적 인간을 위하여 다문화 사회에서 살아가는 시민들은 세 가지의 역량을 갖추어야 할 것을 강조한다.

2장 '다문화사회의 시민과 타자 지향성의 철학'에서 다문화 사회의 시민은 학문 수행자로서의 존재라고 주장한다. 학문 수행자는 수행자로서의 갖추어야 할 역량이 있다. 이는 수행하는 나를 성찰하게 할 수 있는 '타자 존재'의 인정이다. 이를 '타자 지향성'이라고 한다. 그래서 현상학 철학의 패러다임에서 후설의 타자 지향성 의미에서부터 하이데거, 메를로 퐁티, 사르트르, 레비나스, 까뮈, 부버 등이 주장하는 타자에 관한 논의들을 살펴보고 다문화 사회를 살아가는 독자들이 어떻게 타자를 바라볼 것인가라는 관점의 필요성을 강조한다.

3장 '다문화 사회로서 한국의 미래와 시민 윤리'에서는 우리가 이미 다문화 상황 속에서 살고 있고, 미래에는 일상적인 다문화 상황과 마주하게 될 것이라고 강조한다. 그 현재와 미래를 제대로 인식할 수 있는 역량을 기르는 시민 교육이 가정 교육에서 출발해서 유치원, 초중등학교로 이어지는 교육에서 필수적이다. 다문화 인문학은 우리의 현재와 미래를 위한 출발점이 되어야 하고, 특히 실천 차원에서 우리 사회의 교육 문제와 긴밀한 연계성을 지닐 수밖에 없다.

4장 '다문화 시대의 관계 맺기: 연기적 독존의 미학'에서 우리 존재는 연기성에서 출발해서 독존성으로 나가는 발전 과정을 지닌다고 보고 있다. 거의 모든 것을 의존해야만 살아남을 수 있는 태아와 영아, 유아의 발달 단계를 거치면서 독존의 영역은 확장되고 심화된다. 이러한 특성 아래 다문화 사회에는 적극적 인식과 수용을 전제로 우리 존재성의 근원을 살펴보고 그 맥락에서 관계 맺기를 위한 화쟁의 윤리를 실천적 대안으로 생각해야 한다.

5장 '다민족 사회에서의 문화 체험을 통한 모국가의 문화 전파와 확대'에서 다문화 사회는 이주민들이 자신들의 모국 문화와 전통을 재현하고 지켜나가야 한다고 밝히고 있다. 동시에 타국가로부터 온 이주민과 자신들이 현재 살고 있는 국가의 문화를 포용하려는 노력을 기울여야 할 것이다. 그래서 다문화 사회에서는 다양한 문화체험을 통해 해당 국가의 전통과 문화를 즐기고 전수하려는 움직임에서부터, 사이버상에서 이루어지는 팬 민족주의의 근간을 형성하기도 한다. 오프라인상에서는 물론, 온라인상에서도 모국의 문화를 체험하면서 사이버 민족주의의 탄생과 발전이 이어지고 있다.

6장 '신한류 시대의 문화 혼종화와 문화 정치화 담론'에서는 신한류 현상이 한국 문화의 초국가적 흐름과 혼종화에 기인한다는 점에 착안해 혼종화의 역할이 과연 한국 대중문화의 전 세계적 흐름에 어떻게 기여하였는가를 살피고 있다. 한류 콘텐츠의 전 세계적 확산을 문화 정치의 틀 속에서 규정하는 것으로, 혼종화와 문화 정치를 연계하여, 한류의 방향성을 제시하고자 한 것이다.

7장 '다문화 사회의 재인식과 다중문화주의로 가는 미래 구상'에서는 한국 사회도 이제 크게 변화하고 있음에 주목하고 있다. 단일 민족 사회가 아니라 다국적 사회로 가면서 다인종 사회가 형성되고 다중문화주의로 가고 있다고 본다. 다중문화주의는 다문화주의처럼 소수자 문화를 대등하게 여기는 배타적 존중에 머무는 것이 아니라 소수자 문화를 비롯한 타문화를 적극 수용하여 익히고 통용하는 것이다. 우리는 다중문화주의가 가치 있게 실현되는 양방향 소통의 상생적 문화 사회를 지향해야 한다.

8장 '다문화 인문학과 문화 교육'에서 문화 행위의 주체가 인간이라는 점에 착안하면 문화의 내용은 상당 부분 인간학 또는 인문학의 요소와 통섭 관계에 있다고 본다. 20세기 이후 문화 연구는 인문학적·사회학적 맥락을 함께 아우르는 연구 분야로 자리 잡아 왔다. 미래에는 '문화 융합'이란 말이 등장하여 다른 개념어들과 상호성을 가지게 되며 대단히 큰 자장의 힘으로 문화의 세계에 변화를 줄 것이다. 이러한 변화 속에서 문화 교육이 중요한 사회가 도래할 것이고, 문화 교육의 가치와 목적은 가치의 상대화 속에서 주관을 가지는 주체를 기르는 데 있음을 잊지 말아야 한다.

9장 '다문화 문학으로서의 설화에 대한 이해와 접근'에서 정주민 대상의 다문화 교육이 본격화되어 있지 않은 상황을 지적한다. 일회적이고 시혜적인 차원의 다문화 교육이 아닌 본격적인 정주민 대상의 다문화 교육, 즉 함께하는 공동체 구현 차원의 다문화 교육을 위하여 다문화 문학으로서 설화 〈밥 안 먹는 색시〉를 소개하였다. 설화 〈밥 안 먹는 색시〉는 정주민도 다문화 교육이 필요한 학습자라는 점, 즉 이주민이나 사회 공동체를 위하여 다문화 교육의 학습자인 것뿐 아니라 자신들의 행복한 삶을 위해 정주민이 능동적으로 다문화 교육의 학습자가 되어야 한다는 점을 제시하고 있다.

이 책은 다문화 사회를 인문학적으로 읽기에 관심이 있는 모든 시민을 독자로 한다. 앞서 밝힌 바와 같이 각 장은 다문화 시민 인문학 강좌에 초청된 강연자들이 바라본 다문화 사회의 인문학적 시선이다. 제각기 다른 전공 분야에서 바라보는 다문화 사회의 인문학적 시선은 말 그대로 다양하다. 그렇지만 읽는 우리로 하여금 인문학적 상상력을 불러일으키기에는 부족함이 없다.

저자들은 다문화 사회를 살아가는 모든 시민이 우리의 시선들만큼 다양하지만, 그 시선들을 존중의 눈으로 호기심을 지닌 마음으로 이끌기를 바라는 바다. 바로 인문학적 상상력이 나와 타자의 삶에 관여하여 '어울림'의 혁명이 일어나가길 희망한다.

2022년 봄, 진달래꽃을 기다리며
대표 저자 김영순 삼가 적음

1장

—

다문화 인문학

: 다문화 시대
  인문학의 자리매김

———

김영순

1. 문화와 다문화에 관한 진실

우리는 '다문화 인문학'이란 말을 듣는 순간 생소한 개념임에도 "아 다문화 시대의 인문학적 접근일 거야…." 혹은 "다문화를 이해하기 위한 인문학적 연구의 틀이 아닐까?"라는 상상을 쉽게 할 것이다. 이러한 상상은 다문화 인문학이 '다문화'와 '인문학'이라는 두 단어가 결합된 합성어라는 단순한 의미를 넘어 우리가 이미 다문화 시대를 살아가는 데 요구되는 인문학적 가치를 표상한다고 볼 수 있다. 다문화 인문학은 한국 사회가 2000년대로 접어들면서 초국적 이주의 증가와 이에 따른 문화 다양성의 증폭에 따라 생겨난 개념이다. 다문화 인문학은 인하대학교 다문화융합 연구소의 설립 취지에 부합하는 학문적 패러다임으로 이해할 수 있다. 다문화융합연구소는 다문화 사회를 위한 융합 연구를 제안하고 이를 수행하는 국내 유일의 연구기관이며, 최초로 '다문화 사회의 시민을 위한 인문학 특강' 시리즈를 마련하면서 다문화 인문학의 토대를 정립한 곳이다. 특히 다문화융합 연구소는 다양성이 공존하는 지속 가능한 다문화 사회 실현에 기여하고자 시민 교육의 차원으로 다문화 인문학을 제안했다.

이런 맥락에서 다문화 인문학 개념을 정의하기에 앞서 우선 다문화의 개념, 인문학의 개념을 정리할 필요가 있다. 다문화는 최근 사회과학 전반에 걸쳐서 화두가 되는 개념이며, 일상생활에서도 쉽게 접할 수 있는 용어다. 그러나 실제로 '다문화'는 연구자에 따라 다양하게 정의되고 있어 통일된 개념과 설명을 찾기 어렵다. 이는 '다문화'란 용어의 '문화' 개념이 확고하게 정의되지 않기 때문이다. 다문화의 어원적 의미를 살펴보면 경계 지워진 둘 이상의 단일 문화로 구성된 경우를 다문화라고 할 수 있다. 즉 다문화란 문화의 복수적 형태로 볼 수 있다. 하지만 여전히 남겨진 문제는 다문화 용어를 구성하는 문화의 개념을 어떻게 이해할 수 있는가다.

한국, 중국, 일본 등 한자 문화권 나라에서 사용되는 '문화'란 용어는 독일어로 'Kultur', 영어·프랑스어로는 'culture'로 번역된다. 본래 'Kultur', 'culture'는 모두 '경작하다', '가동하다', '완성하다'라는 라틴어 동사 'colo'에서 유래되었다. 즉 문화는 본래의 자연을 가꾸어 만든 '산물' 또는 그러한 '행위 양식'을 의미한다. 이렇듯 문화는 인류가 각종 도구를 개발하고 사용하여 주어진 자연을 변형하고 개량하는 것이란 의미다.

'문화'의 본질과 개념이 무엇인가?란 질문에 관하여 오래전부터 많은 연구자가 정의를 내놓고 해명을 시도해왔다. 문화의 개념 정의는 인류학의 오랜 숙제였지만, 아직까지 합의된 정의를 마련하지 못했다. 일찍이 크로버Kroeber와 클럭혼Kluckhohn은 자신들의 공저 『문화: 개념과 정의에 대한 비판적 검토Culture: A

Critical Review of Concepts and Definitions』(1952)에서 문화에 대한 175가지의 다양한 정의를 정리하였고 이를 기반으로 새로운 정의를 세우려고 했다. 하지만 이 역시 문화 개념을 정의하는 리스트에 또 하나의 정의로 추가되었다.

후대의 인류학자들은 지금까지 내려진 수많은 정의를 총체론적 관점과 관념론적 관점으로 유형화하였다. 우선 총체론적 관점에서 본 문화는 말 그대로 특정 인간 집단이 향유하는 생활 양식의 총체를 말하는 것이다. 이 관점은 타일러Tylor가 저서『원시문화Primitive Culture』(1871)에서 구체적으로 제시하였다. 여기에서 문화는 '지식, 신앙, 예술, 법률, 도덕, 관습, 그리고 사회의 한 구성원으로서의 인간에 의해 얻어진 다른 모든 능력이나 관습들을 포함하는 복합 총체'라는 정의에 토대를 둔다. 이 정의를 기반으로 문화는 인간 고유의 것으로 인간이 환경 적응 과정에서 축적한 지식으로서의 도구, 기술, 사회 조직, 언어, 관습, 신앙, 도덕 등 생활 양식의 복합체로 규정한다. 이러한 관점에서 문화는 인간이 관찰할 수 있고 행동할 수 있는 가시적 생활 영역을 포괄한다.

총체론적 관점과는 달리 관념론적 관점은 문화를 주로 주관적 측면에서 고찰한다. 굿이너프Ward Goodenough에 따르면 문화란 사람의 행위나 구체적인 사물 그 자체가 아니라 사회 구성원들의 생활 양식이나 행위를 규제하는 관념체 또는 개념체라는 것이다. 이 두 문화는 문화를 가시성 여부를 기준으로 물질 문화와 비물질 문화로 구분하는 관점과 맥락을 같이한다. 이를테면 우리가 창조하거나 만들어내는 물질들은 총체론적 관점에서의 문화라고 한다면, 창조나 향유 행위를 관장하는 문법은 관념론적 관점에서의 문화라고 말할 수 있다. 관념론적 문화는 비물질적 문화 범주로 보는 경향이 있으며, 이 비물질적 문화는 다시 정신 문화와 규범 문화로 구분할 수 있다. 또한 정신 문화를 가치 문화로, 규범 문화를 행위 문화 혹은 사회 문화로 칭한다. 따라서 총체론적 관점에서 보면 관념론적 관점은 그 한 부분에 불과하다.

문화는 다음과 같은 몇 가지 속성으로 생산되고 확산된다.

첫째, 문화는 공유성이 있다. 한 사회 구성원 사이에는 행동이나 사고방식에서 상이점이 있는 반면, 반드시 공통점(공통적인 경향)도 있다. 이러한 공통점이 있어야 비로소 공동체로서의 사회가 형성되고, 그 사회를 유지하는 문화가 만들어지기 때문이다.

둘째, 문화는 학습성을 지닌다. 사람은 특정한 문화를 지니고 태어나는 것이 아니라 문화를 학습할 능력만을 가지고 태어난다. 인간이 이러한 천부적 능력으로 어떠한 문화를 어떻게 학습할 것인가는 성장 과정에서 그가 처한 문화적 환경에 의해 결정된다.

셋째, 문화는 축적성을 띤다. 문화 습득을 위한 인간의 학습 행위와 생존 유지를 위한 동물의 학습 행위는 본질적으로 다르다. 동물의 학습 행위는 현장 목격에 의한 수동적인 따라 하기에 불과하지만, 인간은 상징적인 언어나 전달 수단(문자 등)을 통해 대대로 축적된 문화를 전승한다.

넷째, 문화는 전체성을 갖는다. 생활 양식의 총체로서의 문화는 수많은 요소로 구성되어 있다. 이러한 구성 요소들은 무작위로 또는 각기 고립적으로 상호 무관하게 난립되는 것이 아니라, 마치 수많은 부속품으로 구성된 자동차 엔진처럼 서로 불가분의 긴밀한 관계를 유지하면서 의존적으로 한 단위의 전체나 체계로 존재한다.

다섯째, 문화는 변동성을 내포한다. 시간상으로 보면 문화는 정적인 것이 아니라 항상 변화와 변모를 겪는다. 문화의 구성은 시간의 흐름에 따라 부단히 교체되고 변화한다. 문화의 변화를 촉발하는 두 가지 요인이 있다. 첫 번째는 내부적 요인으로 발견discovery과 발명invention이 있다. 두 번째는 외부적 요인인데 대표적으로 다른 문화 집단으로부터 진행되는 문화 전파를 들 수 있다.

타문화와의 교류나 비교를 통해 문화를 연구하다 보면 문화의 보편성과 특수성이라는 특성을 발견할 수 있다. 문화의 보편성이란 다른 환경이나 여건 속에서도 시공간을 초월하여 내용과 형식에서 유사한 문화가 창조된다는 것이다. 바로 이러한 문화의 보편성 때문에 서로 다른 문화 사이에도 문화적 공통성이 생겨날 수 있다. 또 문화 간 상호 교류를 통해서도 문화적 공통성이 형성될 수 있다. 따라서 문화 간 어떤 공통성이나 유사성을 발견하였을 때는 그것의 형성 과정에 관해 유심히 살펴보아야 한다. 즉 발견된 문화 간의 공통성이 두 지역에서 독자적으로 생성한 문화의 보편성에 의한 것인지, 아니면 문화적 교류의 결과

인지에 대해 구체적으로 검토해야 한다.

문화의 특수성이란 개개 문화가 자기의 고유한 개성을 가지고 타문화와 구별된다는 것을 말한다. 이와 같은 특수성으로 문화의 다양성의 가치가 구성된다. 만약 문화 교류가 발생한다고 해도 문화적 특수성 때문에 문화의 완전한 융화나 동화는 쉽사리 일어나지 않는다. 이는 문화의 교류 속도가 빠르고 다양한 문화가 혼재하는 다문화 사회에서 더욱 주목해야 하는 관심 사항이다.

문화는 보편성을 지니고 있지만, 대체로 민족을 단위로 개별적으로 형성되어 발전한다. 미시적 관점으로 문화를 고찰할 때 같은 환경과 같은 기원을 가진 문화라고 하더라도 시간이나 공간을 달리하면 일률적으로 똑같은 문화를 창출할 수는 없다. 이런 사례는 중앙아시아 일대의 고려인 문화 혹은 중국 동북 지역의 조선족 문화에서 찾아볼 수 있다. 이들은 우리와 같은 한민족임에도 다른 문화 양상을 지닌다. 바로 이것이 문화의 특수성에서 연유되기 때문이다. 나아가 우리는 한 문화가 다른 곳에 전파될 때 그 문화 원형 그대로 전파되는 것이 아니라 전파되는 현지의 문화적 요소가 가미된 문화 접변 현상이 일어난다는 사실을 견지할 수 있다.

2. 다문화와 인문학의 정체성

다문화 인문학은 다문화 사회를 위한 인문학적 접근으로 다문화 개념과 다문화 사회의 사회 문화 현상에 관한 이해, 그리고 다문화 사회에서 문화를 향유하고 창조해내는 인간의 관념과 행동에 관한 학문이다. 원래 인문학은 천(하늘), 지(땅), 인(사람)과 관련이 있는 학문이다. 하늘을 다루던 천문학, 땅을 다루던 지리학, 하늘과 땅 사이에 존재하는 인간을 다루는 인문학을 생각해 보라. 일단 인문학은 하늘과 땅 사이에 있는 인간 자체, 인간과 인간, 인간과 땅, 하늘을 포괄하는 자연과의 관계를 연구하는 위치에 있다. 현대적 의미로 하늘을 연구하는 천문학은 자연과학으로 표상되며, 인간이 발을 딛고 사는 땅은 인간의 터전으로 인간과 인간관계, 이들 관계가 이루어내는 사회 문화 현상을 연구하는 사회과학으로 나타난다. 또한 문학, 역사학, 철학으로 대표되는 인간에 관한 학문은 인문과학으로 구분된다.

그렇다면 인문학은 무엇인가? 인문학은 인간 측면에서 학문의 출발점을 지니고 있어 좁은 의미로는 인문과학이지만, 넓은 의미로는 인문과학, 자연과학, 사회과학을 모두 포괄하는 학문의 다른 이름인 것이다. 다시 말해 인간이 관계하는 모든 것에 관한 학문적 지식과 실천을 아우르는 것이다. 그렇다면 우리는 무엇 때문에 학문적 지식을 함양하고 학문적 실천을 해야 하는가. 이에 대한 답으로 필자는 일찍이 '공존의 인문학' 개념을 제안한 적이 있다. 하늘과 땅과 인간이 공존하는 것과 같이 그사이에 존재하는 다양한 인간 간의 공존 개념을 정립하고 인간이 지닌 본유의 영, 육, 혼의 공존체임을 들어 설명했다.

먼저 자연과 인간의 공존에 대해서 인간과 동물이 어떻게 관계를 맺어왔고, 그 관계가 서로에게 어떤 영향을 미쳤는지를 살펴볼 필요가 있다. 『위대한 공존』이라는 책에서는 여덟 가지 동물과 인류가 어떻게 공존의 관계를 맺었는지를 설명한다. 예를 들어 염소, 돼지, 양은 사냥으로 포획한 산양과 같은 동물과 다른 방식으로 길러진다. 염소, 돼지, 양의 경우 가까운 친척같이 집에서 가축家畜으로 키워진다. 또한 소는 인간을 위해 짐을 운반했던 최초의 동물이자 강한 힘과 왕권의 상징이다. 이런 소의 모습은 고고학적인 유물들을 살펴보거나 박물관 전시물을 통해 경험할 수 있다. 그렇게 소는 염소, 돼지, 양 같은 동물과 함께 우리 인간과 상당히 가깝게 생활했던 가축이다. 실제로 인간과 공존해왔던 동물들은 한 지붕이나 한 집안에서 인간과 함께 살았다. 흥미로운 것은 필자가 문화 다양성 관련 현지 조사 차 베트남 북부 지역 소수 민족을 연구하러 갔을 때 거주지 안에서 인간과 동물이 함께 동거하는 것을 직접 경험한 적이 있다. 이 소수 민족 집안의 2층에서는 사람들이 살고 그 밑에는 돼지, 양, 소, 말 등이 살고 있었다.

말의 경우 말은 몽골제국과 같은 강력한 제국의 탄생에 기여했다. 세계의 절반 이상을 지배했던 나라 몽골은 유목민이었던 몽골족이 인간과 가깝게 있던 말을 인간의 발로 활용하면서, 즉 말이 인간의 원거리 이동의 수단이 되었기에 가능했던 것이다.

그렇다면 인간과 인간의 공존은 과연 어떻게 형성되었을까?

인간과 인간의 공존은 지속 가능한 사회 개념과 관련되어 있다. 지속 가능한 사회는 지속 가능한 발전Sustainable Development 개념에 연결된다. 그런데 이러한 지속 가능한 발전이 가능하기 위해서 가장 중요한 것은 교육적 솔루션이다. 그래서 ESDEducation for Sustainable Development라는 약어로 등장한 '지속가능발전교육' 개념이 지속 가능 사회를 위한 교육적 책무를 표징한다. ESD는 환경적 측면, 사회적 측면, 경제적 측면이 유기적인 관계로 구성되어 있다. ESD는 환경이 전 세계에 미치는 영향을 여러 나라에서 공동으로 대비하기 위해 시작되었고, 경제도 꼭 필요한 만큼만 자원을 개발하고 후속 세대를 위해 자원을 보존하는 방향으로 발전되어 왔다. 그런데 2000년대 후반에 들어서서 ESD의 사회 문화적 측면이 강조되기 시작했다. 그중에 다문화 사회와 관련이 있는 것은 다양성이 증폭되는 사회에서 우리가 지속 가능한 사회를 구현하기 위해서 어떠한 노력을 할 것인가에 대한 것이다.

섣부르지만 내놓을 수 있는 답은 지속 가능한 사회를 위해 무엇보다 사회 구성원들의 인간성 회복이 중요하다는 것이다. 이를 위한 추상적인 목표로 더불어 함께 살아가는 '공존의 삶'이라는 측면을 강조한다. 지속 가능 발전의 핵심적 가치는 미래 세대를 위해 현재 가용할 수 있는 자원을 꼭 필요한 만큼만 개발하고, 자연을 훼손하지 않는 범위에서 발전시키는 것이다. 현재를 사는 우리 세대의 필요를 최소한만 충족시키고 미래를 위해 보존하는 '발전'의 개념을 '지속 가능한 발전'이라고 한다. 그렇다면 우리가 살아가는 다문화 사회에 지속 가능한 발전 교육 개념은 어떻게 접목될 수 있을까? 다문화 사회에서도 우리는 우리가 가지고 있는 욕심들, 그것이 개인적 욕심이든, 사회 집단적 욕심이든 필요한 만큼만 취하는 것이 필요하다. 이는 우리가 가진 개인적 욕망들, 사회적 욕망들, 국가적 욕망을 절제하는 것이 결국 타인과 사회를 위하는 행동이라는 약간의 부등식이 성립한다. 개인의 자기 절제가 어떻게 사회적 이익, 미래 세대의 이익에 공헌하는가? 당대를 함께 살아가는 타자를 위해서 산다는 것 자체는 무슨 의미일까?

우리는 위와 같이 이어지는 질문에 봉착하게 된다. 이는 결국 공존의 논리와 연결된다. 즉 100이라는 에너지를 가지고 살아가는 사람들이 구태여 200~1,000 정도의 에너지를 가질 필요가 없다는 말과 같다. 100만 사용해도 충분하기 때문에 나머지 에너지를 아끼거나 나눌 수 있는 것, 이는 공존을 위해 반드시 필요한 윤리인 것이다. 이렇게 보면 공존이라는 개념은 존재의 개념을 넘어 실천의 개념 차원인 셈이다. 그래서 이 지속 가능한 발전 교육 개념과 공존의 개념은 개인이 지닌 인간다움의 '인간성 회복'에 귀결된다고 봐도 과언이 아닐 듯하다. 인간다움이란 인간이 본유적으로 지닌 '사회적 동물'로서의 관계 지향적 본성을 의미한다. 원래 인간은 여타 동물과 비교하면 신체적 조건 등이 불리해 집단을 이루어 살아왔고, 다양한 사회적 상호 작용을 통해 성장해왔다. 인간다움은 배려와 나눔으로 함께 살아가는 데 필요한 기본적인 인성으로 동물들과 경계 짓는 중요한 척도가 되었다.

이러한 공존의 모습은 인간 대 자연의 공존 사례에서도 나타난다. 한국에서 가장 상서로운 새로 알려진 까치와 관련된 '까치 감'을 생각해보자. 예전 한겨울 감나무 가지에는 따지 않고 남겨 놓은 몇 개의 감이 매달려 있었다. 우리는 이 까치 감을 남겨놓은 이유가 무엇인가를 생각해볼 수 있다. 그 이유는 까치가 추운 겨울에 굶어 죽지 말라고 감 몇 개를 남겨놓는 것이다. 바로 이 사례는 우리 선조들이 자연과 공존의 모습을 보여준 좋은 예다. 이렇게 우리 선조들은 지혜로운 민족이었다. 자연과 공존하는 방법을 자연으로부터 터득했고 또 실천했다고 볼 수 있다. 우리 선조들은 자연과 인간의 공존을 이루어왔기 때문에 인간과 인간 공존 자체가 그렇게 어렵지 않게 이루어지지 않았을까라는 생각도 해볼 수 있다.

혹자들은 '조선 시대와 같은 예전 시대에 계급이 존재하지 않았냐?'라고 묻는다. 이렇게 계급이 존재했는데 어떻게 선조들이 공존의 지혜를 지녔다고 볼 수 있을까?라는 물음을 던질 수 있다. 조선 시대에는 반상제라는 계급 제도가 분명히 존재했다. 하지만 계급이 존재했다는 것이 공존을 부정하는 것은 아니다. 계급 내에서의 공존도 있었고 심지어 계급 간에서도 공존이 존재했다고 볼 수 있다. 상위 계급이 하위 계급을 배려하고 생각하는 것 자체도 그 시대의 질서로 보면 공존이라고 볼 수 있다. 현대적으로 보면 '노블리주 오블리제noblesse oblige'와 같은 개념인 셈이다. 프랑스어 노블리주 오블리제의 사전적 의미는 사회적 지위가 높거나 명예를 가진 사람에게 요구되는 높은 수준의 도덕적 의무며 사회 지도층이 책임 있는 행동을 다할 것을 강조하는 것이다. 이렇게 엄연히 계급은 존재했지만, 계급 간의 공존 사례는 다산 정약용의 『목민심서』에서 나타난 목민관의 윤리에서도 나타나 있다. 특히 우리는 『목민심서』 제1편 「부임」에서 제4편 「애민」까지에 주목할 필요가 있다. 여기서 다산은 목민관, 즉 지방 수령의 자세를 다룬데 목민관 선임의 중요성, 청렴과 절검의 생활신조, 백성 본위의 봉사 정신 등을 주요 내용으로 들고 있다. 수령은 근민近民의 직으로서 다른 관직보다 그 임무가 중요하므로 반드시 덕행, 신망, 위신을 갖춘 적임자를 임명해야 한다고 강조했다. 수령은 언제나 청렴과 절검을 생활신조로 명예와 재리財利를 탐내지 말고, 뇌물을 절대 받지 말며, 수령의 본분은 민에 대한 봉사 정신을 기본으로 삼아 국가정령國家政令을 빠짐없이 알리고, 민의民意의 소재를 상부 관청에 잘 전달하고 상부의 부당한 압력을 배제해 백성을 보호할 것을 주장했다.

이는 그 방법과 대상만이 다를 뿐 선조들이 행했던 '까치 감'과 견줄 수 있는 공존의 사례다. 한낱 미물일 수 있는 까치에 대해 나눔을 실천했던 모습이 '까치 감' 풍습이며, 인간과 자연의 공존 사례라고 볼 수 있다. 그래서 자연 친화 사상은 우리 선조들의 공존 사상과 연관이 있다고 본다. 공존 개념을 좀 더 관념적으로 고찰하면 단군 신화와 관련되어 있다. 곰이 인간 '웅녀'가 되어 환웅과 짝을 맺고 태어난 이가 바로 단군이라는 「단군 신화」 기록에서 자연과 인간의 경이한 공존이 설명된다. 단군 이야기가 신화인가 역사인가에 대한 논의는 여기서 다룰 문제는 아니라고 생각한다. 기록에 의하면 단군의 나라 고조선은 기원전 2333년경에 우리나라를 세운 시조국始祖國이라고 볼 수 있다. 건국 신화에는 '홍익인간弘益人間'과 '경천애인敬天愛人' 사상을 찾아볼 수 있다. 우선 홍익인간은 널리 인간을 복되게 하라는 의미로 이미 우리에게 익숙한 문구다. 그러나 경천애인에 대해서는 자주 접해 본적인 없는 문구다. 위로는 하늘, 즉 우주 만물을 공경하고 사람을 사랑하라는 것이다. 여기서 바로 자연과 인간의 공존성을 볼 수 있다. 우리는 모두 애정하는 사람들을 가진다. 부모님, 친구, 연인 등이 바로 애정하는 관계의 범주에 있는 사람들이다. 애인이란 자기가 아끼는 사람이라는 것이다. 아낀다는 것이 누구보다도 그 사람을 사랑할 수 있다는 것이라고 본다. 이 대목에서 인간과 인간 간의 공존이 자연스레 설명된다. 우리 선조들은 슬기롭게도 경천과 애인에 대한 그 사상을 지금까지 늘 가지고 내려왔다고 본다.

윤동주 시인의 「서시」에서도 경천애인 사상을 엿볼 수 있다. 시는 "가을이 지나가는 하늘에는 별들로 가득 차 있습니다…"라고 시작된다. 시인은 늘 하늘에 부끄럽지 않게 살려고 노력하는 모습, 즉 경천 사상을 이 시에서 드러낸다. 또한 영화 〈동주〉

를 통해서 윤동주 시인이 어떻게 늘 하늘에 부끄럽지 않게 살려고 노력했는가를 확인할 수 있다. 영화 〈동주〉 속에서는 당시 일제 강점이라는 역사적 현실 속에서 항일이라든가, 우리나라의 독립과 연결해서 정말 사람답게 사는 게 뭔가라는 부분에 대해서 끊임없이 고민한다.

하늘에 부끄럽지 않게 살려고 노력하는 인간의 모습은 과연 어떤 것일까? 하늘에 부끄럽지 않게 살려고 노력하는 것 자체가 자연과 인간의 공존 모습이라고 본다. 사람이 사랑하는 마음을 지니는 것, 인간과 인간 간의 공존이 있는 평화를 지향하는 것은 당연하다.

"죽는 날까지 하늘을 우러러// 한 점 부끄럼이 없기를.// 잎새에 이는 바람에도// 나는 괴로워했다.// 별을 노래하는 마음으로// 모든 죽어가는 것을 사랑해야지.// 그리고 나한테 주어진 길을// 걸어가야겠다.// 오늘 밤에도 별이 바람에 스치운다." 여기서 '하늘', '별', '잎새', '바람' 이런 것들은 다 자연적인 것이다. 시인은 인간이 자연 속에 살면서도 서로 간에 공존을 못 이루었을 때 나타난 괴로움을 표현한 것은 아닐까? 공존이란 자신의 민족과 다른 민족이 서로 사회적 상호 작용을 원활하게 하면서 살아가는 것을 의미한다. 그런데 당시 우리를 침탈하고 우리 민족을 동화하려던 일제의 행위에 대한 지성인의 감정을 이 시는 표현해내고 있다. 이 시에서 보여주는 것은 인간과 인간의 공존이 깨졌을 때 발생하게 되는 한 인간의 괴로움이고, 그 괴로움의 감정을 자연에 이입하고 자연을 통해 표현한 것이다.

단군의 또 하나의 건국 이념인 홍익인간은 지금도 우리나라 정치와 교육의 최고 이념으로 삼는 개념이다. 필자는 홍익인간 개념을 한 인간이 타인과 공존 관계를 맺는 최고의 철학이라고 생각한다. 홍익인간은 우리나라에 교육 과정에도 반영되어 있다. 교육 과정이란 한 국가의 교육 철학과 인재상을 설정해놓은 국가 문서라 볼 수 있다. 이 교육 과정에 의거해 교사가 양성되고 교과서가 개발되며, 교수법이 현장에서 실천된다. 이렇게 중요한 교육 과정이 홍익인간을 바탕으로 만들어졌다. 홍익인간은 인간과 인간 사이의 공존, 인간과 자연 사이의 공존에 대한 개념들을 포괄한다. 우리나라 교육 과정은 바로 홍익인간의 교육 이념을 기반으로 '자주적인 사람', '창의적인 사람', '교양 있는 사람', '더불어 사는 사람'을 인재상으로 설정한다.

다문화 인문학적 측면에서 국가 교육 과정 상의 인재상을 살펴보면 다문화 인문학적 공존 개념과 가장 가까운 것은 바로 '더불어 사는 사람'이다. '더불어 사는 사람'은 2015 개정 교육 과정에 처음에 등장하는 인재상이다. 한국 사회는 다문화 사회로의 진입을 인정하고 이를 준비하기 위한 교육적 개념들이 교육 현장과 교과서를 구성하는 교육 내용에 들어와 있다. '더불어 사는 사람'은 말 그대로 이해하기에는 쉽지 않다. 더불어 사는 사람은 타자를 이해하고, 타자와 더불어 사는 사람을 말한다. 이 개념은 공존을 이해하는 동기를 제공한다.

그럼 과연 우리는 어떻게 살아가고 있을까? 어떻게 살아야만 할까? 그리고 우리는 왜 지금까지 함께 살아가기 위한 공존의 방법을 모색하려고 노력하지 않았을까? 이 질문들은 다문화 인문학을 설정하려는 의지와 관련이 있다. 다문화 인문학은 우리가 처한 상황 속에서 개인으로서 한 개체의 삶을 어떤 방식으로 타자와 연계할 것인지에 대한 지혜를 함께 모아볼 계기를 마련해야 한다는 출발점을 제안한다.

이 공존의 출발점에서 우리는 다양한 타자와의 연계를 통해 세계 시민 의식을 어떻게 확보할 것인가라는 문제를 생각해봐야 한다. 다시 말해 지구촌화를 맞이하는 사회 구성원들이 어떻게 글로벌 시민성을 갖출 것인가에 대한 논의와 연계된다. 우리 사회는 원하든, 원하지 않든 세계화와 정보화 그리고 교통과 통신 발달로 이미 글로벌화되어 있다. 언제 어디서든 우리는 문화 다양성이 혼재하는 다문화 사회적 환경을 쉽게 마주칠 수 있다. 지금 우리는 한국에 있으면서도 세계를 경험할 수 있는 충분한 환경이 되었다. 이제는 단일 민족 사회를 벗어나 민족적 배경이 다른, 즉 민족적 다양성을 지닌 타자들과 어떻게 살아가야 하는지에 대한 고민을 해야 할 때다. 또한 문화적·역사적·종교적 배경이 다른 사람들, 또 다른 언어를 쓰는 사람과 어떤 방식으로 사회 속에서 공존해나갈 수 있는지에 대해 생각해야 할 것이다.

이 글의 목표를 상기하자면 타자와 문화 다양성을 이해하고 공존의 방법을 모색하는 것이다. 이는 앞서 이야기한 다문화 인문학의 기본적 구상이며, 더 나가서 다문화 사회를 위한 공존의 인간학을 구성하는 것이다. '공존적 인간'을 형성하는 것이 다문화 인문학의 궁극적 목적이다. 이를 위해 우리는 공존의 개념을 인간 자체의 공존에서 출발해볼 수 있다. 이는 인간 개체 내부에서 나타나는 공존이며 인간의 내적 공존이다. 이는 육신과 영과 혼이 서로 분리되어 있지 않다는 데 기본 가정을 둔다. 우리가 어머니 배 속에서부터 탄생하는 순간 육신을 가지고 태어나는데 이때 영과 혼도 같이 합일 상태에 있다는 것이다. 우리 몸속에 영과 혼이 들어와 있고 우리가 죽으면서 육신과 영과 혼은 분리가 된다. 사망과 아울러 육신은 땅으로 가고 영과 혼은 종교에 따라서 각각 가는 곳이 다를 수 있다. 그렇지만 중요한 것은 인간이 한 개체 속에서 영과 육체의 동일체라는 사실이다. 인간은 영, 육, 혼이 교섭하는 완벽한 공존체인 셈이다. 인간은 이 몸을 가지고 있을 때 이 세상에서 살아가는 육체와 영혼이 함께 걸어 다닐 수 있는 공존체다.

인간은 한 개체 속에 육체, 영혼 그리고 정신으로 이루어진 존재, 즉 조화로운 존재다. 공존의 인문학 측면에서 봤을 때는 '나는 공존의 유기체다'라고 볼 수 있다. 내 몸속에 이미 영, 육, 혼이 공존한다고 생각해보자. 그러면 진화론을 믿는 것 또는 창조론을 믿는 것을 통해서 종교적 차원뿐 아니라 공존을 생각하는 차원을 구별해볼 수 있을 것이다. 진화론을 생각했을 때 공존은 과연 어떠한가? 창조론 쪽을 생각했을 때 공존은 어떠한가? 이런 것을 한번 생각해볼 수 있는 시간을 가질 필요가 있다고 본다. 무엇보다 중요한 것은 우리가 이미 몸속에 영과 혼 육신을 함께 가진 공존의 유기체라는 사실이다. 유기체로서 다른 사람과 공존을 실천하는 것은 인간의 책무 중 하나가 아닐까 한다.

3. 다문화 인문학의 실천

다문화 인문학은 공존을 실천 목표로 한다는 것을 전제로 한다. 그렇다면 이를 위해 시민들이 갖추어야 할 역량은 무엇일까? 위의 질문으로 글을 시작하려고 한다.

다문화 인문학의 수행을 통해 다문화 사회를 살아가는 시민들은 세 가지의 역량을 갖추어야 할 것이다. 자기 문화 이해와 상호 문화 공감 능력을 위한 인문학적 성찰 역량, 다문화 현상과 다문화 사회의 문제를 파악하고 해결을 위한 사회과학적 탐구 역량, 지속 가능한 다문화 사회 기여를 위한 태도와 가치 함양의 교육학적 실천 역량 확보에 있다. 이 세 가지 역량에 대한 강화의 필요성과 방향을 살펴보면 다음과 같다.

첫째, 인문학적 성찰 역량은 사회 안에 새로 유입되거나 확산되는 이질적인 문화와 생활 방식, 그리고 인종적 차이를 배경으로 길러져야 하는 역량이다. 인문학적 성찰 역량은 사유하는 주체로서 복잡하고 다양한 다문화 사회의 문제를 해결하는 데 기여하는 역량이다. 다문화 사회의 다양한 문제를 해결하려면 우선적으로 문제가 되는 현상에 대한 근원적 탐구가 필요하다. 이를 위해 사유 주체로서 자기 문화를 이해하는 것은 물론, 다른 문화적 배경에 대한 학습이 전제되어야 한다. 즉 타문화에 대한 다양한 지식을 바탕으로 문화적 다양성을 인정할 수 있는 인문학적 성찰 역량이 필요하다는 것이다.

인문학적 성찰 역량을 강화하기 위한 첫걸음은 자기를 알아나가는 것으로 출발한다. 다시 말해 자기 문화 이해와 상호 문화 공감 능력의 향상으로 이를 위해서는 우선 자기 문화를 올바르게 이해하고 성찰하는 능력을 우선 갖추어야 한다. 자기 문화 이해와 상호 문화 공감 능력은 특정 문화에 대한 자신의 해석 체계를 탐구해보는 능력을 의미하기도 한다. 이것은 나선 운동을 하는 문화 능력으로서 자신과 타인에 대해 가진 시각과 생각을 다시 살펴보는 것과 타인에 대한 자신의 태도를 형성하는 정의적·인지적 구성 요소 사이의 관계, 자기 바깥 세계의 정보와 그 정보를 표현하는 방식 사이의 관계 등과 같은 복잡한 관계들을 고려하는 능력이다.

다문화 사회는 다양한 사람이 각기 다른 문화와 서로에게 낯선 문화적 정체성을 바탕으로 상호 영향을 미치며 생활한다. 이 때문에 소통 과정에서 옳고 그름을 가릴 수 없는 다양한 문제가 발생하게 된다. 따라서 다문화 사회에서 각기 다양한 배경을 가진 구성원들과 원활한 인간관계를 맺고 조화로운 생활하기 위해서는 적절한 상호 소통 능력이 요구된다. 이와 더불어 이들의 문화를 읽고 재해석하는 리터러시 능력이 필요하며 이러한 능력은 인문학적 성찰 능력을 전제로 한다.

따라서 인문학적 성찰 능력의 제고를 위해 교육 기관에서는 다문화 교육의 내용학 영역 교과(언어, 사회·문화, 법·정치, 경제)를 설치하고, 언어를 매개로 하는 소통과 문학적 감수성을 확보하도록 한다. 또한 사회과학 각 분야에서 제공할 수 있는 사회학적 상상력, 문화인류학적 다양성, 법적 인권 감수성, 정치적 참여성, 경제적 합리성 등을 강구할 수 있도록 해야 한다. 이와 같은 인문학적 성찰 능력 제고를 위한 교육 프로그램은 자기 문화와 다른 문화를 본질적 측면에서 성찰하고 비교할 수 있는 역량을 갖추도록 할 것이다.

둘째, 사회과학적 탐구 역량은 사회의 문화적 이질성이 심화될 때 구성원 간 다양한 소통의 방식을 위해 필요한 역량이다. 이때 필요한 소통 방식은 다문화 사회와 이에 따른 콘텍스트들을 탐구할 연구방법론 교육이 실시되어야 함을 전제로 한다. 사회과학적 탐구역량은 다문화 사회에서 나타날 수 있는 다양한 문제에 대한 심층적인 탐구를 수행할 수 있는 역량이다.

연구방법론 교육은 전문가들에게는 질적 연구·양적 연구·융합 연구 방법론 등의 연구를 설계할 수 있는 교육이 제공되어야 하며 다양한 자료 수집 방법을 습득할 수 있는 사회조사 방법론 등의 프로그램이 요구된다. 그렇지만 시민들에게는 다문화 사회에서 대두되는 사회 문화 현상은 물론, 지속 가능한 다문화 사회를 저해하는 문제와 요인들을 스스로 분석하고 통찰할 수 있는 시각을 제공하도록 해야 할 것이다. 이는 '사회 문화 리터러시'로 현상의 이면에 있는 의미를 비판적으로 탐색할 수 있는 분석 능력을 의미한다. 이를 교양 시민 강좌 정도로 설계하여 비교적 대중적인 사례를 통해 사회 문화 현상을 이해할 수 있도록 리터러시 이해 강좌를 개설해야 한다.

시민들은 이러한 사회과학적 탐구 역량을 함양함으로써 초국적 이주 현상으로 한국 사회가 다문화 사회로 변화되는 과정을 종합적으로 분석하고 다양한 배경의 이민자와 더불어 살아갈 방안을 모색할 수 있을 것이다.

셋째, 교육학적 실천 역량은 다문화 사회와 관련이 있는 교육적 지식을 적용하고, 다문화 사회의 지속 가능성을 저해하는 문제를 인식하며 적극적으로 참여하여 문제를 해결하는 것으로 지속 가능한 다문화 사회를 만들어갈 수 있는 미래 지향적 능력이라고 할 수 있다. 즉 다문화 교육의 지식과 기능을 바탕으로 복잡 다양한 다문화 사회의 문제 해결에 기여할 수 있는 실천적 역량이 요구된다.

다문화 교육의 가치와 태도 영역에서 가장 우선되는 능력은 문화적 차이에서 비롯된 오해와 충돌을 조정할 수 있는 중재 능력이다. 이 능력은 우리가 일상생활에서 경험하는 모든 현상으로부터 다양성을 발견하고 다름을 인정하며 존중하는 관계를 경험하여 익히는 것으로 다문화 갈등 관리 능력이라고 할 수 있다. 이 능력은 선척적으로 부여된 능력이 아닌 학습 과정을 통해 습득해야 한다. 나아가 다양한 문화적 환경 속에서 개인이 다문화 사회의 갈등 상황과 이에 따른 문제를 해결하기 위한 능력을 의미한다. 다문화 사회 시민으로 다문화 교육의 가치와 태도를 실천하기 위해서는 학교와 지역 차원에서 다문화 교육 멘토링과 교육 기부 참여가 필요하며, 국가 혹은 초국가적 차원에서는 다문화 교육 지원 체계의 강화가 필요하다. 다문화 멘토링과 교육 기부 참여는 다문화 사회에 대한 이해도를 높이고 다문화 시민으로서 올바른 태도를 갖출 수 있도록 다문화 교육 실천의 장을 마련하는 것이다. 이를 위해 다문화 교육 지원 체계를 강화하여 다양하고 복잡한 다문화 사회의 제반 문제를 예방 관리할 수 있어야 한다.

모든 시민은 다문화 인문학을 토대로 인문학적 성찰 역량, 사회과학적 탐구 역량, 교육학적 실천 역량을 갖추어야 한다. 무엇보다 이를 위해서 다문화 교육 전문가를 양성할 필요가 있다. 다문화 교육 전문가들은 시민들에게 다문화 인문학을 교수할 수 있는 역량을 갖춘 인재다. 다문화 교육 전문가는 가정적 차원, 학교적 차원, 지역 사회적 차원, 국가적 차원, 초국가적 차원 등의 5개의 공간 범위에서 활동을 하게 된다.

가정적 차원은 개인과 가족의 공간을 의미하고, 학교적 차원은 2차 교육 기관으로서 공교육을 의미하며, 지역 사회적 차원은 3차 이상의 교육 기관으로서 사회의 다양한 제반 교육 공간을 의미한다. 또한 국가적 차원은 다문화 교육 정책과 관련된 연구와 기획, 자문, 개발과 관리 등을 의미하고, 초국가적 차원은 국가 간 다문화 교류와 네트워크 등 국가의 경계를 넘어서 발생하는 다문화 융합 교육 관련 국가 간 관계의 공간을 의미한다.

다문화 사회가 심화됨에 따라 다문화 공간 영역이 확장되고 다문화 교육 전문가가 활동하는 영역이 넓어졌다. 즉 다문화 사회의 심화란 사회를 구성하는 이주민 인구가 차지하는 비율의 증가를 의미하는 정량적인 개념이기도 하다. 또 한편으로는 사회 구성원들이 다문화적 역량을 함양함으로써 다문화 사회에 적응하고 원활하게 생활할 수 있는 환경을 조성하는 과정을 의미하는 정성적인 개념이기도 하다. 따라서 공존과 상생을 필요로 하는 다문화 사회는 구성원들이 다원화된 사회에서 서로를 이해할 수 있는 기본적 지식, 태도, 가치 등을 형성할 때 가능하다. 이러한 지식, 태도, 가치는 가정, 학교, 지역 사회, 국가, 초국가적 차원에서 다문화 융합 교육을 통해서 이루어질 수 있다. 다문화 사회의 시민들에게 다문화 인문학을 학습하기 위한 교수자들이 바로 다문화 교육 전문가들이다. 이 전문가들은 무엇보다 다문화 인문학 실천을 위한 세 가지 역량(인문학적 성찰, 사회과학적 탐구, 교육학적 실천)에 관한 전문적인 수련이 요구된다.

1차 사회화 기관인 가정에서의 교육은 바람직한 사회 구성원으로서 가치관 형성에 중요한 역할을 담당한다. 하지만 다문화 가정의 경우 사회화의 과정에서 상대적으로 경제적, 언어적, 문화적 한계를 지닌다. 특히 다문화 교육의 주 대상인 결혼 이주 여성, 북한 이탈 주민, 이주 노동자 등의 열악한 환경적 조건이 사회화 과정에 부정적인 영향을 미칠 수 있다. 따라서 이들 다문화 가정 구성원의 체계적인 상담이 요구되며, 가정 영역에서 다문화 교육 전문가는 다문화 교육 부모 자녀 상담, 다문화 가정 방문 지도, 다문화 가정 자녀 돌봄 지원, 다문화 가정 부모 교육 등으로 활동 영역을 확장해야 한다.

2차 사회화 기관인 학교는 공교육의 공간으로 영역을 넓혀서 다문화 가정 자녀의 학업 부진, 학교 생활 부적응, 중도 입국 자녀의 학업 중단 등의 문제를 담당한다. 이와 같은 제반의 문제점은 개인 또는 가정 차원의 노력만으로는 해결할 수 없다. 그 때문에 다문화 교육 전문가들에 의한 다문화 교육 교사와 지도사, 다문화 교육 프로그램 디렉터, 다문화 교육, 이중 언어 교육, 한국어 교육의 콘텐츠 개발과 제작 등의 활동이 필요하다. 이는 다문화 가정 자녀를 위한 교육과 더불어 비다문화 가정 학생을 위한 교육까지 포괄해야 한다.

또한 가정과 학교 영역에서 다문화 가정 자녀, 이주 여성 등 다문화 가정을 위해 활동하는 다문화 교육 전문가의 효율적인 지원과 관리를 위해서는 지역 사회 차원의 협의가 필요하다. 지역 사회는 다문화 가정의 안정적인 정착을 위한 지원과 함께 이들을 지역 사회 공동체의 일원으로 바라보기 위해 노력해야 한다. 또한 다양한 다문화 관련 행사와 다문화 가정에 대한 지원이 수혜적 일회성의 행정 지원에 그치지 않도록 체계적이고 제도적으로 안정된 다문화 교육 시스템을 제공해야 한다. 다문화 교육 전문 인력은 지역 사회 내에서 다문화 코디네이터, 다문화 축제 운영, 다문화 공간 기획(다문화 특구) 등의 영역에서 활동할 수 있으며, 이러한 활동들은 '다문화교육지역사회협의회'와 같이 각 분야 전문가의 교류를 끌어낼 수 있고 더욱더 확장된 다문화 교육 네트워크를 구축할 수 있는 토대를 제공할 수 있다.

다문화 교육 전문가는 국내로 유입된 외국인과 그 가족 구성원들뿐 아니라 일반 시민을 대상으로 폭넓게 활동할 필요가 있다. 지속 가능한 다문화 사회는 외국인이 내국인의 주류 사회에 일방적으로 동화되는 것이 아니라, 정주민과 이주민이 서로의 문화적 정체성을 존중하며 공존할 수 있도록 하는 교육적 기반이 필수적으로 전제되어야 한다.

정주민과 이주민을 포괄한 범국민적 다문화 교육 활동 영역은 가정에서부터 지역 사회에 이르기까지 넓은 스펙트럼을 가지게 된다. 이를테면 전국 5대 광역시와 17개 시·도, 기초자치단체의 평생 교육 기관의 시민 교육 프로그램 속에서 범국민적 다문화 교육을 실시할 수 있다. 아울러 각기 다른 사회 교육 기관(다문화대안학교, 유네스코, 시민단체 등)에서 다문화 교육 역량을 요구하게 될 것이며, 다양한 분야에서의 다문화 봉사와 교육 기부 활동이 활발하게 수행될 것으로 예상한다.

국가적 차원에서 다문화 정책이란 급속하게 유입되는 초국적 이주민에 따른 '적응'과 '관리'를 위한 정책을 의미한다. 증가하는 이주민에 따른 인구와 문화 다양성에 따른 사회 통합의 필요성이 대두된다. 최근 다문화 가정과 외국인 노동자 문제로만 좁혀지는 다문화 정책의 범위는 다양성, 관용성, 개방성이 강조되는 정책으로 재정비되어야 한다. 더 나아가 세계화의 흐름과 국가적 패러다임의 문제가 고려되지 않은 일회성·전시성·이벤트성 정책은 지양되어야 할 것이다.

현재 다문화 정책의 가장 부정적 영향의 요인은 10개 내외의 중앙 부처의 참여 때문인 중복성과 혼란, 외국인 주민에 대한

국민적 인식의 부족, 동화주의 또는 다문화주의 등 사회적으로 합의된 정책 노선의 부재, 다문화 정책 대상의 불명확성, 다문화 사회 초기 단계 때문인 정책 분석의 짧은 역사 등의 순으로 나타난다. 반면 현재 정부의 다문화 정책이 가장 우선적으로 삼아야 하는 정책 방향으로는 결혼 이주자와 다문화 가정 자녀의 정착 지원이 가장 높았고, 다음으로 적절한 외국인 노동력 활용을 통한 경제 성장, 다문화 교육 기회 신장과 글로벌 인재 유치, 문화 다양성과 다문화적 가치관 함양 순이었다. 종합적으로 다문화 정책의 관리 체계와 정책 대상의 다양성에 관한 통합적 접근이 부재하고, 이 상황으로부터 각 부처 간의 경쟁 구도와 같은 관리 시스템과 중복되는 부처별 소관 업무 등이 나타난다. 그럼으로써 정작 정책 수혜가 있어야 하는 수요자들에게는 체계적으로 접근하지 못하고 있다.

다문화 교육 전문 인력은 국가적 정책의 보급을 위한 효과적인 관리 체계 운영과 적용을 위해 정부 정책 수립 과정부터 개발, 연구, 기획, 자문과 관리 과정에 필요한 인력이라고 볼 수 있다. 다문화 정책의 교육적 측면에서 다문화 교육 전문가는 다문화 가정 학생을 위한 교육 프로그램을 개발하고 다양한 언어의 홍보 자료 등을 제작하고 보급하며, 또한 문화 다양성 증진 강화를 위한 다문화 교육 문화 콘텐츠를 개발하고 보급해야 한다.

다문화 교육 전문가는 문화 체험을 활용하여 시민들의 다문화 인식을 개선하고 이주민과의 포용력을 강화해야 한다. 또한 다문화 교육 전문가는 예술과 의식주 등의 생활 문화에 관한 특정 주제를 중심으로 문화 프로그램을 기획하여 지역 사회 구성원들이 함께 참여할 수 있는 매뉴얼을 개발해야 한다. 그리고 도서관, 박물관, 문화회관 등 문화 기반 시설 내 우수 다문화 프로그램을 발굴하고 이주민의 문화 예술 모임, 이주민과 정주민 간 문화 예술 활동을 통한 네트워크 형성을 지원한다. 이와 더불어 다문화 가정을 둘러싼 가족들에 대한 다문화 상담이 절실히 요구되므로 다문화 가정 상담 매뉴얼을 개발하고 프로그램을 지원해야 한다. 나아가 다문화 가족을 위한 다문화 상담 프로그램 개발과 지원 체계를 형성하기 위해 지역 사회와 유기적인 관계를 형성해야 한다.

국가적 차원에서 다문화 교육 전문 인력은 융·복합적 관점에서 지역 사회 특징이 반영된 도시 차원의 다문화 정책에 접근해야 하며, 외국인 주민의 현황을 구체적으로 파악하고 각 주체 간 연계를 도모할 수 있는 방안을 모색해야 한다.

결론적으로 다문화 인문학은 다문화 사회를 위한 교육 목표를 '공존의 인간'으로 구성하는 것이며, 이 목표를 실현하기 위해서는 복잡해지는 현실적 요구를 효과적으로 해결하기 위한 구조적 노력이 필요하다. 즉 학문 간 협업과 분업의 역동적인 열린 구조를 찾아내고자 노력해야 한다. 글로벌한 사회 문제를 해결하기 위해 다학제적인 융합 연구가 요구되듯 다문화 인문학은 학문적으로 분과주의와 환원주의에 빠지지 않고 변화하는 상황에 적응하고 진화할 수 있는 다문화 교육 전문가를 육성하기에 적합한 학문 분과라고 말할 수 있다. 그뿐 아니라 다문화 사회

환경에 노출된 시민들이 지속 가능한 다문화 사회를 위해 실천해야 하는 노선이라고 말할 수 있다. 이제 우리 모두 다문화 인문학을 실천할 때라고 본다. 그러기 위해 인문학적 성찰, 사회과학적 탐구 능력, 교육학적 실천 능력의 역량을 갖춘 시민들이 요구되며, 이 역량을 갖추기 위해 노력해야 한다.

2장

——

다문화 사회의 시민과
타자 지향성의 철학

——

김영순

1. 다문화 사회의 시민

　최근 우리 사회는 다양성이 확대되는 다문화 사회화로 되어가는 추세다. 필자가 소속된 인하대학교 다문화융합 연구소에서는 다문화 사회를 위한 학제 간 융합 연구를 수행한다. '다문화 융합'이란 용어는 앞서 논의한 다문화 인문학을 근간으로 한 융합 연구적 맥락으로 이해할 수 있다. 아울러 다문화 융합은 다문화 관련 현상을 인문·사회 영역과 과학·기술 영역을 비롯한 인간 전반에 거친 제 학문적인 입장들이 중복된 연구 방향이라고 볼 수 있다. 이는 학제 간 협동을 토대로 한 연구를 통해 다문화 현상과 이에 따른 문제를 해결한다는 의미다.

　다문화는 두 개 이상의 문화가 구성된 문화 자체의 다양함을 의미한다. 다문화로 형성된 사회, 즉 다문화 사회의 문제에 접근하는 방법은 다양하고 치밀해야 할 필요가 있다. 기존의 사회 문제에 기여했던 사회과학적 접근만으로는 다문화 사회의 문제를 진단하고 해결책을 제시하기에는 단순할 수 있다. 다문화 사회의 문제는 그 특성상 단일 학문적 접근을 넘어 학제 간 연구의 대상이며 목표라고 볼 수 있다. 이런 맥락을 토대로 인하대학교는 일찍이 다문화융합연구소를 설립하였다. 1954년에 개교한

인하대학교는 미국 하와이로 이주한 한인들의 성금으로 이루어졌으며, 다문화융합 연구소는 이 설립 정신을 사회적으로 기여하고 확산하기 위한 책무를 감당한다.

다문화융합연구소는 다문화 사회에서 발생할 수 있는 문제들을 학제 간 연구를 활용해 해결할 수 있는 전문가를 양성한다. 이에 본 연구소는 BK21 FOUR 글로컬다문화교육연구단을 유치하였다. BK21 FOUR 글로컬다문화교육연구단은 미래 인재 양성 사업으로 교육부와 한국연구재단의 전문 인력 양성을 위한 국가급 프로젝트다. BK 3단계 사업2014.08~2020.07을 성공적으로 수행한 후 2020년 8월부터 향후 7년간 국가로부터 다문화 교육 전문 인력을 양성할 책무를 부여 받았다. 한국 다문화 융합 연구의 산실로서 학문적 연구들, 정책 연구들, 다양한 다문화 교육 프로그램 개발을 진행한다. 또한 대학원 다문화교육학과와 인문융합치료학과를 운영하여 미래의 인재를 양성한다. 이와 더불어 연구소 부설 인문융합치료센터를 두어서 이주민과 다문화 가정 구성원에 대한 심리·정서 치료를 담당한다. 즉 다문화융합 연구소는 지속 가능한 다문화 사회를 위한 사회 통합 정책 연구와 다문화 사회 연구를 위한 전문가 양성을 목표로 한다.

그렇다면 독자들이 가장 궁금해할 수 있는 질문은 다문화 교육 전문 인력인 전문가들은 교육 이수 후 어떤 일을 하게 되는가일 것이다. 물론 1장에서 다루었던 가정, 학교, 지역 사회, 국가, 초국가 영역의 다양한 분야에 종사할 것이다. 그렇지만 이들 다문화 교육 전문가들의 목표는 다문화 사회를 위한 바람직한 시민 양성일 것이다. 따라서 이번 장의 주제는 다문화 사회의 시민이라는 개념과 시민이 지향해야 할 타자 지향성에 관해 논의할 것이다.

'시민'이라는 개념을 알아보기 위해 우선 "시민은 누구인가?"라는 질문을 시작으로 시민이 지향해야 할 타자 지향성에 대해 살펴보고자 한다. "시민은 과연 누구인가?"라는 질문을 던지기 전에 "시민은 누구나 행복을 꿈꾸는가?", "시민은 누구나 행복한가?"라는 좀 구체적인 질문을 제기해본다. 그러면 많은 시민은 "나는 왜 이렇게 운이 없는 걸까?", "나는 왜 이렇게 하는 일마다 재수 없는 걸까?"라고 대답을 내놓을 것이다. 이 대답은 바로 "나는 행복하지 않다."라는 입장과 태도를 드러냈다고 볼 수 있다.

반면 행복한 사람에게는 아름다운 향기가 느껴진다. 이는 자신은 물론 주변 사람들에게도 행복감을 경험하게 한다. 아름다운 향기가 느껴지는 행복한 사람으로 산다는 것은 예컨대 소크라테스가 '너 자신을 알라'라고 말한 것처럼 자기 자신을 알아나가는 사람이다. 자기 자신을 알아나가는 것은 자신을 반성적으로 돌아보고 자기 자신을 성찰한다는 것과 일맥상통한다. 자기를 성찰하는 것은 결국 '나'를 돌아본다는 것이다. 고대 철학에서 현대 철학에 이르기까지 철학의 주요 주제는 '나'로 시작된다. 다시 말해 '나는 누구인가?', '나는 왜 사는가?'와 같은 '나' 중심의 사유로 귀결된다. 결국 철학은 '나'라는 정체성이 무엇인가에 대해 끊임없이 천착한다.

'나'라는 정체성이 무엇인가에 대한 연구는 많은 연구자에 의해 논의되어 왔지만, 여전히 해결책이 제시되지 않았다. 인간은 결국 자기 자신의 문제를 해결하지도 못한 채 자신을 넘어서는 사회 문제 속에 놓여 있다. 사회 문제는 인간 개체와 개체 간 관계의 문제로 소급된다. 여기서 내가 내 우주라는 것을 인정한다면 내 외부에 나타난 우주만큼이나 내가 아주 복잡다단한 존재임을 알 수 있을 것이다. 이것을 인지하고 인정하는 순간이 바로 성찰의 시작이 아닐까 한다. 자기 자신은 결국 나를 둘러싼 '나와 세계'의 문제다. 이는 내 심리, 정서와 같은 부분을 어떻게 이해할 수 있는가에 대한 관점과 자신이 만난 사건이나 자신이 만난 환경에서 확대될 수 있는 문제로 볼 수 있다. 다른 문제는 자신과 자신을 둘러싼 사회·문화적 콘텍스트를 세계의 관점에서 표현하면서 파악해 나가는 것이다.

이는 '알아가는 것'과 '파악해 가는 것'으로 정리해볼 수 있다. 이는 마치 구성주의에서 의미하는 지식 습득의 과정이라 할 수 있다. 구성주의는 자기 자신이 세상에 널려 있는 지식들을 구조적으로 받아들이는 것에 착안한다. 이것이 세상의 지식을 습득하는 과정이며, 학습 주체가 된다고 한다. 이를 사회학에서는 '사회화 과정'으로 표현한다. 사회화 과정은 가정을 중심으로 한 1차 사회화 과정, 또한 직장, 학교, 군대를 둘레로 한 2차 사회화 과정으로 구분한다. 이렇게 사회화 과정이 일어나는 공간을 각각 1차 사회화 기관과 2차 사회화 기관이라고 말할 수 있다. 최근에는 대중매체를 2차 사회화 기관으로 간주하는 경향이 있다.

사회화는 인간이 태어나면서부터 죽을 때까지 끊임없이 일어나며, 이를 통해 인간은 전 생애에 걸쳐 사회화 과정을 경험한다. 이와 같은 사회화 과정에서 인간은 학습을 경험한다. 학습 주체로서의 인간에 대해 이 글에서는 '학문 수행자로서의 시민'으로 간주하고자 한다. 우선 '시민'에 관해 살펴보도록 한다.

고대 그리스의 폴리스 공동체나 로마의 공화정을 배경으로 '시민'이 탄생한다. 당시 '시민'을 단순히 아테네와 로마에 거주하는 사람, 즉 특정 공간의 거주자를 의미하지 않고, 특정한 지위와 정치적 권리를 가진 사회 집단을 의미했다. 고대 그리스의 아고라는 정치를 논의하는 장소였고 여기에 모인 사람들은 개인과 가족의 필요를 위해 살아가는 인간만이 아니라 정치 공동체인 폴리스를 '함께 통치하는 시민'이라고 자신들의 정체성을 규정했다. 또한 고대 로마는 시민이 소수의 사적 소유물이 아니라 로마 시민 모두의 정치 공동체로 받아들였다. 역사적으로 시민은 고대 사회에서부터 공공의 사안을 함께 토론하고 결정할 권리를 지닌 존재였을 뿐 아니라 이에 부합하는 학식, 예술, 예절 등을 갖고 주체적으로 판단하고 행동하는 역량을 지녔다. 당시 시민은 해당 사회의 소수 계층에 한정되어 있기는 했지만, 이후 시민의 개념은 모든 인간에게로 확대되고 보편화되는 인권사적 과정의 출발점이 되었다.

가장 현대적 시민의 개념은 18세기 프랑스 시민혁명에서 나타난다고 볼 수 있다. 이 혁명에서 공동체의 정치 권력 주체로서 '시민'이 등장한다. 프랑스 시민혁명에서 시민은 자기 결정권이라고 하는 민주주의 '자결권'을 지닌 사람으로 자리 잡는다. 이때 시민의 개념은 절대 왕정의 국가 체제를 타도하는 이념으로 작용한다.

근대에 들어 직접민주주의가 의회민주주의로 대체되면서 직업 정치인들이 생겨났다. 이들은 정확히 말해 주권자를 대신하는 시민 대표이며, 이들은 시민들이 직접 투표로써 선출한다. 이렇게 해서 선출된 주권자의 대표들이 법을 제정하거나 정책을 만들어간다. 이를 대의제 정치 혹은 의회민주주의라고 한다. 19세기의 시민 개념과는 다르다. 이때에는 자신이 직접 정치에 참여한다는 공화주의였기 때문이다. 이로부터 시민은 국가로부터 독립적인 영역을 구성하는 '시민 사회'를 구성했다. 시민 사회의 개념에는 사회가 시민에 의해서 주도되어야 한다는 이념을 갖는다. 또한 최소한의 기본적 자유권을 갖추어진 가운데 자율적 결정에 따라 사적인 이익을 추구하는 NGO나 NPO 같은 시민단체도 늘어나기 시작했다.

현대적 시민의 개념을 좀 더 깊이 있게 탐색하기 위해 왕조 국가의 사례를 들어 본다. 왕조 국가 체제에서 왕이라는 개념은 계급 세습에 의해서 일어나는 지위다. 이는 사회학적 개념에서 사회적 지위와 관련된다. 사회적 지위 획득의 방식은 민주주의와 그렇지 않은 비민주주의를 구분하는 중요한 개념이다. 사회적 지위에는 귀속 지위와 성취 지위로 구분된다. 부모가 왕이거나 기업의 회장이라고 한다면 그 부모의 지위를 후계 자녀나 자손들이 물려받아 지위를 가지는 것을 귀속 지위라고 하며, 이렇게 지위를 물려받는 행위를 계급의 세습화라고 한다. 이와 반대로 성취 지위는 개인의 의지와 노력에 의해 지위를 획득하는 형태다.

현대에 들어 자신이 지닌 상대적 우위의 계습을 세습하기 위해서 공교육이라는 제도를 이용한다고 비판하는 관점이 대두된다. 갈등론적 시각에서는 계급 세습을 비판적으로 보며, '계급 재생산'이라고 일컫는다. 계급 재생산 개념은 프랑스 사회학자 부르디외Pierre Bourdieu가 정립한 개념이다. 현대 민주주의 사회에서는 구성원 모두 공정한 기회를 가지고 지위를 획득하는데 그 기회 자체도 계급이 개입돼서 공교육이라는 제도를 교묘히 활용한다는 맥락이다. 공교육을 통해 부모는 자신이 가진 직업을 자식에게 승계하는 과정을 취하게 된다. 이는 민주주의 원칙 중 하나인 기회의 평등에 어긋나는 사회적 일탈로 간주하는 경향도 있다. 혹자는 성취 지위보다는 성취 지위의 탈을 쓴 세습주의라고 비판하기도 한다. 현대의 민주주의 사회에서는 계급이나 권력으로 사회적 지위를 세습하려는 노력은 옳지 않다. 주어진 기회에 대해 개인의 적극적인 노력에 의해서 지위를 획득하는 방식인 성취 지위가 더 훨씬 가치 있는 일이다. 진정한 민주주의는 세습 지위에 반대하고 성취 지위가 권장되는 사회라고 정의할 수 있다.

현대 민주주의에서 '시민'은 누구인가? 이 질문의 답은 시민과 국민을 구분해보는 데서 출발한다. 국민은 국가를 중시하고 자유보다는 책임, 희생을 강조하는 한 국가의 구성원을 의미해왔다. 그런데 시민은 국가와 사회뿐 아니라 개인, 세계도 함께 생각하고, 국가에 대한 의무뿐 아니라 개인의 자유, 권리도 함께 중요하게 여기는 사회 구성원을 뜻한다. 주권sovereignty 측면으로 보자면 국가는 주권의 대외적 측면, 정부는 주권의 대내적 측면으로 실현된다. 대외적으로 주권의 부재가 '무국가 상태' 혹은 '식민지 종속국'을 뜻한다면, 대내적으로 주권의 부재는 '무정부 상태'를 말한다. 국가와 짝을 이루는 주권자는 국민nation이라 하고 그들의 정체성은 법률적 근거를 가진 국적nationality으로 작동된다.

반면 정부와 짝을 이루는 주권자는 시민citizen이라고 부르며, 그들이 가진 권리는 시민권civil rights이라고 한다. 정부에 대해 시민은 자발적으로 지지할 수도 있고 자유로이 비판할 수도 있다. 시민권에는 개인의 자유를 추구하는 '자유권'도 있고, 정부 선출에의 평등한 참여하는 참정권이라는 정치권을 갖는다. 또한 정부에 사회경제적 분배 책임이나 복지를 요구할 권리인 사회권 등도 소유한다.

국민과 시민의 개념은 중첩된 부분도 있지만 역사적, 사회문화적 환경 변화에 따라 그 위상이 전환되어 왔다. 국민으로부터 시민으로의 전환은 20세기에 하나의 역사적 계기를 맞았다. 제2차 세계대전 이후에 민족자결주의 등 민족이 지나치게 강하게 부각되었으며, 더 나아가 국가가 터전을 마련하면서 국경이라는 개념이 수립되었다. 국가성의 강화로 시민의 보편적 기본권이 국민국가의 영토주의 안에서 제약 받기 시작됐다. 이는 국민국가라는 영토가 생기면서 영토 내에서 어떤 시민권이 주권으로서 국민주권이 되었다. 다른 한편 최근 들어 급속하게 진전된 전 지구화가 국가를 중심으로 한 국가성을 세계화로 전환하는 계기를 만들었다. 또한 정보 통신과 교통의 발달 등이 다문화 사회를 조장하는 초국적 이주가 성행하기 시작했다. 초국적 이주는 그간 국민국가의 근간인 국적과 같은 제도에서 많은 변화를 가져왔고, 민족과 국가라는 완고한 정서적 연대가 '세계 시민'과 같은 보편적이면서 개방적인 담론으로 전환되는 계기를 가져왔다.

우리나라에는 2019년 12월 기준으로 외국인 약 260만 명이 기록되었다. 이들을 경제적인 이동이라는 의미로 볼 수 있지만, 이들에게 국가성과 영토성은 상당히 희석될 수밖에 없다. 이에 국민 개념은 단지 정치적·행정적인 의미로 축소되어야 한다. 반면 시민은 특정 국가나 영토에 갇힐 수 없으며, 동시에 '국가 시민'에서 '세계 시민'으로의 진화 문제가 20세기 시민사회에서 중요한 화두로 등장하기 시작한 것으로 의미한다.

이 글의 서론부에서 전술한 바와 같이 시민은 태어나서 죽을 때까지 사회화나 재사회화를 겪으면서 학습의 주체가 되어 문화를 습득하게 된다. 문화는 학습을 전제로 한다. 문화 창조자 혹은 문화 계승자는 모두 학습을 수행하는 학문 수행자의 의미를 부여 받는다. 학문 수행자는 학문을 갈고 닦는 '수행자'의 일종이라고 할 수 있다. 수행자는 종교적 영역에서 사용되는 말로 종교적 교리를 따라 '삶을 살아가는 자' 정도로 이해할 수 있다. 이를 확대해보면 수행자란 인간이 세상에 주어진 '인간'으로서의 '인간다운' 삶을 살아가는 사람임을 의미한다. 인간다운 삶은 어떤 삶일 것인가? 인간답다는 것은 무엇을 의미하는가? 라는 것으로 환원해볼 수 있다. 이는 인간다운 삶이라는 것은 인간답게 사는 것을 의미한다. 이를 위해서는 사회적·문화적 의미에서의 인간과 시민의 관계를 이해할 필요가 있다.

아리스토텔레스는 인간을 '사회적 동물로서 이성을 본질로 하는 존재'라고 했다. 우리가 이 말에서 주목할 부분은 '사회적' 과 '이성'이라는 개념이다. 사회적이라는 개념은 인간 주체와 타자와의 관계며, 이성이라는 개념은 세상 인식의 주체라는 점이다. 다시 말해 개인으로 인간은 세상과 우주 만물을 이해하는 주체며, 이 주체가 다른 주체들과 어떤 관계를 맺느냐 하는 것이 관건이다. 이 관계적 문제에 대해 하이데거는 주체와 타자 간의 관계로 소급하여 존재 혹은 현존재라고 개념을 정립하였다. 현존재는 존재 밖에 머무르는 타자들이다. 타자는 모든 인간과 세상의 모든 존재를 부정하며 타자에 의해 타자로 표현되는 타존재와 현존재 사이에 각각 공동 존재가 개입하는 것을 의미한다. 이 공동 존재에 의해서 개인들이 서로를 이해하거나 접촉할 수 있는 고리를 야기하며 주체에 대한 문제를 알아가는 것과 주체 간의 문제를 알아가는 것을 파악한다. 알아가는 것의 핵심은 학문 행위의 모습이다. 학문이라는 것은 교수, 전문가, 연구자만이 아니라 공부하는 모든 시민, 학습하는 모든 시민에게 찾을 수 있다. 이렇게 학습하는 사회는 평생 교육의 차원에서 이해할 수 있으며 '학문 수행자로서 시민'의 개념을 지지한다.

학문 수행자로서 시민의 개념 정의에서 '알아나가는 것', '이성'을 이해하기 위해 칸트의 비판 철학을 인용하고자 한다. 그 이유는 칸트가 합리론과 경험론을 비판하며 인식에 대한 논의를 종합해낸 철학자기 때문이다. 칸트에 따르면 인식의 형식은 본래부터 갖고 있지만, 인식의 내용은 경험으로 얻을 수밖에 없다고 보았고, 인간은 경험을 내용으로 삼고 경험과는 상관없이 타고난 인식 능력을 통해 보편적 진리를 알 수 있다고 했다. 칸트는 비판 철학을 정립하면서 자신의 논거를 3대 비판서『순수이성 비판』,『실천이성 비판』,『판단력 비판』을 통해 제시했다. 칸트는 본인에 대한 본질적 주제들을 토대로 "나는 무엇을 알 수 있는가?"에 대한 인식론 입장과 "나는 무엇을 행하는가"에 대한 어떤 행위론적 입장을 정리했다. 인식론적 입장은 순수이성 비판으로서 참된 철학을 의미했으며, 행위론적 입장은 실천이성 비판으로 윤리학적 영역을 정립하여 했다. 또한 "나는 무엇에서 흡족함을 느낄 수밖에 없는가?" 또는 "나는 무엇을 희망해도 좋은가?"에 대한 질문과 답변이『판단력 비판』이다.『판단력 비판』은 자연과 자유 사이에 놓인 심연을 매개하고자 하는 의도에서 쓰였다. 이로써 미학의 출발점을 제시되었다. 즉 철학, 윤리학, 미학은 모두 "인간이란 무엇인가?"라는 본질적 질문들에 대해 답변하고 논의하는 학문 체계다.

칸트가 제기한 질문들 "어떻게 이성적 사유에 이르는가?", "어떻게 윤리적으로 행동할 수 있는가?", "어떻게 자기 인격을 완성해 갈 수 있는가?"에서 '타자' 개념을 찾아보자. 칸트의 질문에서는 '사회적'이라는 개념, 즉 주체와 타자 간의 관계에 대해서 찾아보기 어렵다. 칸트가 이성을 사유의 중심으로 두었기 때문에 '그'는 타자가 누구인지, 어떤 존재인지, 타자와 '나'는 어떻게 관계로 이어질 수 있을지, '나' 역시 타자가 아닐지에 대한 질문과 고민을 유보한다. 칸트는 이성을 가진 주체에 대한 관점, 사유의 주체에 대한 관점, 행위에 대한 주체, 판단에 대한 주체에 대해서 논의하였다.

인간의 이성은 상위 능력으로서 지성과 감성을 통제한다. 감성의 시간과 공간을 직관 형식으로 하는 현상을 수용하기도 하며 순수 지성이라는 것을 발동해서 협동을 수행하며 인과적 인식을 산출하는 능력이 있다. 또한 이성은 자기를 알아나가며 자기를 비판하는 능력을 지닌다. 이는 신과 내세, 영혼의 불사나 의지의 자유에 대해서도 단언하는 것을 자제하는 것으로 해석된다. 반면 실천적 사용에 있어서 제한을 넘어서는 본능을 스스로 인정하고 도덕 법칙의 정립자가 되기도 한다. 나아가 인간은 이성의 확장으로서 판단력을 갖게 되며 이 판단력은 자연의 궁극적인 목적에 관해 "인격으로서의 인간의 완성에 있다."라고 한다.

이 글에서 수립하려는 '수행적 인간'으로서의 시민은 바로 이런 이성, 사유, 행위, 판단의 주체인 내가 사회적 존재라는 점이다. 모든 인간은 '학습하는 인간'이며, 학습의 목적은 '사회적'이라는 점에서 '수행적 인간' 개념이 탄생된다. 다시 말해 타자와 더불어 학습과 교육 행위를 통해서만 오로지 수행적 인간으로 완성되어 간다. '시민이 되어 간다는 것'으로 인간이 학문의 본래 의미인 '배우고 묻는' 행위를 하는 것이다. 이와 같은 인간의 학문적 수행성은 인간 스스로 인간다움을 발현한다는 고유의 특성이다.

2. 시민은 학문 수행자다

학문은 '지식 체계로서의 학문'과 '활동으로서의 학문'의 두 가지 차원으로 구분할 수 있다. '지식 체계로서의 학문'은 학자들이 발견하고 축적해놓은 개념을 중심으로 수행된 체계다. 제학문이라고 할 수 있는 분과들, 이를 테면 심리학, 경제학 등으로 구성되는 학문 분과 체계로 이해된다. 예를 들어 대학 내의 분과 학문을 토대로 구성된 인문과학대학, 사회과학대학 등의 학문 수행 체제는 지식 체계로서의 학문인 셈이다. '활동으로서의 학문'은 탐구 방법을 중심으로 수행된 체계다. 책에 있는 지식, 즉 글을 읽는 독서 행위와 같이 지식을 습득하거나 교환하는 행위를 의미한다. 예컨대 현재 시점에서 학문하는 사람들은 기존의 연구자들이 축적해놓은 개념과 탐구 방법을 활용해서 자신의 관심 분야와 관련된 현상을 이해하는 활동을 한다. 연구 주제 탐색을 위해 선행 연구로 살펴보고 발표하거나 독서하는 등의 행위로 이해할 수 있다.

학문을 한자로는 學問, 영어로는 Science, 독일어로는 Wissenschaft라고 번역된다. 한자로 '학'은 배울 학學, '문'은 물을 문問이다. 따라서 학문은 '배우고 묻는 것'으로 정의될 수 있다. 수행자가 진정한 앎에 접근해 간다는 의미며, 이는 곧 나를 알아가는 것과 세상의 콘텍스트를 파악해 나가는 것으로 의미한다. 영어 Science는 과학이라는 뜻이지만, 학문이라는 뜻으로도 번역된다. 예를 들면 인문과학은 Human Science, 사회과학은 Social Science, 자연과학은 Natural Science라고 한다. Human Science는 인간에 관한 학문, Social Science는 사회에 관한 학문으로 인간과 인간 간의 관계를 짚어보는 학문, Natural Science는 자연에 관한 학문이라고 볼 수 있다.

독일어 Wissenschaft는 '알림'이나 '통지', '보고' 등으로 해석된다. 이는 마치 '활동'으로서 무엇을 알리거나 보고하는 것으로 이야기 행위를 전제하는 것이다. 인문과학에 해당하는 독일의 정신과학은 '정신'에 해당하는 독일어 Geist에 '학문' Wissenschaft가 결합되어 Geisteswissenschaft라고 한다. 따라서 독일어의 정신과학은 정신에 관한 이야기 행위라는 것이다. 이렇듯 학문의 본래 의미는 이미 활동으로서의 학문을 내포한다고 볼 수 있다. 따라서 '활동으로서의 학문'을 통해서 결과를 창출하고 이 결과를 강의, 발표 등의 이야기 기제를 통해 활용되며 확산된다.

앞에서 학문은 단순히 지식을 배우는 것이 아니라 인간 주체가 배우는 것 '학'과 그 지식을 주체적으로 이해하여 진정한 내 것으로 만들기 위해 비판적인 관점에서 묻는 행위인 '문'의 의미를 지닌다고 말하였다. 유대인의 자녀 교육법 '하브루타'에서는 학문의 의미를 잘 나타내는 내용이 있다. 유대인의 부모는 그들의 자녀들이 학교로부터 방과 후 귀가하면 "오늘 학교에서

넌 무엇을 배웠니?", "친구들과 잘 놀았니?"라고 묻지 않는다고 한다. 반면 "학교에서 무얼 물었니?"라고 묻는다. 이렇게 묻는다는 것은 학습 과정을 확인하는 것은 물론, 자녀의 성찰적 자아를 일깨워 주는 행위다.

또한 물음이라는 것은 불교에서 수행 방편 중 하나인 선문답禪問答과도 관련이 있다. 선문답은 대화의 형태로 이미 도를 깨우친 스님과 제자 승 사이에서 오가는 문답 행위다. 깨우친 스님과의 질문과 답을 통해 깨치지 못한 스님이 깨침을 얻고자 하는 것이 선문답의 가치다. 선문답에서 '화두'라는 용어가 등장한다. 질문과 답은 논리적으로 깨칠 수 있거나 어떤 이치로 생각해서 알아낼 수 있는 것은 아니다. 대답한 뜻이 오히려 질문보다 더 크게 미궁 속으로 빠지게 해서 답자가 의심하고 질문하고 이러한 의심을 타파해서 바로 깨달음을 얻을 수 있음을 말한다. 계속 의심하고 질문하고 의심하고 질문하는 행위가 반복되는 학문적 방법을 '가추법'이라고 한다.

우리는 연역법induction, 귀납법deduction은 많이 들어보고 접해왔다. 그런데 가추법abduction은 생소할 수 있다. 이 개념은 에코Umberto Eco의 소설 『장미의 정원』이나 혹은 크리스티Agatha Christie의 추리 소설에 나타난 글쓰기 방식을 생각하면 쉽게 이해할 수 있다. 추리 소설류의 작품에서 형사 혹은 탐정이 범인을 잡기 위해서 추적해 나가는 과정이나 엄마에게 연실 "엄마 저게 뭐야?"라고 끊임없이 질문하는 아이를 생각해보면 가추법은 탐구력을 향상하는 데 필요한 호기심과 상상력으로 뭉쳐져 있다. 가추법은 호기심을 가지고 질문을 던지는 과정과 같다. 따라서 묻는다는 것은 세상을 이해하고 파악하는 데 중요한 수단임을 의미한다.

인하대학교 다문화융합연구소에는 다문화 교육 연구를 수행하는 다수의 대학원생이 있다. 박사 과정생, 박사 후 과정생, 전임 교수로 구성된 연구진이 소속되어 있다. 구성원 대부분을 구별하지 않고 일반적으로 '연구자'라고 부른다. 박사 학위만을 받은 사람만이 연구자 혹은 학자로 칭하지 않는다. 우리는 '학자'나 '연구자'라는 칭호를 자주 고고하게 사용해왔다. 이를테면 우리는 학문 수행을 전문적으로 수행하는 사람들에게만 학자나 연구자란 칭호를 부여해왔다는 것이다. 그렇지만 모든 사람에게 학자나 연구자의 칭호가 부여될 수 있다고 본다. 자신이 진지하게 학문 수행을 한다고 생각하면, 이를테면 농부가 자신의 텃밭에 있는 작물의 성장과 수확에 대해 지속적으로 관심을 갖고 연구하고 이를 타자들에게 지식 확산을 한다면 이 행위를 하는 것 자체가 학문 수행이며, 이것을 수행하는 이 농부는 학자나 연구자라고 볼 수 있다. 학자란 학문 체계를 계승하는 사람으로서 학문의 체계인 지식과 경험을 개념화하고 연구 방법을 터득하여 새로운 지식을 창출하는 사람으로 간주되기 때문이다. 학문 수행자로서 주어진 시민의 역할과 책무를 하는 사람이라면 모두 연구자라고 할 수 있다. 예컨대 유교 전통을 반영한 오래된 묘지의 비석을 살펴보면 한자로 '학생 ○공 ○○ 지묘'라고 기록되어 있다. 당시 조선의 유교에서는 벼슬하지 못한 모든 양반은 '배우는 자', 즉 학생으로 표상되었다. 따라서 일반 사람도 학생이며 학문 수행자라는 의미다. 학문 수행자로서 시민을 상정한다는 것은 어느 날 갑자기 주장하는 조작적 정의가 아니다. 학자만이 아닌 학문 수행을 하는 모든 시민이 학자며 연구자인 셈이다.

학자는 독서하고 사색하고 세상에 대해 읽기를 좋아하고, 배움의 나눔을 즐거워하고 물음을 즐길 줄 알아야 한다. 공자는 『논어』를 시작하면서 '학學'이라는 글자를 중심으로 학문을 "학이시습지 불역열호學而時習之 不亦說乎"라고 기록했다. 이는 "배우고 때때로 익히면 또한 기쁘지 아니한가"라고 모든 사람이 배우는 것에 기뻐하며 물음을 던지는 것을 의미한다. 따라서 '학'은 물음으로 시작하고 물음으로 매듭 지어진다. '익힌다'는 뜻의 '習(습)'이라는 한자는 새의 날개와 숫자 '백'으로 이루어져 있다. 이는 "새가 날기 위해서는 백번 익혀야 한다."는 의미다. 즉 이는 배운 것을 자신의 삶에 바로 적용해보는 자세를 말한다. 학문 수행자로서의 시민은 배운 것을 자신의 삶에 적용해야 한다는 것을 시사한다.

우리나라는 중등 교육까지의 의무 교육 과정을 이수한다. 많은 사람이 중등 교육까지 체계적인 교육을 받은 후 이후 삶을 마감할 때까지 세상의 지식을 배우면서 평생 교육의 과정 속에서 학문 수행을 하면서 살아나간다. 즉 인간은 태어나서 죽을 때까지 개개인의 의도에 따라 배움의 '학'과 묻는 '문'의 과정을 거치며 끊임없이 학문 수행을 하는 학문 수행자라고 볼 수 있다. 따라서 시민이 학문 수행자로서의 존재라는 것을 인정할 수 있다. 가정의 사회화, 학교에서의 학습과 교육 활동, 직장에서의 재사회화는 전체적으로 나를 깨우치는 배움의 과정으로 볼 수 있다. 학문 수행자는 수행자로서의 갖추어야 할 역량이 있다. 이는 수행하는 나를 성찰하게 할 수 있는 '타자 존재'의 인정이다. 이를 '타자 지향성'이라고도 한다. 학문 수행자로서 인간은 생애의 전 과정을 통해 타자와 함께 학습하는 존재로 역할한다. 교육학에서는 이를 '페다고지'라는 형식적 학교 교육과 대비해 '안드라고지'라는 평생 교육으로 정의한다. 물론 넓은 의미의 평생 교육은 학교 교육 영역과 사회 교육 영역 모두를 포함하여 이해하기도 한다. 어떤 경우든 시민은 학교에서도, 사회에서도 타자와 함께 배움을 실천하는 학문 수행자임은 자명하다. 학문 수행자로서 시민은 사회적·문화적 의미의 시민이며, 타자들과 더불어 평생 교육의 주체가 되기도 한다.

또한 학문 수행자로서의 시민은 학문의 지식을 포함한 어떤 지식이든 그 자체가 완벽함에는 한계가 있음을 지적하고 비판적 관점을 가져야 한다. 항상 어떤 지식이든 일정한 둘레를 지닌 만큼 그 한계를 알아간다는 것은 학문 수행자에게 중요한 과제다. 어떤 지식이든 그것을 비판적으로 수용하는 것은 해당 지식의 한계를 알아가는 것이며, 나아가 다른 체계를 세우는 것으로 의미한다. 즉 더 나은 지식의 단계로 발전할 수 있다는 것으로 해석한다. 따라서 학문을 수행하는 자, 즉 학문 수행자는 어떤 지식을 마주함에 있어서 항상 비판 의식을 가지고 의문을 제기할 때 비로소 참된 자신의 지식이 될 수 있다. 이는 학문의 진정한 의미며 이를 제대로 실천하는 것이 진정한 학문 수행일 것이다. 나아가 사회 문화 현상에 대해서 따질 줄 알고 정치에 참여해야 한다. 정치에 참여한다는 것은 현실 정치를 하는 직업 정치인을 의미하는 것이 아니다. 시민으로서 정치 과정에 참여하라는 뜻이다. 이를테면 어떤 정책에 대해 의견을 적극적으로 개진하고 직업 정치인들의 정치 행위에 대해 댓글을 다는 것, 국회의원 선출 등 선거에서 내가 선호하는 후보에게 투표하는 것 등의 정치 참여를 의미한다.

앞서 필자는 학문 수행자로서 시민을 연구자라고 상정했다. 연구자란 일상생활을 연구자의 눈으로 볼 수 있어야 함을 의미한다. 연구자의 눈으로 본다는 것은 연구자가 연구를 시작할 때 연구 문제 자체에 초점을 맞추어 그 질문을 대한 답을 탐색할 수 있어야 한다. 중요하게 고려해야 할 것은 연구자는 먼저 세계를 바라보는 자신의 태도와 관점을 명확하게 할 필요가 있다. 이는 현상과 사건에 대한 해석의 기준이 흔들려서는 안 되기 때문이다. 연구 수행 과정에서 연구자의 관점perspective 혹은 연구자의 입장position은 중요하다. 전문적인 말로 보면 '철학적 패러다임' 혹은 '이론적 렌즈'라고 한다. 이는 연구자의 눈으로 사물과 대상, 현상을 본다는 것은 학문 수행의 첫출발인 셈이다. 학문 수행자로서 시민은 우주와 우리가 사는 세상의 모든 것을 연구자의 눈으로 봐야 한다는 것을 의미한다. 이러한 관점에서 학문을 수행하는 사람들의 관점과 입장이 자신의 경험으로부터만 기인하는 것이 아니라 타자와의 관계 속에서 형성되는 인식의 틀임에 주목할 필요가 있다.

3. 다문화 사회와 타자 지향성

우리에게 타자란 어떤 존재인가? 일단 타자의 개념적 이해를 위해서는 현상학을 체계화한 후설의 철학을 이해해야 한다. 그러나 최근 한국 사회에서 타자 혹은 타자성을 논의할 때 가장 주목받는 학자는 레비나스다. 어떤 학자의 논의를 이해하기 위해서는 그 학자에게 영향을 준 선대 학자와 논쟁을 불러 당대 학자들을 살펴볼 필요가 있다. 그러므로 후설, 하이데거, 메를로 퐁티, 사르트르, 레비나스, 카뮈, 부버 등에서 논의된 타자 개념을 기술하고자 한다.

후설은 어떤 사건이 주는 현상의 본질적 의미가 무엇인지에 집중하기 시작한다. 후설은 타자라는 개념을 철학의 영토로 편입하기 시작한 최초의 연구자라 해도 과언이 아니다. 물론 그전에도 타자에 대한 논의가 있어 왔지만, 현상학이 체계화되면서 후설 이후 하이데거, 메를로 퐁티, 사르트르, 레비나스 등 후대 학자들로 이어지면서 타자 철학으로 발전되기 시작했다. 후설에 의하면 타자는 자신의 주관적 개념과 외적인 신체 지각을 토대로 하나의 경험을 가진다고 본다. 감정이입적 타자 이해가 중요한데 우리가 다른 사람을 공감하고 이해하는 것은 자신과 타자가 이미 공유하는 세계에 주의를 기울여야 한다는 것이고, 타자에 대한 의도성을 지닌다는 것이다. 타자 지향성이라고 하는 것은 이미 '타자를 지향한다'는 의도성intentionality을 이미 가졌다는 개념이다. 타자라는 개념이 존재의 세상에 있다면 자신이 타자를 지향하는 의도를 가진 것으로 볼 수 있다. 즉 타자 지향성이란 타자의 표현적 행동과 유의미한 행위에서 그들의 정신적 삶에 접근할 수 있는 능력의 문제로 개념화된다.

후설의 타자에 대한 논의는 인식의 주체인 내가 어떻게 타자의 마음을 이해하는지에 대해 초점이 맞춰진 것이 아니다. 오히려 타자가 단순히 물리적 대상이 아닌 자신과 같은 동등한 인식 주체로 파악하는 데 중점을 둔다. 따라서 주체인 나는 타자에 대해 이미 정체성을 지닌 존재로 인정한다고 볼 수 있다. 타자에 대해 이해하기 위해서 타자의 경험을 함께 나누려는 공감, 의지, 짝지움이라는 개념이 등장한다. 짝을 독일어에서 'paar'라고 하고, 영어로는 'pair'라고 한다. 짝지움은 서로 구성적으로 짝 지워졌다는 것이며, 이 개념은 자기와 타자가 서로에 대한 존재라는 의미다. 이는 타자에 대한 이해의 패턴이 어떤 침전 과정을 통해 점진적으로 확립되면서 타자와의 경험에 영향을 미치게 되는 것이다. 또한 짝지움에 대한 의미의 전이가 한쪽 방향으로만 일어나는 것이 아니라 의미의 상호 전이, 즉 주체-타자 간 상호 전이가 일어난다. 이러한 맥락에서 상호 문화성, 상호 주관성, 상호 주체성이라는 개념이 등장한다.

결국 '나'라는 주체는 타자를 지향함으로써 성립되는 개념이며, 나아가 타자 없는 내가 존재할 수 없음을 의미한다. 이러한 상호 전이적 경험은 자신이 혼자만으로 행할 수 있는 것이 아니라 상호 주관적 경험으로 발현된다. 특히 이해가 복잡한 심리 현상인 경우 타자 이해를 위해 더욱 경험을 나누는 의지가 필요하다. 이를 '의지적 타자의 이해'라 하며, 여기서 이해는 신체적 지각을 기반으로 하며 상호적 공유성을 지니게 된다. 여기서 타자에 의해 형성된 주관적 경험인 '공동 마음common mind' 개념이 출현하며, 이것이 바로 상호 주관성이라는 것이다. 자신의 지각들이 자신에게만 존재하는 것이 아니라 모두에게 실재하는 존재로서 주관성을 제시하고 있다. 대상들, 사건들, 행위들은 자신의 사적인 것이 아니라 공공의 것, 함께 경험하는 것으로서 상호 주관성의 맥락 하에서 설명될 수 있다. 따라서 후설의 상호 주관성은 개인적 의식 혹은 자아가 아닌 공동체적 의식 혹은 공동체적 자아를 의미한다.

후설의 타자에 대한 개념은 하이데거에 이어지지만, 그는 후설의 타자 지향성을 비판하면서 존재론을 우선적으로 제시한다. 하이데거에 따르면 타자를 '세계 내'의 존재로 상정하면서 현존재가 이미 어떤 세계에서 타인과 함께 존재한다는 '실존Existenz'의 개념을 정립한다. 따라서 하이데거는 현재 사실에서 타자의 문제에 접근하는 것으로 나타난다. 현존재라는 것은 독일어로 'Dasein'이다. 세계 이전에 또는 세계 바깥에, 세계와 독립하여 존재하지 않고 '세계 안'에 존재한다는 의미다. 여기서 현존재가 있듯이 타존재 또한 존재한다는 개념이 생겨난다. 현존재의 존재 이해 속에는 이미 현존재가 있고, 자신이 만든 현존재와 공동존재라는 존재가 함께 있는 것으로 이해할 수 있다.

타자에서도 타자의 현존재와 공동존재가 있다. 이는 공동존재 간에 일어나는 교섭이 있다는 것을 간주한다. 현존재와 공동존재 양자 간 '공감' 혹은 '공명'이라는 개념이 들어올 수 있는 여지를 준다. 현존재의 존재 이해 속에는 이미 그의 존재가 공동존재이기 때문에 타자의 이해가 이미 놓여 있다. 하이데거의 타자에 관한 사유는 모든 존재자의 문제가 존재와 존재를 물음에 부치는 인간의 관계적 본질이 우선적이라고 본다. 따라서 "나와 함께 타자 또한 실존한다."와 "나와 함께 타자 또한 공동현존재다."라는 개념을 주장한다. 이는 타자를 인정하면서 동시에 스스로 현존재의 존재 양식을 지니는 것으로 해석된다. 다시 말해 타자가 스스로 현존재의 양식을 지닌다는 의미다.

타자는 자신의 관점에서 파악되고 구성되는 존재자가 아니라 타자 역시 실존하는 현존재라는 개념이다. 이는 주체 속에서의 어떠한 타자의 세움이 상승한다는 의미로 이해된다. 하이데거에서는 '주'와 '객' 즉 주체와 객체가 서로 연관되어 존재하는 본질로 이해하는 것을 지양한다. 오히려 인간은 처음부터 자신의 본질상 존재의 열려 있음이 안으로는 탈존재하는 것으로 주체와 객체에 연관이 존재할 수 있는 사이를 비추어주는 것으로 본다. 나와 타자는 공히 현존재로서 똑같은 존재며 사물, 도구, 타자들에게 관심을 가지고 관계를 맺으면서 자기 존재에 대해서도 관심을 가지며 세계 안에 거주하는 존재로 간주한다.

자신의 현존재는 자기존재Selbstsein와 공동존재Mitsein다. 타자의 현존재도 자기존재와 공동존재다. 이는 자기존재와 공동존재는 구분되지만, 분리되지는 않는다는 점과 아울러 타자 없는 내 존재가 성립하지 않는 것으로 보인다. 동시에 나 없는 타자의 존재도 성립하지 않는다. 세계 안에서 누구나 사물과 도구 곁에 그리고 사람들과 함께 존재하는 것으로 이해할 수 있으며 공동존재는 세계-내-존재의 하나의 실존론적 구성 요소로서 하이데거를 이해할 수 있다.

메를로 퐁티는 감각의 현상학을 정립한 학자로 신체적 몸을 철학의 세계로 가져온 학자다. 후설의 타자 지향성 논의를 비판하면서 신체적 또는 감각적인 부분을 강조한다. 후설이 타자에게 접근하는 것 그 자체에 어려움이 있기에 살아 있는 몸을 의도 그리고 의지와 의향성에 견주어 강조한 반면, 메를로 퐁티는 존재론적으로 이어줄 '공통의 너울', 즉 '소통의 살'을 거론하면서 신체 개념을 강조하였다. 살은 '구체적'이며 상호 주관성으로 '실질적'인 부분이다. 상호 주관성은 상호 신체성을 구축하는데 긴박하게 교대되는 가역적인 감각성을 보장한다. 상호 신체성은 이전의 현상학에서 등장한 상호 주관성이라는 개념과 일치한다. 상호 신체성 개념에서 주체 각각의 체현이 제기된다. 체현은 몸에 대한 개념이며 몸에 이루어지는 존재론적 격자인 '세계로 열린 존재'다. 이를 통해 신체 주체들을 실질적으로 연속하고 있다. 주체들의 '만남'이라는 것은 주체들에게서 일어난 사태보다 우선되고 또한 그 각각 대자 존재라는 개념으로 해석할 수 있다.

사르트르에 따르면 '타인은 지옥이다'라고 할 정도로 타자를 부정적 관계의 관점으로 강조했다. 사르트르는 헤겔의 변증법적 개념을 토대로 타자를 이해한다. 자신의 주체가 정의라면 반대의 개념을 타자로 인정한다고 할 수 있다. 사르트르는 헤겔이 논의한 '주인과 노예'의 변증법에서 착안하여 대타 관계의 기본 구도를 갈등 관계로 보았다. 사르트르는 '시선과 시선 사이의 투쟁'이라는 문장도 남겼으며 "나는 타자의 시선을, 내 '행위'의 한복판에서 나 자신의 모든 가능성의 고체화와 타유화로서 파악한다."라고 하였다. 또한 사르트르는 "영원한 주체도 객체도 존재하지 않는 상황 속에서 타자를 객체로 머물러 있도록 하는 시선의 투쟁은 무한히 반복될 수밖에 없다."라고 타자를 정의한다. 사르트르에게 있어 시선은 내게 타자를 직접적이고 구체적인 현전을 설명해주는 개념이다. 시선의 끝에 닿는 모든 것은 객체화된다. 타자와 나는 서로의 시선 속에서 누가 먼저랄 것도 없이 객체로 사로잡으려 한다. 그 때문에 나와 타자의 관계는 함께 있는 존재가 아니라 시선의 투쟁을 벌이는 갈등이며 이런 관점에서 타자는 내 지옥으로 이해된다.

레비나스에 따르면 주체에 대한 관점을 찾아볼 수 없고 타자가 전체적인 것으로 주장하였다. 이는 앞에서 등장한 현상학자와는 상반된 타자 지향성의 관점을 다루었다. 사르트르와 레비나스는 공통적으로 타자와 마주하는 면 대 면의 구도를 제시해야 한다. 예컨대 사르트르가 시선을 타자의 시선과 갈등적으로 보고 있다면, 레비나스는 '타자의 얼굴에 현현'이라고 타자의 절대성을 부여하였다. 이는 타자의 얼굴은 '나'라는 의미며 타인과 주체는 비대칭적인 관계성을 가진다고 강조하였다. 레비나스는 주체가 약자라고 생각하는 점, 과부나 고아의 모습으로 나타나는 고통 받는 '타자의 얼굴'에 의해서 '내'가 그 안에 출현하고 있다고 본다. 따라서 나를 환대하는 것이 곧 타자를 환대하는 것이고, 타자를 절대 타자로 인정하라는 것이다. 우리가 절대 타자라고 하면 기독교에서는 '주님'이라고 부르는 존재다. 절대 타자는 부활한 예수의 모습으로도 볼 수 있다. 우리가 기독교식으로 사고를 한다면 내 타자들은 많은 죄를 대속한 예수의 모습으로도 볼 수 있다. 따라서 레비나스는 책임을 지고 대속하라고 주장한다. 레비나스에게 타자는 아주 절대적으로 내 위에 있고, 나와 타자가 결코 전환될 수 없는 위치에 있다. 그래서 레비나스의 타자 담론을 절대 타자론이라고 한다. 타자의 부름에 절대적으로 복종할 수밖에 없는 내 탄생을 그려보는 레비나스는 상당히 윤리학적으로 볼 수 있다.

까뮈에 따르면 타자는 나와 화해를 할 수 있고 협력이 가능한 존재, 즉 공존과 상생이 가능한 존재로 여겨진다. 인간과 인간의 관계는 계약이나 연합에 의해 조정이 가능한 관계며 서로 손을 내밀어 도움을 줄 수 있는 관계다. 좋은 일이 있을 때 함께 기뻐하고 슬픈 일이 있을 때 함께 부둥켜안고 슬퍼할 수 있는 공감의 관계다. 그러므로 까뮈에게 인간은 인간에 대해 신이며 타자는 유토피아적 존재다. 카뮈에게 사람과 사람의 관계는 '우리'의 관계로 설정된다. 물론 '우리'의 관계에는 우리를 이루는 구성원이 모두 어떤 경우에 반항에 참여해야 한다는 전제가 있다. '우리'를 이루는 그들이 모두 예외 없이 부조리를 각성하는 명석한 의식 상태를 유지할 때, 그러면서 그 사이의 단절을 극복하기 위해 치열한 노력을 하는 것이 반항이다.

그러나 까뮈는 나와 타자 관계에 형성된 '우리'라는 관계는 위험할 수도 있다고 한다. 우리 관계 안에서는 모든 것이 안전하고 허용되며 지지를 받기도 한다. 이 점은 자칫 '우리' 관계가 비개방적이거나 혹은 집단주의적 경향을 가질 수 있다. 그래서 다름과 차이라는 다양성이 제거된 동질감이 형성될 수 있다. 또한 '우리' 관계에서 다양성을 거부하는 배타성이 존재한다. '우리' 관계에 있는 구성원들은 그들만의 믿음과 습관과 관행에 따라 그들이 사는 사회의 부적격자로 레벨을 달아 배척한다. '우리' 관계의 금 밖에 있는 것들은 모두 배제되어야 하고 아무나 금지선 안으로 발을 들여놓을 수 없다.

부버에 따르면 타자의 영혼은 개념적이며 구체적일 뿐 아니라 개별적이고 유일한 존재다. 대화적 관계는 추상적이지만 상호적인 포용 경험과 구체적이지만 일방적인 포용 경험을 지양한다. 단지 구체적이고 상호적인 포용 경험을 진정한 대화적 관계라고 하였다. 즉 대화적 관계는 "중립성이 아니라 연대성이고, 서로 위해서 있음이며, 살아 있는 상호성이자 생생한 상호 작용"인 것이다. 그리고 연결체 사이의 경계를 지워버리는 것이 아닌, 공동의 실재에 대한 공동의 인식과 공동의 책임에 대한 공동의 과제다.

자아와 타자의 인간관계에 대해 부버는 자아와 타자의 인격적 관계와 비인격적 관계를 구별한다. 인격적 관계에서 '나'에 대해 2인칭인 '너'라는 개념의 관계로서 파악한다. 이는 너와 나의 대화의 중요성을 강조한 것으로 본다. 타자는 3인칭으로서 가장 비극적이다. '그'와 '그것'이라 호명됨은 타자의 인격이 '나'에 의하여 대상화되고 물화가 된다는 의미다. 그렇다면 이 간극, 즉 사이를 줄이기 위해 어떻게 할 것인가? 부버는 결국 인간의 문제를 '사이'의 문제로 소급한다. 인간은 홀로 존재하는 것이 아니라 언제나 더불어 존재한다. 인간의 다른 이름은 관계로 파악되며, 인간은 서로가 연결된 존재로 규정된다. 부버에 따르면 나와 타자는 대화적 관계를 통해서 만남을 행하는 것이라고 하였다. 대화적 관계는 대화의 순수성 속에서 드러나며, 대화에서만 대화적 관계가 만들어지는 것은 아니라고 한다. 하물며 두 사람이 서로 침묵하더라도 그 자체가 대화이기도 하며, 공간적으로 분리되어 있더라도 대화의 논의는 지속될 수 있다고 본다. 또한 대화적 관계는 어떤 사람을 위한 다른 어떤 사람의 항상적·잠재적 현재성으로 표현되지 않은 교제로서 가능하다. 즉 모든 대화는 포용의 요소들과 관련될 때에만 그 진정성을 획득하게 된다.

우리는 지금까지 현상학 철학의 패러다임에서 후설의 타자 지향성 의미에서부터 하이데거, 메를로 퐁티, 사르트르, 레비나스, 까뮈, 부버 등이 주장하는 타자에 관한 논의들을 살펴보았다. 우리는 그들이 논의들에서 타자를 바라보는 인식 틀을 감지할 수 있다. 물론 이 글을 통해 어떠한 시각으로 타자를 바라봐야 하는가에 대해 강요할 수는 없다. 단지 다문화 사회를 살아가는 독자들이 어떻게 타자를 바라볼 것인가라는 관점을 정립해야 할 필요성이 있다는 것을 강조하고자 한다. 우리는 타자를 지향해야 하며 타자 지향성을 확보하기 위한 역량 계발에 노력해야 할 것이다. 이 점에서 시민은 학문 수행자이어야 하며, 학문 수행자로서 다양한 문화의 이해는 물론, 다문화 사회 현상을 탐구할 수 있는 안목을 가져야 한다. 나아가 학문 수행자가 가져야 할 절대 윤리로서 타자 지향성을 실천해야 한다.

3장

다문화 사회로서
한국의 미래와 시민 윤리

박병기

1. 한국 사회의 '미래' 담론

미래未來, future라는 개념은 우리에게 익숙하면서도 낯선 단어다. 과거에서 현재, 미래로 이어지는 시간의 흐름은 일상에서 쉽게 느낄 수 있을 뿐 아니라 우리 이야기 속에서도 자주 등장하기 때문에 익숙하다. 그러나 다른 한편 그 미래가 구체적으로 언제 어떻게 다가올 것인가와 관련된 수많은 담론을 접하다 보면 두려움의 대상으로 다가오거나 일정한 기대를 가지고 맞을 수도 있을 것 같은 대상으로 다가오는 혼란을 경험하기도 한다.

미래는 일차적으로 시간 개념이다. 현재와 이어져 있으면서도 구별되는 어느 시점이 미래고, 그것은 다시 현재가 지속적으로 과거로 누적되어 가는 연속성을 전제로 성립되는 시간이다. 시간의 영속성과 인간 삶의 유한성 틈새에서 때로 미래는 아득한 느낌으로 다가오고, 그 아득함은 내일을 온전히 보장 받을 수 없음에도 거의 의심하지 않는 우리의 어리석음을 일깨우는 촉매 역할을 해주기도 한다.

다른 한편 미래는 공간적 개념이기도 하다. 미래는 곧 미래 사회기도 하기 때문이다. 예를 들어 '2030년 한국 사회'와 같이 구체적인 공간까지 배경으로 깔면서 우리에게 다가오는 것이 미래다. 사실 우리 삶에서 시간과 공간은 쉽게 분리되지 않는다. 시계 시간에 익숙해진 근대 이후의 인간에게는 시간이 명료한 수치로 환원될 수 있는 대상이 되어버림으로써 공간과의 편의적인 분리에도 익숙해졌지만, 지금 이 순간 우리는 끊임없이 흘러가는 시간과 비교적 지속적인 공간 모두에 비스듬히 걸쳐서 존재하고 있을 뿐이다.

시간에 관한 학문적 논의는 주로 물리학과 철학의 두 영역에서 이루어져 왔다. 아리스토텔레스와 뉴턴 물리학에 기반한 시간이 지니는 정연한 질서에 반기를 든 양자역학의 등장으로 물리학의 시간은 더 철학의 시간과 가까워지고 있다. 현대 철학에서는 하이데거의 시간관이 주목 받았고, 전통적으로 주목 받아왔던 불교의 시간관이 현대 시간관과의 친화성으로 다시 호출되고 있다.

불교에서 시간은 끊임없이 흘러가면서 변화한다는 의미의 찰나성과 타자와의 의존 속에서만 그 시간의 흐름을 느낄 수 있을 뿐이라는 계기성을 지닌다. 찰나성은 우리가 시간을 온전히 붙들 수 없다는 감각으로 다가오고, 계기성은 어떤 사태 또는 존재자와의 만남 속에서만 그 시간의 의미를 되새길 수 있다는 실존성으로 다가온다. 하이데거에 있어서도 시간은 존재를 가능하게 하는 배경이자 그 모습을 결정 짓는 핵심 요소 중 하나로 받아들여진다. 죽음이라는 누구도 피해갈 수 없는 시간의 한 종착역을 향해 다가가는 유한한 존재자로서 인간은 바로 그 이유 때문에 시간 속의 존재일 뿐이다. 그 인간에게 미래는 일차적으로 죽음 이전까지만 허용될 수 있는 유한한 시간의 한 시점이다. 유연하고 굴절된 시간이 가능할 뿐이라는, 양자역학의 시간관과 그리 멀지 않은 곳에 있는 것이기도 하다.

그런데 우리 사회에서 미래 담론을 주도하는 것은 철학이나 물리학의 시간관에 기반한 것이 아니라, 이른바 '4차 산업혁명'으로 상징되는 과학 기술에 바탕을 둔 것이다. 컴퓨터와 인터넷을 전제로 하는 소통과 관계의 혁명적 전환과 빅데이터와 딥러닝deep learning으로 무장한 '알파고'라는 인공지능으로 다가왔고, 더 빠르게 다가온 미래가 중심을 차지하고 있다. 그런 가운데 대통령이 나서서 '인공지능 국가 전략'을 발표하고 나서면서, 교사들 또한 인공지능 역량으로 무장하고 그 미래를 대비해야 한다는 요구가 실질적인 압박으로 작동하고 있다.

우리는 그럼 이런 미래 담론을 어떻게 받아들이고 해석해야 하는 것일까? 현실은 늘 과장된 힘을 지니는 법이어서 자칫 시대에 뒤쳐진 사람으로 취급 받거나 분명 자나친 면이 있는 미래 담론에 자신을 내맡겨버리는 사람이 될 가능성이 크다는 사실을 먼저 인식할 필요가 있다. '인터넷의 아버지'라는 별명을 갖고 있다는 카Nicholas Carr의 책 제목처럼 『생각하지 않는 사람들The Shallows』로 전락할 가능성이 상존하는 것이다.

미래 담론은 기본적으로 인간과 사회의 모든 것을 포함한다는 점에서 포괄적이다. 그런데 그중에서도 우리가 특히 주목해야 하는 것은 그 인간의 삶을 문제 삼는 인문학과 미래에 살아가야 하는 세대를 향하는 교육이다. 이 둘은 긴밀하게 연결됐으면서도 실제로는 우리 교육계의 미래 담론이 일종의 흐름, 즉 검증되지 않은 '4차 산업혁명'과 같은 모호한 개념에 포획되어 피상적으로 전개되는 문제를 노출하고 있다.

　교육은 인간을 전제로 하는 실존적 과업이고, 따라서 당연히 미래를 포함하는 그 시대의 인간학에 의해 뒷받침되어야 한다. 그런데 그런 인간학적 성찰은 무시되거나 일방적으로 다루어지기 일쑤고, 실제 교육 관련 담론은 편향성과 천박함 속에서 이루어지는 경우가 대부분이다. 미래 교육 담론이 그 전형적인 사례에 속한다. 미래가 무엇인지에 대한 성찰도 없이 마치 과거나 현재와는 분리된 상태로 미래를 전제하면서, 일방적인 그림을 그리는 것들을 보면 아예 없는 것만 못하겠다는 생각이 들 정도다.

　교육은 과거에서 현재, 미래로 이어지는 연속성을 지닌다. 온고지신溫故知新의 지혜는 물론 미래를 바라보는 통찰이 전제되어야만 하는 이유이기도 하다. 특히 우리 한국 사회는 급속한 성장 과정을 거치면서 이러한 성찰의 지혜를 상당 부분 자발적으로 포기한 채 현재에 이르고 있음에 주목할 필요가 있다. 인간을 성찰의 대상으로 삼는 인문학의 지혜를 바탕으로 삼아 그 인간이 현재에서 미래로 어떻게 성장해가야 하는지에 관한 진지한 논의에 토대를 두지 않는 모든 미래 교육 담론은 파기의 대상이 되어야 한다.

　그런 전제 없이 '미래 교육은 이러해야 한다…'는 식의 무수한 언명이 우리 교사와 학부모를 향해 쏟아지고 있고, 때로는 현재의 모든 교육이 무의미해질 것이라거나 교사 자체가 필요하지 않은 시기가 곧 도래할 것 같다는, 두려움을 동반한 폭력적인 예측으로 다가오기도 한다. 정말 그런 것일까? 당연히 그렇지 않다. 우리의 미래를 이야기할 때 교육과 함께 빠트릴 수 없는 주제인 '다문화'를 염두에 두면 그 상황의 심화와 함께 우리 자신과 사회의 모습이 어떻게 변해갈 수 있을지를 생각하는 일은 어떻게 살아갈지를 모색하는 윤리학의 과제로 연결된다.

2. 다문화 사회로서 한국의 미래

　우리의 미래에 관한 논의의 대부분은 이른바 '4차 산업혁명'이라는 개념을 포함한다. 대체로는 그것이 현재 진행되거나 급속도로 진행될 예정이기 때문에 적극적으로 대응하지 않으면 후퇴하거나 도태될 것이라는 우려를 전제한다. 이 개념이 본격적으로 등장한 것이 2016년 1월 스위스 다보스에서 열린 세계경제포럼WEF임을 감안해보면 담론 자체가 빠르게 자리 잡았을 뿐 아니라 국가 정책 차원으로까지 확산되는 현상은 이례적이라고 할 만하다(박병기 외, 2018).

　4차 산업혁명 주창자 슈밥은 이 개념을 '디지털 혁명을 기반으로 유비 쿼더스, 모바일 인터넷, 저렴하고 강력한 센서, 인공지능을 기초로 하는 기계 학습을 특징으로 하는 것'이라고 정의하면서, 특히 디지털과 빅테이터라는 매개체를 중심으로 '개인과 사회, 기업, 경제 등이 전례 없는 패러다임의 전환을 유도하고 사회 전체 시스템의 변화를 수반한다.'고 강조한다(클라우스 슈밥, 송경진 옮김, 2016). 우리 일상 속에서 이미 디지털과 빅데이터라는 매개체를 중심으로 하는 약한 인공지능이 활용되었음을 감안한다면 이 개념을 사용하는 일이 크게 문제가 되지 않을 수 있다. 그러나 '혁명'이라는 말을 사용하고자 한다면 '3차 산업 혁명'과 질적으로 차별화되는 어떤 점을 제시할 수 있어야 하고, 더 나아가 그 패러다임의 변화가 구체적으로 우리 삶에서 어떤 의미를 지닐 수 있을지에 관한 성찰적인 논의가 반드시 수반되어야 함에도 대부분 그렇지 못한 것이 현실이다.

3차 산업혁명이 컴퓨터와 인터넷 기반의 정보화 혁명을 주로 의미하는 것임을 감안하면 4차 산업혁명 역시 같은 기반의 디지털과 빅데이터 중심의 변화라는 점에서 연속성을 지닌다. 그 연속성과 함께 인공지능의 본격적인 등장과 주로 뇌를 관찰과 분석의 대상으로 삼는 신경과학의 발전이라는 차별성을 지니는 현 단계의 변화를 '4차'라고 구분해보는 일이 불가능한 것은 아니지만, 현재와 같은 당연시는 분명 문제가 있다. 4차 산업혁명 담론과 교육의 관련성을 총체적으로 정리한 류방란 등의 연구에서와 같이 '우리 사회 전반에 걸친 변화를 만들어가야 할 필요성을 제기하기 위한 방편'으로 활용하고자 한다면 굳이 거부할 이유도 없을 것이다(류방란 외, 2018).

미래학은 미래의 모호함을 전제로 한다. 미래未來라는 한자어 개념을 그대로 풀이해보면 '아직 오지 않은'이라는 의미가 부각된다. 과학 기술 기반의 미래 예측으로서 미래학에 대해 비판적인 시선을 견지하는 전치형과 홍성욱에 따르면 "과학 기술과 (그것에 기반한) 미래는 우리가 지금 생각하는 방식으로는 오지 않을 것이다."(전치형, 홍성욱, 2019) 그렇게 판단하는 근거는 다양하고 또 다층적이지만, 그 핵심은 우리의 예측 능력의 한계와 우리 자신의 선택에 따른 변화 가능성이다. 이들은 그런 이유로 모든 미래에 관한 논의는 그저 하나의 미래에 관한 이야기, 즉 담론일 뿐이라고 말한다.

그럼에도 우리는 끊임없이 미래를 예측하고자 한다. 점집의 미래 예측으로부터 글로벌그룹연구소의 경제 성장 중심의 미래 보고서, 국제환경단체의 암울한 미래환경보고서 등이 끊이지 않고, 특히 우리나라에서는 토플러Alvin Toffler에서 다이아몬드Jared Mason Diamond, 하라리Yuval Noah Harari에 이르는 미래에 관한 거대 담론가의 책들이 베스트셀러 목록에 지속적으로 오르고 있다. 현재의 불안과 불만족을 토대로 미래에 그것들을 적극적으로 극복하고자 하는 열망이 깔려 있는 것이기 때문에 굳이 부정적으로 볼 필요는 없을 것이다.

그러나 모든 미래 예측이 그것을 주도하는 세력 또는 개인의 가치관을 근간으로 삼아 이루어질 수밖에 없고, 20세기 이후에는 서구적 근대의 보편성을 전제로 하는 미래학이 주도권을 행사해오고 있다는 점을 고려해보면 미래학의 진리 주장은 늘 가설 수준을 넘어서기 어렵다는 사실도 쉽게 확인할 수 있다. 따라서 미래에 관한 예측으로서 미래학 담론들을 접하는 과정에서는 이러한 전제 조건에 관한 명확한 인식과 함께, 우리 자신의 현재를 함께 직시하고자 하는 노력이 전제되어야만 한다. 그렇지 못할 경우 우리도 모르는 사이에 누군가가 원하는 미래상에 자신을 꿰어 맞추고자 안간힘을 쓰는, 수동적이고 비주체적인 삶을 살아가게 될 가능성이 높아진다. 특히 우리 사회의 경우 20

세기 이후의 역사 속에서 주체적인 근대를 정립할 기회를 제대로 갖지 못한 채 21세기를 맞았기 때문에 이런 가능성은 더 크고 심각한 것일 수 있다. 그런 이유에서 미래를 말하기 위해서는 먼저 우리 자신이 몸담고 있는 현실에 관한 이야기를 해야만 한다.

우리의 미래를 예측하기 위한 전제 조건으로서 현실 분석 과제는 그러나 더 많은 곤경을 가져다준다. 우선 우리 자신이 분석의 주체이면서 동시에 대상이기 때문에 객관적이기 어렵다는 곤경과 만난다. 부르디외의 표현을 빌리면 인간은 누구나 특정 사회의 구성원으로 자라나면서 비로소 온전한 인간이 되고 그 과정에서 자신만의 아비투스Habitus를 지니게 된다. 아비투스는 '과거로부터 누적된 사회적 관행의 영향을 받아 개인이 사회화 과정을 거치는 동안에 얻게 되는, 지속성과 규칙성을 지닌 성향 체계'다(홍성민, 2004).

동시에 우리는 현실 분석을 해주어야 하는 의무를 지닌 학계의 부실이라는 한계와도 만나야 한다. 특히 그런 임무를 지닌 대표적인 학문으로 평가 받는 사회학의 미국 편향성과 사회 철학의 유럽 편향성이 심각해서 기대할 만한 전거를 찾는 일을 더 어렵게 하고 있다. 그러다 보니 현실 분석을 건너뛴 기술 결정론적 미래학 또는 미래 담론이 미래 예측의 주도권을 장악하게 되었고, 미래와 특별한 관계를 맺을 수밖에 없는 속성을 지닌 교육에 관심을 갖는 우리를 혼란과 불안, 또는 일방적 쏠림으로 몰아가고 있다.

필자는 주된 전공이 도덕교육학이지만, 도덕 교육의 현실과 미래를 위한 담론을 만들어내야 한다는 요구와 직면하게 되면서 지속적으로 현실 분석과 미래 예측을 해내야 하는 부담을 느낀다. 그 과정에서 얻게 된 몇 가지 분석 개념은 다음과 같다. 21세기 초반 한국 사회는 개인화와 물질화, 세계화, 분단의 고착화라는 사회 현상 속에서 평화 정착과 주체적 세계화 또는 주체적 근대 확립의 과제와 마주한다는 것이다(박병기, 2017).

개인화와 물질화는 서로 깊은 연관성을 지니면서 우리 한국인의 가치관을 지배하고 있고, 그것은 다시 분단 구조의 고착화와 연결되면서 이기성利己性을 전제로 하는 왜곡된 집단의식과 적대적인 이념 대립 양상으로 표출되고 있다. 그런 가운데 거부하기 어려운 세계화의 흐름에 편입되면서 세계 시민과 한국 시민 사이의 유기적인 연결 고리를 확보해야 하는 시민 교육의 과제가 부각되는 중이다. 그 세계화의 흐름 속에는 인터넷과 인공지능으로 상징되는 과학 기술 주도의 미래 담론이 포함되어 있어 마치 전 국민이 인공지능에 관한 역량을 갖추지 못하면 세계화에서 도태될 것 같은 불안감을 조성하기도 한다. 이런 담론 속에는 어김없이 정체가 없는 '선진국'을 들먹이는 무분별한 '선진국 담론'이 적극적으로 동원된다.

그렇기 때문에 우리에게는 '21세기 초반 한국 사회와 한국인'이라는 현실을 객관성과 공정성을 가지고 바라볼 수 있는 주체적인 눈이 절실하고, 그 눈을 통해서 다양한 정보와 직관을 동시에 활용하는 미래 이야기를 조심스럽게 펼쳐가며 준비할 수 있어야 한다. 이 과제는 특히 교육에 관심을 갖는 시민들에게 주어지는 과제다. 미래는 현실 속 주체의 판단에 따라 다르게 온다는 사실을 정확하게 인식하면서, 쉽게 흔들리지 않는 미래관을 갖추고자 노력할 필요가 있고, 우리가 지금 만나는 이 시공간 또한 그런 과제를 수행하는 과정으로 새겨질 수 있기를 기대한다.

3. 우리 사회의 미래를 위한 교육

"무엇보다 내 마음을 흔들고 며칠 밤을 지새우게 만든 것은, 이들이 바로 우리가 이상적인 교육 환경이라고 표현하는 곳에서 성장한 엘리트들이라는 사실이었다. 그 교육이 자신의 존엄함에 대한 인식조차 심어주지 못했음을 이들이 몸소 증명했다. 이른바 엘리트 학교, 일류 대학이라고 불리는 곳에서 이들이 경험한 것은 진정한 의미의 교육이 아니었다. 이들은 그저 이익의 극대화라는 목표를 실현하기 위해 타인을 넘어 다른 모든 생명체를 대상화하고 이용할 수 있도록 영리한 지식과 능력을 습득했을 뿐이다(게랄트 휘터, 박여명 옮김, 2019)."

독일 신경생물학자 휘터가 이른바 세계 엘리트들에 의해 자행되는 금융 사기와 무분별한 환경 파괴에 관한 다큐멘터리를 보고 난 후 며칠 동안 잠을 이루지 못하면서 깨우쳤다는 우리 교육의 현실이다. 물론 이때의 교육은 주로 유럽과 미국의 교육이지만, 이미 우리는 '촛불'을 전후하여 이른바 일류 대학을 나오고 고시에도 합격한 엘리트들의 추한 얼굴을 지겨울 만큼 충분히 지켜 보아야만 했다. 그럼에도 우리는 창의성과 수월성이라는 허울을 내세우며, 그 엘리트를 길러내는 대학에 보내는 일을 중등 교육의 주된 목표로 여전히 설정하고 있다.

'인공지능이 주도할 미래에 적극적으로 대비하는 교육이 미래 교육이다.'라는 명제가 우리 교사와 학부모에게 미래에 관한 일정한 예측과 대비를 해야 한다는 주문으로 해석될 수는 있다. 특히 초등과 중등 교육이라는 보통 교육이 이미 직업 예비 교육의 성격을 지니게 되었기 때문에 인공지능이 주도하는 사회 속에서 어떤 직업이 새롭게 등장할 것인지와 같은 미래 예측은 교육을 위한 중요한 전제 조건일 수도 있다.

그러나 더 중요한 것은 그런 미래를 확실성과 명료성을 갖고 예측하는 일 자체가 불가능에 가깝다는 사실을 인정하고 받아들이는 일이다. 그 바탕 위에서 조심스럽게 미래를 예측해야 하지만, 그 미래가 우리의 현재와 연결되어 있을 뿐 아니라 우리의 실천을 통해 상당 부분 좌우할 수 있는 것이라는 사실 또한 명확히 전제되어야 한다. 문제의 핵심은 우리의 현실 인식과 실천 능력에 기반한 미래 예측과 대비인 것이다.

우리 인간의 삶은 생존生存과 실존實存 사이에 걸쳐 있다. 생존은 몸을 기반으로 살아가야 하는 인간을 포함한 모든 존재자들이 직면하는 삶의 차원이고, 실존은 그 생존의 어느 구비에서든 삶의 의미를 문제 삼을 수밖에 없는 인간이 주로 직면하는 차원이다. 몸과 마음의 미분리 또는 수반을 말하는 현대 심리철학의 기본 전제를 수용한다면, 이 두 차원의 질적 차이는 쉽게 말하기 어렵다. 오히려 서로 얽혀 있거나 걸쳐 있다.

교육은 기본적으로 인간이 혼자서도 살아갈 수 있는 능력을 갖추고자 하는 노력이다. 부모가 더는 돌봐줄 수 없는 상황을 가정하면서, 자신의 힘으로 생존 문제를 해결할 수 있는 역량을 갖추어주는 일이 교육의 핵심 목표이자 정의 그 자체이기도 하다. 그런데 문명화된 사회 속에서 살게 되면서 그 생존이 단순한 자연과의 관계 맺기를 전제로 하는 원시적인 형태의 '더불어삶'이라는 차원을 벗어나게 되면서 우리 교육은 혼란에 빠진다.

20세기 이후에는 주로 '돈'이 생존을 해결해주는 거의 유일한 수단이자 목적으로 부각되었고, 21세기 초반 한국 사회는 그 돈을 숭배의 대상으로 삼는 세속 종교의 지배를 받는 사회가 되어가고 있다. 그리스도교와 불교로 대표되는 제도 종교도 이 세속 종교의 범주 안으로 편입되어 가는 징후가 짙어지고 있을 정도다. 교육은 이제 돈을 벌 수 있는 능력을 길러주는 일로 재정의되고 있고, 그중 학교는 그 일조차 제대로 해내지 못한다는 비난이 일상화되고 있다.

우리 삶에서 돈은 중요한 수단이고, 교육이 그 돈을 정당성과 공정성을 전제로 벌 수 있는 능력을 길러주는 일을 해내는 것 또한 중요하다. 그 과정에서 우리는 미래에는 어떤 직업들이 부각되고 어떤 직업들이 쇠퇴할 것인지에 대한 교사의 예측과 함께, 학생 자신도 예측하면서 대비할 수 있는 실천 역량을 갖추고자 노력해야 한다. 특히 그 직업의 미래가 인공지능과 같은 기술에 의해 결정될 수 있는 가능성이 커지고 있기 때문에 인공지능이 무엇이고 우리는 어떤 자세를 갖고 그 기술을 대해야 할 것인지를 생각해볼 수 있는 시공간을 학교 교육의 장에서 확보하는 일 또한 중요하다.

그런데 문제는 인간의 삶이 그런 생존의 차원에 걸쳐 있는 실존의 차원을 지닌다는 우리의 전제에서 생겨난다. 실존은 사르트르의 '타자는 내게 지옥이다.'라는 극단적인 언명 때문에 주로 개인적인 차원의 일로 치부되어 왔지만, 더 중요한 차원의 실존은 더불어 삶[共存]의 영역에서 이루어진다. 우리는 관계 맺기를 통해 실존과 생존 모두를 해결해가는 거의 유일한 존재다. 그런 이유에서 개인의 인권을 보장 받기 위한 요건으로서 '개인화'는 단지 수단적이고 임시적인 의미를 지닐 수 있을 뿐이다. 교육은 이제 다시 '더불어 살아갈 수 있는 역량'을 함양하는 것으로 그 목표를 환원해야 하고, 이 요청은 특히 21세기 초반 우리 한국 사회에서 더 절박한 과제가 되어 가고 있다.

우리에게 '한국'은 분석과 인식 과정에서 분열을 경험하게 하는 대상이 되고 있다. 20세기 역사 속에서 그 자체로 형용 모순인 식민지 근대와 주로 미국을 대상으로 삼은 모방 근대를 경험하면서 남은 후유증이다. 민족 국가의 독립을 최고의 목표로 삼아야 했던 일제 강점기와, 무조건적 선진국 따라잡기를 지상의 목표로 삼은 개발 독재기를 거치면서 우리는 외형적인 성장과 내면적인 결핍이라는 두 얼굴의 한국과 마주하게 되었다.

급속한 개인화에 따른 공공 영역의 축소와 왜곡, 남북 분단의 고착화에 따른 정당한 이념 인식과 선택의 지속적인 혼란, 불평등 심화와 빈부의 대물림에 따른 절망의 일상화 등이 21세기 초반 현재 우리 사회가 직면하는 과제들이고, 이는 미래에도 상당 부분 그대로 지속될 가능성이 높다. 우리 자신이 그 문제를 해결하고자 하는 의식과 실천 역량, 자세를 갖추지 못한다면 오히려 더 심화될 것이 확실하다.

우리 교육 문제 또한 이런 문제들의 굴곡 한 가운데 자리하고 있고, 그런 점에서 교육 문제는 사회 문제 자체이기도 하다. 대입 제도 개혁 같은 부분적인 시도로는 문제를 더 꼬이게 할 뿐이라는 사실을 우리는 충분히 경험해왔다. 그러다 보니 정권 차원에서는 아예 관심을 갖지 않는 것이 상책이라거나 그럼에도 이전의 과오를 반복하는 수밖에 없다는 대책 아닌 대책들이 나오기도 한다.

그럼 우리는 어떻게 해야 하는 것일까? 한 가지 정답이 있는 것은 아니지만, 이제 끌려 다닐 수는 없다는 것은 확실하다. 학교 교육을 포함하는 우리 사회 교육의 주체는 교사다. 아니 교사일 수밖에 없다. 부모는 이미 그 교사로서의 역할을 기꺼이 포기하고 있고, 언론이나 종교계 또한 제 역할을 버린 지 오래다. 현실에 관한 정확한 인식은 곧 미래 예측이기도 하다는 우리의 명제를 확인하면서, 우리가 할 수 있고 또 해야 하는 과제를 함께 찾아 하나씩 실천해 가는 일만이 희망이다.

우리는 교육을 생존과 실존에 걸쳐 있는 인간이 잘 살아갈 수 있는 역량을 함양할 수 있도록 도와주는 일로 정의하고자 했고, 21세기 초반 한국 사회에서 그 교육은 다시 '한국 시민'으로 잘 살아갈 수 있는 역량과 자세를 함양할 수 있도록 도와주는 일이 된다. 한국 시민은 자신의 역사성을 잊지 않으면서도 세계를 향해 열려 있는 존재자고, 동시에 개인적 영역의 생존과 실존을 동료 시민과의 관계성 속에서 이끌어낼 수 있는 역량을 갖춘 인간이다. 이러한 시민을 목표로 삼는 우리의 시민 교육은 그가 교양과 윤리를 기반으로 하는 실천 역량을 갖출 수 있도록 도와주는 일을 해야 한다.

교양과 윤리는 '더불어 삶'의 전제 조건일 뿐 아니라 각 개인이 자신의 삶 의미를 일상 속에서 묻고 구성해 갈 수 있는 능력과 자세를 갖게 하는 기본 요건이기도 하다. 그런 점에서 교양과 윤리를 배제한 시민의 역량은 무의미하거나 오히려 그 자신의 존엄성과 사회를 위해 부정적인 것으로 전락할 수밖에 없다. 우리 교육이 그동안 외형적인 성장에 치중하면서 빚어낸 비극이 바로 여기서 비롯되는 것이다. 이른바 '좋은 교육'을 받았을 것으로 기대를 모으던 '일류 대학' 출신 엘리트들의 후안무치함을 동반한 처참한 추락은 한 개인의 문제가 아니라 우리 교육과 사회 전반이 책임져야 할 문제다.

4. 다문화 사회를 위한 교육과 시민 윤리 모색

　　우리 사회에서 살아내는 일은 만만하지 않다. 외형적 기대와 높은 수준의 인정은 한편으로 우리의 인정 욕구를 충족하기에 부족하지 않은 듯하지만, 일상 속에서 느끼는 실감은 대체로 그에 미치지 못한다. 타자들의 시선에 의한 부당한 간섭과 관계 왜곡, 동료들과의 불필요한 긴장과 획일화된 문화 등이 그런 결과를 빚어내는 요소들일 것이다. 그런 가운데 비교적 긴 시간 함께하게 될 동료 시민들과 우리는 어떤 만남을 가질 수 있고 또 가져야 하는 것일까?

　　이 물음 또한 하나의 정답이 없는 열린 물음이다. 각자의 상황이나 실존적 국면, 선택 과정 등에 따라 각각 다른 답이 마련될 수밖에 없고, 더 나아가 여러 국면의 실존적 만남을 통해 그 답이 달라질 수 있는 가능성 또한 충분히 열려 있다. 그런데 우리가 모두 평등하고 자유로운 존재자로서 시민으로 다른 시민들과 만나고 있고 또 만나야 한다는 전제를 하고 나면, 그 과정에서 반드시 포함되어야 하는 것이 시민 윤리다.

　　시민 윤리는 시민으로 살아가는 사람이 간직하고 있어야 하는 윤리고, 그것은 다시 자신을 향하는 개인 윤리와 관계와 사회를 향하는 사회 윤리의 두 차원으로 나뉜다. 우선 우리는 스스로 자신과의 관계 맺기에서 '올바름' 또는 '선'이라는 개념을 구현할 수 있어야 하고, 타자와의 관계 맺기에서 평등과 정의 같은 사회 윤리적 규범을 구현하고자 노력해야 한다는 시민 윤리적 압력과 마주한다. 그렇지 않을 경우 자신과 타자가 보내는 평가의 시선을 감내해야 하고, 결과적으로는 삶의 의미 상실이라는 실존의 위기에 빠질 수 있다.

앞절에서 함께 살펴본 우리 시민 사회의 교육 문제는 곧바로 시민 윤리의 문제로 연결된다. 시민 윤리가 확립되지 못한 상황 속에서 전개되는 교육이 방향성을 상실하는 것은 자연스런 수순이고, 그 방향성 상실은 다시 시민 윤리 문제로 이어지면서 악순환의 고리를 형성하는 것이 21세기 초반 한국 시민 사회가 직면하는 위기의 핵심이다. 이 위기를 정확하게 인식하지 않으면 다른 모든 진단과 처방은 무모한 것이 그칠 가능성이 크다.

우리 교육과 시민 윤리 사이의 이러한 긴밀한 연계성을 따져볼 수 있는 대표적 사례 중 하나가 2025년 전면 실시를 예정으로 준비되고 있는 '고교학점제'다. 고교학점제는 입시 위주의 맹목적인 경쟁 교육으로 치닫고 있는 우리 고등학교 현실을 극복하기 위한 대안으로 제시되었고, 원론적 차원에서는 누구나 동의할 수 있는 일이기도 하다. 아이들이 자신의 생존과 실존의 차원을 직시하면서 주체적으로 미래를 모색해 나갈 수 있는 기회를 보장한다는 제도를 반대할 명분은 없을 것이기 때문이다. 그런데 일선 학교를 중심으로는 오히려 이 제도가 이전의 수많은 교육 정책들과 같이 학교와 학부모, 학생의 부담만 늘리고 실제로는 아무런 도움도 되지 못할 것이라는 우려가 만만치 않다. 이 괴리를 어떻게 극복할 수 있을까?

고교학점제는 우선 우리로 하여금 미래에 관한 생각을 할 수 있도록 도와줄 수 있는 제도적 장치로서 의미를 지닌다. 고교 교육을 정점으로 하는 우리 보통 교육이 어떻게 전개되고 있고 또 어떻게 전개되어야 하는지를 비교적 장기적인 안목을 갖고서 분석하고 예측할 수 있게 하는 기폭제가 될 수 있다는 것이다. 특히 시민 교육으로서 보통 교육이 고등 교육과의 연계성과 차별성 속에서 어떻게 전개되는 것이 바람직한지에 관한 다양한 이야기들을 만들고 나눌 수 있는 장을 제공해줄 수 있다는 기대를 모은다.

다음으로 고교학점제는 시민으로서 갖추어야 할 교양과 윤리를 함양하는 과정에서 비교적 적극적인 역할을 할 수 있다는 기대가 있다. 시민은 관계성 속에서 자신의 고유한 삶의 의미를 스스로 묻고 답할 수 있는 역량과 태도를 갖추어야 하고, 이를 위해서는 인문학적 소양은 물론 사회과학적 시야와 자연과학적 교양을 갖추어야 한다. 고교학점제는 다양한 과목을 매개로 많은 정신적 만남의 기회를 제공해줄 수 있고, 인공지능에 관한 문해력은 물론, 사회 변화를 추동하는 과학 기술에 관한 총체적인 인식과 주도를 가능하게 하는 실천 역량을 갖추는 데도 도움을 줄 수 있다는 것이다. 우리가 이 지점에서 주목할 만한 것은 시민의 교양과 윤리를 정립하는 데 고교학점제가 도움을 줄 수 있다는 기대인데, 실제로 그렇게 될 수 있을지에 대해서는 우려가 훨씬 더 큰 상황이다.

마지막으로 생각해볼 수 있는 것은 우리 고등학교 교육의 현실을 더 나은 것으로 바꿔갈 수 있는 마중물 역할을 고교학점제가 할 수 있을 것이라는 기대다. 물론 이 기대는 교사들의 부담을 가중시키고 학생들의 일상에 혼란만 조성해준다는 비판을 받으면서 소리 없이 사라져버릴 수 있다는 염려도 포함한다. 그럼에도 우리는 현재의 학교를 이대로 놓아둘 수는 없다. 수학능력시험이라는 특정한 시험이 압도적 영향력을 발휘하는 교육 현실 속에서, 고교학점제는 논술형 평가 등을 적극적으로 시도해볼 수 있는 통로가 될 수 있다는 것이다. 그것은 다시 학교 전반의 평가 체제를 바꾸고, 종국에는 조선의 과거 시험이나 프랑스 바칼로레아 같은 논술형 수능시험의 가능성을 열어줄 수도 있다.

'노비도 하늘이 낸 백성인데, 일상 속에서 저렇게 차별 받고 있는 현실을 어떻게 보아야 하는가'라는 세종의 과거 시험 문제나, '기술이 인간 조건을 바꿀 수 있는가' 같은 바칼로레아 시험 문제가 우리 수능 문제로 채택될 수 있다면 정시나 수시를 둘러싼 논쟁의 상당 부분은 자연스럽게 해소될 수 있다. 문제는 그 수용 가능성을 높이는 일이고, 관건은 교사의 평가권 회복이다. 평가권 회복은 다시 교사의 평가 전문성 강화와 학교의 논술형 평가 정착 등을 통해 가능할 수 있다.

그런데 우리 시민 사회는 이런 일리 있고 또 한편으로 실현

가능성도 있는 제도와 정책에 대해 쉽게 동의하지 못하고 있다. 이 제도만이 아니라 다른 정책과 제도들도 기본적인 신뢰를 형성하지 못하고 있다는 사실에 특히 주목해야 한다. 다문화와 관련된 정책들도 전혀 예외가 아니다. 이런 불신의 파고 속에는 두 가지 문제가 도사리는 것으로 보인다. 하나는 상황을 바라보는 시민들의 총체적인 인식 능력 결여고, 다른 하나는 현재 우리가 처한 상황을 더 나은 방향으로 극복해보고자 하는 시민 윤리 의식과 실천 역량의 결여다.

우리는 이미 다문화 상황 속에서 살고 있고, 미래에는 일상적인 다문화 상황과 마주하게 될 것이다. 그 현재와 미래를 제대로 인식할 수 있는 역량을 기르는 시민 교육이 가정 교육에서 출발해서 유치원, 초중등학교로 이어지는 교육의 회복이 필수적이다. 동시에 각각의 시민 삶 속에서 윤리가 작동할 수 있게 하는 도덕 교육이 제대로 실시될 수 있어야 하고, 사회 전반을 통해 윤리가 지지를 받을 수 있는 문화가 정착될 수 있도록 모든 시민이 힘을 모아야만 한다. 우리 미래의 다문화 상황은 이런 바람직한 시민들이 주체가 되어 맞이할 수 있을 뿐 아니라 더 적극적으로 이끌어갈 수 있는 가능성 또한 열릴 수 있다.

5. 맺음말

우리 사회는 이미 다문화 사회고, 미래로 갈수록 그 양상은 일상적인 수준으로까지 정착할 수밖에 없다. 이때 '다문화'라는 개념은 단순히 현재 우리가 사용하는 다른 나라에서 온 사람들과 함께 살아야 하는 상황이라는 차원을 넘어서는 것이다. 오히려 더 본질적인 것은 우리 모두가 그 범위의 차원을 달리하는 다문화 상황과 일상적이고 지속적으로 만나야 하는 존재자임을 받아들이는 일이다. 결혼에 따른 다문화 상황 조성이 대표적이고, 그 외에 친구를 사귀거나 낯선 사람을 만나는 모든 상황 속에 '다문화'가 상정될 수밖에 없음을 인식하는 일이 중요하다.

다문화에 관한 이런 인식은 특히 인간과 그가 이끌어가는 삶, 사회에 대한 성찰을 목적으로 삼는 인문학의 핵심 과제다. 이런 인문학에 이름을 붙인다면 '다문화 인문학'이 될 것이다. 다문화 인문학은 우리의 현재와 미래를 위한 출발점이 되어야 하고, 특히 실천 차원에서 우리 사회의 교육 문제와 긴밀한 연계성을 지닐 수밖에 없다. 우리 교육에 사회의 모든 문제가 응축되어 있기 때문이고, 다른 한편 교육이 전개되는 상황에서 노출되는 다양한 형태의 관계가 '관계 맺기'라는 실천적이고 실존적인 과제와 긴밀하게 연계되어 우리 한국 시민 모두의 삶 속에 뿌리를 내리고 있기 때문이기도 하다. 그런 점을 고려하여 이 장에서는 미래와 교육이라는 두 개념을 중심으로 우리 사회의 다문화 상황과 시민 윤리 문제를 살펴보고자 했다.

이어지는 4장에서는 이런 문제 의식을 좀 더 구체화된 주제를 가지고 심화해보고자 한다. 우선 관계 맺기가 우리 삶에서 차지하는 비중과 역할 등에 대해 살펴보면서, 21세기 초반을 함께 살아가는 시민으로서 우리는 구체적으로 어떤 관계 맺기를 시도할 수 있을지에 대해 살펴보고자 한다. 이 과정에서 레비나스와 같은 타자윤리학자의 지혜는 물론, 관계 맺기의 철학이라고도 부를 수 있는 불교 철학의 지혜를 화쟁의 방법을 중심으로 현실 속에 구현하는 방법에 대해서 살펴보고자 한다.

2권 3장에서는 다문화 상황 속에서 직면해야 하는 낯섦과 차이를 분리와 차별을 전제로 하는 폭력으로 비화해버릴 수 있는 현실 문제를 구체적으로 살펴보고자 한다. 우리는 누구나 평화를 갈구하면서도 내면에 공격성과 폭력성을 지닌 존재자들이기도 하다. 특히 우리의 경우는 분단 구조의 일상화에 따른 전쟁 가능성과 마주하고 있고, 주기적으로 전쟁의 위협 속에 내몰리는 경험을 공유하기도 한다. 이런 상황은 우리 안에 들어온 다문화 상황을 통해 개인적으로 또는 집단적으로 나타날 수 있는 위험성을 내재한다.

나와 피부가 다르거나 얼굴 생김새가 조금 다르다는 이유로 상대방을 경계하거나 심지어 적대감을 서슴없이 드러내는 폭력이 끊이지 않고 있는 것이 21세기 초반 우리 한국 시민 사회의 부끄러운 자화상이다. 그 적대감은 노골적인 폭력으로 나타나기도 하지만, 수면 아래로 감추면서 끈질기게 작동하는 차별과 혐오로 나타나기도 한다. 이것을 어떻게 극복할 수 있을지는 우리 시민 사회가 더 성숙하고 인간다운 사회로 갈 수 있을지를 가늠하는 중요한 잣대다. 이 문제를 인문학적으로 성찰해야 한다는 과제와 함께 실천적인 대안을 모색하는 과정에서는 공정한 사회과학적 시각까지 활용할 수 있어야 한다는 과제를 우리를 떠안고 있다. 그렇게 본다면 시민이라면 누구나 인문학적 교양과 사회과학적 시야를 가지고 있어야 한다는 당위적 요청을 수용하는 일도 가능해지고, 더 나아가 그것을 자신의 삶과 관계, 구조의 맥락에서 해낼 수 있는 시민 윤리적 역량 모색 또한 우리 시민 사회의 핵심 과제로 수용될 수 있다.

4장

—

다문화 시대의 관계 맺기

: 연기적 독존獨存의
미학

———
박병기

1. 일상과 삶의 의미 물음

우리 일상은 대체로 평온하고 또 무료하다. 무료함은 분주함과 하릴없음 사이를 넘나들며 우리를 시도 때도 없이 괴롭힌다. 분주할 때는 정신없음 속에 슬며시 고개를 쳐들고, 일이 없어 한가할 때는 말 그대로의 무료함으로 다가와 크고 작은 일탈을 부추긴다.

다른 한편 일상은 편안함이다. 아침에 일어나 간단히 커피와 함께 식사를 해결한 후에 걷는 산책길은 작은 더위나 추위의 방해에도 쉽게 평정심을 앗아가지 않는다. 그러다 각자에게 주어진 일터나 일을 찾아 나서고, 종일 그 일에 머물다가 돌아와서는 주말을 기다리는 한 주가 켜켜이 쌓이며 시간이 흐르고 세월로 접힌다.

한때 우리는 그 일상에 긴 휴가가 보장되는 이른바 '선진先進'의 이상을 꿈꾸기도 했다. 한 달 정도의 휴가를 받아 휴양지에서 보낼 수 있는 삶은 나머지 날들의 피로와 무료함을 충분히 감내할 수 있을 만큼 아름다울 것이라는 생각을 공유했다. 그리고 20세기의 곤고한 역사를 견디며 우리는 외형적으로는 그런 삶의 일부를 지닐 수 있게 되었다. 물론 여전히 그 선진국을 기준으로 삼을 경우 높은 노동 시간과 성별 임금 격차. 빈부 격차, 자살률 등의 문제도 함께 갖게 되었음을 모르지 않는다.

　21세기도 20여 년을 넘긴 요즈음에는 아마도 몇 가지 기록을 지니게 될 것 같다. 먼저 '코로나 19'로 이름을 얻은 신종 바이러스의 창궐과 적절한 대응으로 기록될 듯하고, 그것과 맞물려 우리 시민 사회의 품격을 현저하게 떨어트리는 정치인들이 여전히 활동하고 있다는 사실로 기록될 듯하다. 이런 기록은 방탄소년단BTS라 불리는 젊은 가수들과 영화 〈기생충〉과 봉준호 감독, 〈미나리〉와 배우 윤여정의 세계적인 인정 질서 편입과도 연결되면서, 우리 자신을 제대로 평가할 수 있는 절호의 기회로 다가오고 있다. 여기서 '제대로'라는 말은 단선적인 비교를 전제로 하는 우월과 열등 모두를 떨쳐버리는 일을 강조하기 위해 사용한 것이다.

　사회연결망서비스SNS는 이제 우리 일상의 한 부분이 되었다. 그 한 부분은 지역적 거리감을 단숨에 넘어서게 하는 지점으로 작동한다. 그것이 지니는 장점과 문제점에 대한 평가는 일단 논외로 하고, 그것이 가져다주는 일상의 변화에 초점을 맞춰보고자 한다. 가장 먼저 주목해야 할 것은 일상 속 휴대폰의 부각이다. 휴대폰은 생필품 수준을 넘어서 하루 중 가장 많이 함께 하는 기기가 되었고, 심지어 잠을 자는 시간에도 가까이 두지 않으면 불안감을 느끼는 대상이 되어버렸다.

　일상에서 중심을 차지한 휴대폰은 이제 타자와의 소리를 통한 소통이라는 전화 기능보다 무선 인터넷 기반의 검색과 문자 등으로 주고받는 간접적 소통의 매개체이자 몸의 한 부분이 되어가고 있다. 외출할 때 휴대폰을 두고 온 것을 떠올리면 대개는 다시 돌아가 갖고 나오는 수준으로 비중이 강화되었고, 이 현상은 단순히 중독이라는 말로 묘사할 수 있는 것이 아니다.

방탄소년단이나 봉준호, 윤여정 등의 세계적인 부상도 이런 환경과 무관하지 않다. 서구 언론이 패권을 장악해온 미디어를 통해서는 제대로 부각될 수 없었던 것들이 개별적이면서도 집합적인 소통망을 통해 알려지고 확산되면서 이루어진 일이고, 이것은 미디어 권력의 이동이다.

개개인이 중심을 이루어 자신의 삶을 이끌어간다는 개인주의individualism의 이상은 이제 단순한 이상의 수준을 넘어서 우리현실 속에서 구현되는 중이다. 그런데 그 개인주의의 주인공인 개인個人이 서구 계몽주의에 뿌리를 두고 있다 보니 이기성과 고립성을 전제하게 되었다는 데서 문제가 생기고 있다. 서양 중세 교회와 영주들의 집단적 억압으로부터 자유를 추구했던 부르주아, 즉 장사치라는 멸시적인 이름으로 불린 이들이 중심이 되어 일으킨 혁명의 과정에서 그들의 사유재산권 보호와 정치적 자유가 고립성과 이기성을 전제하지 않을 수 없었기 때문에 역사적으로는 의미를 지닌 것이다.

우리의 경우는 어떨까? 조선과 고려의 통치 이념이던 성리학과 불교가 사상적 건강성을 잃고 억압적 질서의 정당화 기제로 작동한 것은 대체로 후기에 이르러서다. 조선 후기 경직된 예禮의 질서는 다수의 민중에게 소수의 양반에게 종속된 비인간적인 삶을 강요했고, 그것을 극복해보고자 등장한 동학東學은 사상과 종교로서의 성공과 혁명으로서의 실패라는 결과를 20세기의 우리 역사에 남겼다. 그것은 다시 3·1의 중심에 천도교가 서게 하는 성과와 그것을 기반으로 등장한 민주공화국으로서 대한민국大韓民國 임시정부로 살아나지만, 다른 한편 40년에 가까운 일제 감정기와 이어진 미 군정기, 한국전쟁 등으로 온전한 성공을 거두지 못한다.

이후 전개된 급속한 산업화와 민주화의 여정은 4·19와 5·18, 6월 항쟁, 촛불 등으로 이어진 항쟁과 세계 10위권의 경제력 등으로 새겨져 오늘 우리에게 계승되고 있다. 그 배경에는 고립성과 이기성을 지닌 개인 기반의 자유민주주의와 자유로운 경쟁과 효율성을 최고의 가치로 내세우는 자본주의가 자리 잡고 있고, 우리 일상은 바로 이 민주자본주의의 세계화를 토대로 꾸려지고 있다. 이 과정 속에서 우리가 얻은 것과 잃어버린 것이 많지만, 특히 주목하지 않을 수 없는 것은 인간으로서 피해갈 수 없는 삶의 의미 물음 상실이다.

삶의 의미 물음은 인간이라면 누구도 피해갈 수 없는 물음이다. 그것이 자신에게 던져지는 계기나 상황은 다를 수 있지만, 그 누구도 이런 물음으로부터 자유로울 수 없다. 죽음으로 상징되는 유한성을 숙명으로 지닌 인간에게 그 죽음을 생각하는 과정이 곧 삶의 의미 물음을 던지게 되는 과정이다. 그런데 우리는 자신의 죽음과 온전히 만날 수 없고 단지 타자의 죽음을 통해 자신의 죽음을 상상할 수 있을 뿐이다. 특히 그 타자가 의미 있는 타자일 경우 더 많은 우울과 사색의 시간으로 접어들게 된다.

> 인간적인 것이란 바로 타자의 죽음에 열려 있는 데서, 그의 죽음을 걱정하는 데서 성립한다. 내가 여기서 말하는 것이 경건한 사유 같은 것으로 비칠 수 있지만, 나는 내 이웃의 죽음과 관련해 내가 휴머니즘이라고 부른 것이 나타난다고 확신한다. (에마뉘엘 레비나스, 김도형 외 옮김, 2020)

타자윤리학을 정립했다는 평가를 받는 20세기 프랑스 철학자 레비나스E. Levinas는 내가 아닌 타자의 얼굴에 주목한다. '나'는 내 얼굴을 제대로 볼 수 없기 때문이다. 우리는 오직 다른 사람의 시선이나 거울에 비친 얼굴을 통해 간접적으로 자신의 얼굴을 볼 수 있을 뿐이다. 그런 이유로 타자의 얼굴은 주목 받아야 하고, 그 얼굴과의 마주함이 곧 윤리의 시작이다. 20세기와 현재를 지배하는 개인주의의 개인과는 정반대의 담론이고, 우리에게는 그리 낯설지 않은 것이기도 하다.

유교는 인간은 관계적 존재일 뿐이라고 말하고, 불교는 연기적 의존을 통해서만 비로소 살아갈 수 있는 의존적 존재일 뿐이라고 말한다. 이 두 전통은 각각 다른 양상을 지니기는 하지만 여전히 살아 있다. 외형적으로는 병산서원과 도산서원, 해인사, 선운사 등의 문화재로 살아 있고, 내면적으로는 다른 사람을 만나면 그의 나이나 관계를 궁금해 하거나 나쁜 일을 하면 '죄로 간다.'고 말하는 관습적 양심의 형태로 살아남아 불쑥불쑥 출몰

한다.

물론 우리 가치관의 표면은 개인주의가 장악하는 것으로 보인다. 그런 점에서 소르망Guy Sorman 같은 외부자의 시선은 상당 부분 초점을 맞추지 못한 것으로 평가 받아 마땅하다. 우리는 어떤 점에서는 서구인보다 더 개인적이고, 그 개인화의 속도 또한 무시할 수 있는 수준이 아니다. 우리 사회의 개인화를 연구 대상으로 삼는 홍찬숙은 우리의 개인화가 주로 여성의 저출산을 통해 드러나고 있고 특히 1990년대를 통해 압축적 개인화가 진행되었다고 분석하고 있다(홍찬숙, 2015). 이러한 우리의 개인화는 유교와 불교의 관계성과 연기성緣起性으로부터 탈피임과 동시에 민주화의 성과 향유로 해석될 수도 있어 단순한 부정적인 평가를 넘어서는 지점에 있다. 서구의 그것이 주로 그리스도교를 전제로 하는 제도 종교로부터의 세속화 과정과 연결되어 있다면, 우리에게는 불교와 유교로부터의 벗어남과 동시에 기독교와 가톨릭을 포함하는 서구 제도 종교로의 흡입으로 이어졌음에 주목할 필요가 있다.

2015년을 기준으로 개신교만으로도 불교를 앞서 가장 많은 신도 수를 갖게 되었고, 가톨릭의 비중 또한 만만치 않다. 이와 함께 주목할 필요가 있는 현상은 2005년에 비해 특정 제도 종교의 구성원 비율이 역전된 점이다. 지금은 제도 종교에 속하지 않은 시민이 과반수를 넘어서고 있고, 특히 그 사이에서는 개신교와 불교 등 제도 종교를 향한 혐오와 비판이 일반화되어 있다. 삶의 의미 물음을 감당해내야 하는 책임을 주로 지는 것이 종교와 철학임을 감안하면, 제도 종교인의 감소는 그 물음의 상당 부분을 철학 등이 감당해야 하고 그 철학은 다시 각 개인의 철학함 요구로 이어진다는 점에 주목할 필요가 있다.

2. 우리의 몸과 인간다움의 조건

　삶의 의미 물음은 인간다움을 묻는 것이기도 하다. 몸을 통해 공유할 수밖에 없는 인간의 동물성은 그 자체로 관찰의 대상임과 동시에 성찰의 대상이다. 관찰의 대상인 이유는 그것이 인간을 구성하는 필수 요소 중 하나기 때문이고, 성찰의 대상인 이유는 그것만으로는 인간이 온전히 성립되지 않기 때문이다. 인간의 몸에 관한 주목은 동서양 고대 철학이 공유한 것이기도 하다. 몸을 영혼과 대립하면서 타락으로 이끄는 요인으로 보고자 했던 플라톤의 이데아론은 '인간의 본능적 경향성에 근거해서는 절대 윤리를 세울 수 없다.'고 강변했던 칸트의 윤리학으로 이어지며 심화되어 현재까지도 질긴 그림자를 남기고 있다.

　붓다 또한 몸에 기반한 인간 의식의 어두움[無明]에 주목한 점에서는 다르지 않지만, 몸의 변화 양상에 관한 관찰과 명상을 통해 깨달음의 길을 열었다는 점에서는 차별화된다. 그는 인간을 구성하는 요소를 다섯 가지로 제시하면서 그 첫 번째 요소를 색色으로 전제하고 있다. 색은 우리를 구성하는 물질적 요소, 특히 몸을 의미한다. 그것에 더해 몸에 기반한 감각적 인식[受]과 생각[想], 행위[行], 일상의 의식[識] 등을 더해 오온五蘊이라고 칭하고 있다. 그중에서 인간의 존재성에 차별성을 부여하는 요소들은 주로 생각과 행위, 의식이지만 앞의 두 요소 또한 분리될 수 없는 관계 속에 있다.

우리는 먹어야 살 수 있다. 그런 점에서 먹음은 숭고함을 지니는 행위고 먹음을 보장 받기 위한 노동 또한 숭고함을 지닌다. '인간은 노동하는 존재'라는 마르크스의 인간관이 여전한 유효성을 지니는 지점이기도 하다. 그 노동은 주로 몸을 기반으로 이루어지고, 뇌의 움직임도 몸의 것임을 감안하면 단지 비율에 있어 육체 노동과 정신 노동으로 구분될 수 있을 뿐이다.

우리 몸은 고유한 소리를 갖는다. 목소리나 생리 현상으로 드러나는 외면적 소리와 함께 누군가와 함께하고 싶다거나 거꾸로 철저히 혼자 있고 싶다는 내면적인 소리를 지닌다. 이 소리에 귀를 기울이지 않으면 제대로 살아낼 수 없다. 그것이 우리 삶의 핵심 영역을 차지하기 때문이다. 그런 점에서 몸의 소리를 극단적으로 경계하면서, 희미한 영혼의 소리를 통해서만 비로소 인간일 수 있다는 플라톤과 칸트의 철학은 이제 시대착오적일 뿐 아니라 억압적이기까지 하다.

붓다는 몸의 소리에 귀를 기울이는 일을 소홀히 하지 않으면서도, 동시에 거리를 유지하면서 그 몸을 구성하는 요소들과 흐름에도 주목할 수 있어야 비로소 인간이 될 수 있다고 말한다. 그의 개념을 빌린다면 아라한과 부처가 될 수 있다. 그렇지만 중생衆生과 부처는 둘이 아니다. 중생의 일상에 귀를 기울일 수 있을 때라야, 중생들이 일상 속에서 내는 몸의 소리들에 주목할 수 있을 때라야 깨달음도 가능하고, 아라한과 부처가 될 수도 있다. 그것을 이어받아 발전시킨 동아시아의 대승 불교에 오면 그 중생들은 모두 보살菩薩이 되고, 단지 출가出家와 재가在家라는 수행 여건의 차이를 지닐 수 있을 뿐이다.

인간다움은 따라서 먼저 몸에 주목하는 데서 찾아져야 한다. 특히 몸이 내는 소리에 귀 기울임을 통해 자신의 동물성을 느끼고 그것에 내재되어 있는 깨달음 또는 철학함의 가능성에 주목함으로써 삶의 의미 물음을 불러내는 과정에서 '인간다움'은 도출될 수 있다. 그렇지 않고 몸을 거부하거나 경시하면서 그것과는 분리된 '인간다움'을 찾고자 할 경우, 혹시 찾았다고 해도 허구성과 추상성을 벗어날 수 없다.

몸의 소리에 귀 기울이는 일은 다시 두 차원으로 나뉘어 전개될 수 있다. 하나는 자신의 몸과 타자의 몸에서 나오는 소리에 직접적으로 귀를 기울이는 체험적 접근의 차원이고, 다른 하나는 진행되는 몸과 관련된 학문의 성과에 주목하는 공부의 차원이다. 당연히 이 두 차원은 서로 보완성을 지니지만, 특히 21세기 사람들인 우리는 후자의 차원에서 뇌과학으로 상징되는 자연과학의 인간에 관한 탐구 결과에 주목할 필요가 있다. '마음mind은 곧 뇌brain 다.'라는 명제로 요약될 수 있는 뇌과학의 인간관은 다양하고 여전히 진행형이어서 어느 한 성과에만 의존할 경우 반증 가능성의 논리에 휘말릴 수 있는 위험성이 있다. 자칫 유전자 결정론과 유사한 뇌결정론에 빠질 위험성이 있고, 실제로 그런 경향을 내포한 주장들을 어렵지 않게 접할 수 있다. 그런 점에서 뇌과학의 연구 성과를 기반으로 삼아 '존엄하게 산다는 것'이 무엇인지를 묻는 휘터G. Hüther의 성찰은 주목 받을 만하다.

> 무엇이 인간을 인간답게 하는가? 우리는 오늘날까지도 이 질문에 대하여 인간 모두에게 공평하게 적용되고 모두가 받아들일 수 있는 답을 찾아내지 못했다. 어쩌면 오히려 인간다움을 상실해가는 방향으로 흘러갔다. … 지금 우리에게 필요한 것은 지금과 같은 가치관을 유지하며 살아갈 새로운 공간이 아니라 우리를 인간답게 만들어주는 것이 무엇인지에 대한 깊은 이해다. (게랄트 휘터, 박여명 옮김, 2019)

인간다움의 핵심을 존엄으로 규정 짓는 휘터는 시대마다 이 존엄의 근거 등에 관한 탐구가 있었고 그중에서 시대정신에 맞는 것만 살아남았다고 전제하면서, 우리 시대의 그것은 인간의 뇌에 관한 탐구 성과를 적절하게 받아들여 해석한 것이어야 한다는 입장을 펼친다. 아마도 뇌과학 만큼 인간의 몸과 마음 모두에 걸쳐 총괄적인 이해를 가능하게 하는 연구가 드물기 때문이고, 더 나아가 이 시대를 대표하는 학문으로 자리 잡아 가고 있다는 자신의 학문에 대한 자부심 때문이기도 할 것이다. 이런 휘터의 생각을 그대로 받아들일 수 있느냐는 다른 차원의 논의를 필요로 한다. 물리주의physicalism라는 개념으로 대표되는 심리철학의 주장들은 여전히 가설 수준을 넘어서지 못하고 있고, 휘터의 관점 또는 넓은 의미의 물리주의에 포섭될 수 있기 때문이다. 그럼에도 그의 주장은 몸의 소리에 귀를 기울이며 인간다움을 정의하고자 하는 우리의 논의 과정에서 충분히 주목 받을 만한 가치가 있다.

> 인간의 뇌에는 인간으로서, 인간의 존엄성에 대한 관념을 일깨울 수 있는, 더 나아가 일깨울 수밖에 없게 만드는 특수한 조건이 있다. 그것은 바로 인간 뇌의 거대한 개방성, 그리고 그것을 평생에 걸쳐 이어가는 뇌의 가소성이다. (게랄트 휘터, 2019)

뇌의 개방성과 가소성에 주목하면서 인간 존엄의 근거를 찾는 휘터의 주장을 우리는 타자에의 열려 있음과 그 열려 있음을 기반으로 전개되는 관계성의 강화 맥락으로 해석해볼 수 있다. 우리 뇌는 뉴런 수준에서 이미 다른 뉴런과의 연결을 통해서만 작동하는 특성을 지니고 있을 뿐 아니라 타자의 뇌에서 보내오는 신호에 즉각적으로 반응하는 특성을 지니고 있다. 그리고 이런 특성은 가소성을 기반으로 삼아 지속적으로 강화되거나 약화될 수 있는 특성으로 이어짐으로써 교육의 영역을 성립시킨다. 관계를 기반으로 이루어지는 교육은 그런 점에서 인간에게 꼭 필요한 것일 뿐 아니라 피할 수 없는 것이다. 다만 의도하는 것인지의 여부에 따라 교육의 양상이 달라질 수 있을 뿐이다.

붓다의 몸에 관한 성찰 또한 이러한 뇌과학의 관점에서 재해석될 수 있는 가능성이 있다. 그가 인간의 몸에 주목하여 찾아낸 진리는 내 몸이 영원하지 않을 뿐 아니라 지속적으로 변화하는 과정에 있을 뿐이라는 것이다. 그런 변화가 불가피한 이유를 살펴보니 내 몸이 독자적으로 존재할 수 있는 것이 아니라 다른 것들과의 의존을 통해서만 가능한데 그 의존의 양상이 한순간도 동일할 수 없기 때문이다. 이 장을 시작할 때의 나와 지금 이 순간[札刺]의 나는 동일하지 않다. 이미 나를 이루는 요소와 그 요소 사이의 관계 양상이 달라져 있을 것이기 때문이다.

> 무엇이든 생겨나는 것은 모두 소멸하는 것이다. … 수행승들이여,
> 오라! 가르침은 잘 설해졌으니 그대들은 괴로움의 소멸을 위해
> 청정한 삶을 살아라. (전재성 역주, 2014)

이렇게 의존에 기반하여 생겨나는 것들은 끊임없이 변화의 과정을 거치다가 결국 소멸한다는 붓다의 진리는 그가 만들어낸 것이 아니라 발견한 것일 뿐이다. 자신의 몸 또한 소멸될 수밖에 없는 것임을 제자들에게 지속적으로 강조하면서 '내 몸을 보지 말고 내가 발견한 진리를 보라.'고 초기 경전의 곳곳에서 강조하고 있다. 그 한 예로 우리는 제자 바카리가 병이 들어 마지막 소원으로 몸을 일으켜 스승께 예배를 드리는 것이 소원이라고 말하자, '그러지 말아라. 이 썩어 문드러질 육신을 보고 절을 해서 무엇하겠느냐? 진리를 보는 자는 나를 보고, 나를 보는 자는 진리를 보는 것이다.'라고 말하는 『바칼리경』의 이야기를 들 수 있다. 이것은 이후 선불교의 살불살조殺佛殺祖의 전통으로 이어지며 우리에게 계승되고 있다.

초기와 대승경전 전반을 통해 일관되게 강조되는 붓다의 진리는 무상無常과 고苦, 무아無我, 열반涅槃 등의 개념으로 요약될 수 있지만, 대승불교권에 접어들면서 공空과 연기緣起라는 두 개념으로 집약된다. 이 두 개념은 모든 존재하는 것이 고정된 실체와 항상성을 유지할 수 없고, 결국에는 사라지고 만다는 연기적 의존성을 설명하는 동전의 앞뒷면과 같은 관계를 이룬다. 여기서 공은 무無가 아니다. 나는 분명히 여기 이렇게 존재하고 있고, 내가 바라보고 있는 것들도 저기 저렇게 존재하고 있다. 다만 나와 타자가 서로 독립적으로 존재하면서 고정된 실체를 갖는 것이 아니라 서로 의존하고 있어 끊임없이 변화하는 나와 관계 양상 속에 있을 수밖에 없음을 강조하는 말이다.

불교의 공성空性과 뇌과학의 개방성과 가소성은 서로 통하는 개념들이다. 뇌가 타자에게 열려 있고, 바로 그 이유 때문에 그 관계망 속에서 지속적으로 변화할 수 있는 가능성이 보장된다는 뇌과학의 테제는 나 자신이 타자와의 의존 속에서만 존재할 수 있고 그 의존 양상 또한 고정되어 있지 않아 끊임없는 변화의 과정만 존재한다는 불교의 공성으로 대체 가능하다. 인간다움은 바로 이와 같은 공성과 개방성의 인식과 그 인식에 토대를 둔 실천 가능성에서 성립한다. 자신의 존재성에 함몰되지 않고 거리를 유지하면서 관찰과 명상 같은 성찰을 통해 그 본질을 인식할 수 있는 가능성이 인간 모두에게 열려 있다는 점에서 우리는 존엄하다. 더 나아가 그 존재성의 핵심이 관계성 또는 연기적 의존성임을 인식할 수 있게 되면 타자를 나와 분리하지 않으

면서 그에게 자비의 눈길과 손길을 보낼 수 있는 윤리가 가능해
진다는 점에서 인간의 존엄성은 완성될 수 있다.

3. 연기적緣起的 독존獨存의 미학과
우리 시대 관계 맺기

우리는 타자와의 연기적 또는 관계적 의존 속에서만 존재할
수 있다는 점에서 연기緣起의 존재이지만, 동시에 자신만의 영역
속에서 자신을 의식하면서 자신의 삶을 이끌어가고자 한다는 점
에서 독존獨存의 존재다. 이 둘 사이에는 쉽게 간과할 수 없는 긴
장과 갈등이 존재하고, 어쩌면 평생에 걸쳐 우리는 이 두 뿔 사
이를 오가는 줄타기를 해야 하는 숙명을 지니고 있는지도 모른
다. 둘 모두 포기할 수 없는 지점들이기 때문이다.

우리 존재는 연기성緣起性에서 출발해서 독존성獨存性으로
나가는 발전 과정을 지닌다. 거의 모든 것을 의존해야만 살아남
을 수 있는 태아와 영아, 유아의 발달 단계를 거치면서 독존의
영역은 확장되고 심화된다. 그 과정에서 분명히 선을 그을 수 없
을 뿐 아니라 개인에 따라 속도와 폭에서 차이를 지닐 수밖에 없
는 개별화를 거치면서 우리는 좀 더 완성된 존재성을 획득한다.
교육은 이 과정에 관계성을 전제로 조심스럽게 접근하고자 하
는, 지난하지만 포기할 수 없는 실천 과업이다. 어떤 방식으로든
지 교육 받지 않으면서 이 두 뿔 사이를 넘나들 수 있는 존재자

는 없기 때문이다.

인간 존재의 속성이나 그것을 반영하는 뇌의 타자 지향성 등으로 관계성 또는 연기성은 인간 본성의 고유한 속성으로 자리 잡았다. 시대에 따라 또 개인에 따라 그 관계 맺는 방식은 다양하지만, 최소한 일정한 공동체의 구성원으로 존재해야 한다는 사회성은 변함없이 이어지고 있다. 인간은 사회적 존재 또는 정치적 존재라는 아리스토텔레스의 규정이나 인간은 올바른 관계성을 통해서만 온전한 존재가 될 수 있다는 공자의 선언은 여전히 우리에게도 유효하다. 다만 그 관계 맺기의 양상이 달라지고 있고, 특히 우리 시대는 민주자본주의의 세계화와 그에 따른 반작용으로서 지역성의 강화가 동시에 이루어지는 상황을 고려한 새로운 관계 맺기가 요구되고 있다.

'민주자본주의의 세계화와 지역화의 동시 진행'이라는 우리 시대의 특성에 관한 규정은 물론 그 자체로 비판의 대상으로 열려 있어야 한다. 우선 민주자본주의는 주로 자유민주주의와 자본주의의 결합을 지칭하고 그것이 세계적으로 확산되고 있다는 고찰에는 쉽게 동의할 수도 있지만, 과연 그때의 자유민주주의와 자본주의가 무엇을 의미하는지에 대해서 또 그 결합 양상에 대해서 물을 수밖에 없기 때문이다. 지역화 또한 구체적인 지역에 따라 다른 양상을 보이고 있고, 그것이 세계화와 어떻게 맞물리고 있는지에 대한 분석 또한 기준에 따라 달라질 수 있다. 이런 난점을 빗겨가기 위해 세방화世方化, glocalization라는 다소 두루뭉술한 개념을 사용하는 것에 일정 부분 동의할 수 있지만, 그 구체적인 양상을 분석하고 설명하는 부분에서는 전혀 다른 의견들이 존재할 수 있음을 전제해야만 가능한 일이다.

우리의 주제인 '다문화' 또한 논쟁적인 주제다. 인류 역사의 어느 시점이든지 다문화적 속성을 지니지 않은 적이 없었고, 인간 사이의 만남 자체가 다문화적 요소를 지닐 수밖에 없다는 점에서도 그러하다. 혼례婚禮에 참여하는 두 사람은 가족과 같은 각각의 문화적 배경을 전제로 해서 형성하는 다문화 사회로 진입하는 것이고, 유치원이나 초등학교에 입학하는 아이들 또한 이전과는 다른 다문화 상황 속으로 던져지는 것이다. 우리가 문화를 주로 민족이나 국가 수준의 그것으로 한정하여 우리 사회가 20세기 후반 이후로 급속한 다문화 사회로 진입한다는 담론이 다문화 개념을 독점하는 경향이 있고, 이런 경향성은 충분한 의미를 지닐 수 있음을 부정하지 않지만, 다문화 담론을 그것으로 한정 짓는 것 또한 엄연한 잘못이다.

그렇게 본다면 '다문화 시대의 관계 맺기'라는 주제는 개인이 지닐 수밖에 없는 연기적 독존의 존재성에 관한 성찰을 기반으로 삼아 구체적인 관계의 양상으로 확장되는 것이 바람직하다. 전자의 성찰을 놓치고 후자의 관계 맺기에만 주목할 경우 자칫 이 시대의 흐름에 편승하는 관계 맺기 기술을 찾는 데만 골몰할 수 있는 가능성이 있기 때문이다.

우리는 가끔 홀로 존재하고 싶어 하지만, 그럼에도 함께 존재할 수밖에 없는 존재자들이다. 그렇다면 독존성은 이룰 수 없는 것들에 대한 열망인 것일까? 원론적으로는 그렇게 말할 수도 있지만, 현재성 속에서 우리는 분명히 그런 지향을 가지고 있고 또 그 지향성은 각자의 존재 의미 또는 삶의 의미를 규정하는 과정에서 등장해야 하는 고유성과 필요성을 지닌다. 특히 죽음과 마주하게 되면 그 독존성은 적나라하게 드러나고, 그 상황 속에서 타자의 존재가 도움이 될 수는 있겠지만, 궁극적으로는 온전히 혼자서 감당해내야 한다. 따라서 독존성의 확보는 개인적 삶의 영역과 교육에서 핵심적인 과제의 하나로 설정될 수밖에 없다.

우리 시대 상황 속에서 이 과제가 문제시될 수 있는 지점은 인간의 본성을 이기성과 고립성에 주목해서 세우고자 했던 서구의 근대 계몽주의 기반 개인주의의 급속한 정착이다. 인간이 이기적이고 때로 고립을 추구하는 존재이지만, 동시에 공감과 협력을 추구하는 존재이기도 하다는 사실은 이미 뇌과학 등의 경험적 근거들을 충분히 확보해 가고 있다. 우리에게서도 뿌리를 깊게 내리고 있는 형태의 엄격한 개인주의 가설은 틀렸다. 그런 개인은 존재하지도 않고 또 존재할 수도 없는 것이다.

우리는 관계적 기반 위에서만 비로소 살아갈 수 있다. 우리 시대에는 이런 엄연한 진리를 몸으로 쉽게 확인할 수 없다는, 일종의 공화주의적 위기가 만연되어 있다. 이런 위기에 대해서는 민주주의와 교육의 관계에 주목했던 듀이J. Dewey도 백여 년 전에 이미 충분히 경고했던 것이기도 하다.

결과가 그것에 직접적으로 관계된 사람과 연합(결)을 초월하는

중요한 방식으로 제시된다는 점을 인식할 때 비로소 공중the public이 형성된다. 그리고 이런 결과들을 돌보고 규제하는 특별한 기구들이 확립될 때 공중은 국가로 조직화된다.(존 듀이, 홍남기 옮김, 2010)

자신과 직접적으로 관계된 사람과 연결을 초월하는 방식으로 공중이 성립되고 그것이 다시 국가로 확장된다는 듀이의 명제는 우리 시대에 국가를 초월하여 지구촌 사회가 성립되고 있다는 새로운 명제로 정립될 수 있다. 바로 이것이 세계화의 맥락이자 우리 시대 다문화의 특징을 이루기도 한다. 그런데 여기서 관계의 직접성과 간접성은 상대적인 개념임에 주목할 필요가 있다. 한 사람의 인식틀이 넓어지면 간접성이 직접성으로 넘어올 가능성이 항상 존재하고, 우리는 다문화 교육 등의 교육적 노력과 해외 여행 등의 실천적 경험을 통해 그 가능성이 높아질 수 있음을 알고 있거나 몸으로 확인하는 중이다.

그런 점에서 우리 시대 관계 맺기의 출발점은 인간 존재에 뿌리를 내리고 있는 관계성 또는 연기성의 올바른 인식이어야 한다. 이때 '올바른'의 의미는 당위적 차원의 것이지만, 그 기반은 경험적 차원의 사실을 말한다. 우리는 타자와의 의존을 전제로 하지 않으면 살아갈 수 없다. 우리 시대는 그 의존성을 지속적으로 감추면서 주로 돈으로 환원되는 상품 구매의 형태로만 인식하도록 부추기고 있다. 이 현실을 직시하는 데서 우리 시대의 올바른 관계 맺기는 첫 걸음을 내딛을 수 있다.

그와 동시에 올바른 관계 맺기를 위해 진행되어야 할 일은 독존성의 본질에 관한 주목과 성찰이다. 독존성은 인간 개개인의 고유한 존엄성의 다른 이름이고, 그런 점에서 독존성獨尊性이기도 하다. 붓다의 탄생 설화에 담겨 있는 유아독존唯我獨尊 선언은 한편으로 종교적 의미를 지닐 수 있지만, 더 근원적인 차원에서는 이러한 당시의 신분을 초월하는 인간 개개인의 존귀함을 강조하는 것으로 해석될 필요가 있다. 브라흐만에서 불가촉천민에 이르기까지 엄격한 신분 질서 속에 있던 고타마 붓다 시대의 인도는 다른 지역과 유사하게 특정 신분에게만 존엄성을 배분하는 차별 사회였고, 그것을 깨트리는 것을 그는 중요한 목표로 설정하고 있었다. 그는 누군가를 평가할 때 늘 출신을 묻지 말고 그의 행위를 물으라는 가르침을 펴고자 했다.

그런데 이 독존獨尊은 그가 홀로 존재할 수 없고 타자와의 의존을 통해서만 비로소 존재할 수 있다는 연기성에 의존한다. 만약 고립적으로 혼자 존재할 뿐이라면 내 목숨을 마음대로 끊고자 하는 자살은 더 쉽게 허용될 수 있는 여지가 있지만, 나를 가능하게 했고 또 내 행위로 슬픔에 잠길 사람들, 사회적 파장 등을 고려해서 허용되기 어렵다는 결론에 도달할 수 있다. 그런데 현실 속에서 자살을 감행하는 사람들은 그런 연기성을 자각하지 못해 심한 고립감에 빠져 있거나 자신에게 다가온 고통의 본질을 직시하지 못해 감당할 수 없다는 판단에 이르렀을 가능성이 높다.

그런 점에서 인간이 지닌 독존성의 자각은 자신만의 고유한 삶의 의미 찾기의 과정임과 동시에 자신의 존재성을 확보해주는 연기성의 자각이다. 이 연기성은 직접적인 관계뿐 아니라 국가와 세계 같은 간접적인 관계와 그 매개인 공론장公論場의 작동 과정까지를 포함한다. 개인에게 고통으로 다가오는 것들의 실상을 자신의 의지와 직접적인 관계망, 간접적인 관계망까지 확장하면서 성찰할 수 있게 되면 우리의 많은 고통은 그 자체로 해소될 수 있는 가능성이 커진다.

우리 시대 올바른 관계 맺기를 위한 연기성과 독존성의 인식과 성찰은 당연히 실천으로까지 확장될 수 있을 때라야 소기의 성과를 기대할 수 있다. 앞의 인식과 성찰 과정도 어렵지만, 실천의 과정은 더 어렵다는 사실을 우리 모두는 잘 알고 있다. 몸에 붙어 있는 습관과 편견의 변화까지를 포함하고 요구하기 때문이다. 그리고 이 실천 과정에서 일반화할 수 있는 단 하나의 지침은 있을 수 없다. 우리는 다만 자신이 처한 상황에 즉해서 실천 요청의 목소리에 귀 기울이면서 몸의 변화까지를 시도할 수밖에 없다. 이 과정에서 참고할 만한 한 가지 방법을 생각해보는 것으로 마무리하고자 한다.

그것은 화쟁和諍의 방법이다. 신라 불교의 상징 인물 중 하나인 원효에게 저작권이 있는 이 개념은 본래 당시 백가쟁명으로 펼쳐지던 불교의 교리 사이의 조화와 융합을 추구하는 불교 내의 방법이었다. 각각의 교리가 지닌 진리의 일면[一理]에 귀 기울이면서 그것들을 통합하여 더 나은 진리의 단계로 진입하는 것을 목표로 삼는 승가 공동체 안의 담론 윤리였던 것이다. 그러나 화쟁은 동시에 우리 시대에 직면하는 도저히 양립할 수 없을 것 같은 주장들을 공론장에 세우고 그 각각의 주장들이 지니는 진리의 일면에 주목하면서 더 나은 대안을 모색해 가는 절차적이면서도 내용을 지닌 담론 윤리로 재해석되어 호출해볼 수 있는 가능성이 풍부하다.

이런 전제 위에서 화쟁의 과정은 대체로 세 단계로 설정될 수 있다(박병기, 2017). 첫째는 공론장을 마련하여 각자 자신의 주장을 충분히 펼칠 수 있게 하는 쟁諍의 단계다. 이 단계에서는 각각의 주장에 동등한 지위와 기회를 보장하면서 충분히 개진될 수 있게 하는 것이 성패의 핵심 요소가 된다. 그러기 위해서는 각각의 주장을 펼치는 사람들이 논리성과 공감력에 기반한 설득의 역량을 지닐 수 있어야 하고, 그런 역량을 기르는 일은 다시 우리 사회 시민 교육의 과제가 된다.

둘째는 각각의 주장에 충분히 귀를 기울일 수 있는 경청의 단계인 청聽의 단계다. 첫 단계에서는 자신의 주장에 진리의 일단이 담기게 하는 노력이 중요했다면, 이 단계에서는 타자의 주장에 담겨 있을 진리의 일단에 주목하고자 하는 노력이 핵심이다. 이 경청의 역량 또한 우리 시민 교육의 핵심 목표가 되어야 하고, 어떤 점에서는 첫 번째 목표보다 더 중시될 필요도 있다.

마지막 단계는 쟁과 청의 단계를 통해 개진된 각 주장의 일리一理를 모아 더 나은 단계로 진입하고자 하는 화회和會의 단계다. 이때는 교사를 비롯한 시민 리더의 역할이 부각될 필요가 있지만, 더 중요한 것은 물론 논쟁의 당사자 사이의 올바른 관계 형성이다. 각자가 지닌 독존성과 연기성을 충분히 존중하면서 형성되는 관계를 토대로 삼아 더 나은 삶을 지향하고자 하는 윤리의 열망까지 공유할 수 있게 된다면 화회는 실존의 실천적 영역으로까지 확장될 수 있다. 이 단계에서 함께 진리를 추구하는 과정에 있는 우리 시대 보살로서의 교사는 스승이면서 동시에 도반道伴으로서 정체성을 인식하면서 학생들이 더 나은 진리의 단계로 진입하는 데 결정적인 도움을 줄 수도 있을 것이다.

이러한 화쟁의 방법은 누구도 쉽게 파악할 수도, 결단을 내릴 수도 없을 만큼 간접적 관계가 확장되어 있는 우리 시대의 관계 맺기라는 모든 영역에서 의미 있게 활용될 수 있고, 실제로 성과를 기대할 수 있으려면 인식과 성찰, 실천의 영역을 가로지르는 시민으로서 자신의 철학함 또는 도덕함의 역량이 전제되어야 한다. 바로 이 지점이 우리 시민 교육의 주된 영역이자 목표로 부각되어야 하는 이유이기도 하다.

4. 맺음말

관계 맺기는 우리 삶의 가장 어려운 국면이다. 잘 모르는 타자와 관계 맺기는 말할 것도 없지만, 그렇다고 해서 자신과의 관계 맺기가 더 쉽다고 말할 수는 없다. 어떤 지점에서 우리 인간은 평생에 걸쳐 자신과의 관계 맺기에 따른 고통에 노출되어 있다고 말할 수 있다. 동물들과 차별화되면서 지니게 된 자기 의식과 성찰을 통해 자신을 바라보는 또 다른 자아를 갖게 된 인간은 바로 그 이유로 고통 받을 수 있는 가능성 또한 지니게 되었기 때문이다. 물론 자신과의 관계 맺기는 고통뿐 아니라 자긍심과 기쁨의 원천이기도 하다.

성찰하지 않는 삶은 살 가치가 없다는 소크라테스의 말은 동서양의 거의 모든 사상가에게서도 찾아볼 수 있는 '상식적인 명제'가 되었다. 상식일 수밖에 없는 이유 중 하나는 모든 사람에게 성찰할 수 있는 능력과 함께 그러고자 하는 열망이 내재해 있기 때문이다. 우리는 우선적으로 생존을 추구하지만, 그것이 어느 정도 충족되고 있을 때 자연스럽게 그 이상의 어떤 차원에 대한 열망이 내면에서 솟아오름을 느낀다. 먹고 마시고 성적인 욕구를 충족하는 식색食色이라는 생존의 차원은 완결성을 갖지 못하고 '이렇게 살아도 괜찮을까'라는 물음으로 다가오는 실존의 차원에 열려 있는 것이다.

우리의 문화 유전자 속에는 '우리'라는 말이 상징하는 것만큼이나 관계에 주목하며 살아가는 특성이 포함되어 있다. 음주가무에 능했던 우리 조상의 풍류風流는 불교와 유교를 만나면서 좀 더 심화된 관계성으로 정착해 오늘까지 그 짙은 흔적을 곳곳에 남기고 있다. 그런데 20세기 중후반 이후 급속하게 도입된 서구의 자유주의는 인간을 아예 이기적이고 고립된 존재로 바라보면서 삶의 의미를 찾고 관계를 맺어가는 것이 바람직한 삶이라는, 강력한 명령으로 다가와 역시 곳곳에 흔적을 남기고 있는 중이다. 삶의 의미와 관계를 바라보는 두 상반된 시각에 노출된 우리는 우왕좌왕하며 21세기 초반의 20여 년을 겨우 살아내는 중이다.

이런 혼란스런 고통에 더해 우리 사회에는 '다문화'라는 오랜 역사를 지니면서도 쉽게 익숙해지지 못하고 있는 상황에 노출되어 한편으로는 적응, 다른 한편으로는 부적응과 차별이라는 부끄러운 행태를 보이고 있다. 우리 시대를 특징 지을 수 있는 개념이 여럿이지만, 그중에서 이 지점과 연결되어 있는 개념은 '다문화 시대'다. 피할 수 없는 다문화 상황을 있는 그대로 바라보면서 생존과 실존 영역 모두에 걸쳐 더 적극적인 대안을 모색하고 실천하지 않는다면 우리는 개인적 차원과 사회적 차원에서 더 견디기 어려운 고통과 마주하게 될 가능성이 높다.

이 장에서는 이런 상황에 대한 적극적 인식과 수용을 전제로 우리 존재성의 근원을 살펴보고 그 맥락에서 관계 맺기를 위한 화쟁의 윤리를 실천적 대안으로 생각해보고자 했다. 존재성의 근원은 우리 모두가 타자와의 관계 속에서만 비로소 살아갈 수 있다는 연기성과, 그럼에도 끊임없이 자신만의 고유한 삶의 영역을 꿈꾸는 독존성이라는 두 속성, 그리고 이 두 속성 사이의 지속적인 긴장과 화해의 갈망으로 정리해볼 수 있다. 결국 우리는 연기적 독존의 미학을 살리지 못하면 제대로 살아갈 수 없는 실존적 과제와 마주하는 셈이다.

이 과제를 우리 모두의 실존적 과제로 인식하면서 수용할 수 있다면 자연스럽게 과제 수행을 위한 실천을 모색할 수 있게 된다. 그것을 이 장에서는 화쟁의 방법으로 제안해보고자 했다. 화쟁은 원효에게 뿌리를 대는 우리 불교 고유의 방법으로 불교 내 관점 사이의 이견들을 대하는 방법으로 출발해서 사람들 사이에 있을 수밖에 없는 견해 차이를 어떻게 대할 것인가 라는 지점에서 폭넓게 활용될 수 있는 담론의 조정 방안으로 부각되어 있다. 다문화 상황에서 해결되어야 하는 문제의 핵심은 다름과 낯섦에 기반한 갈등과 차별의 위험이다. 그 출발 또한 다름에 대한 본능적인 거부 가능성을 있는 그대로 바라보면서, 한 단계 더 나아가 성장 배경 등의 차이로 생길 수 있는 견해 사이의 긴장과 갈등을 해소하고자 노력하는 일일 것이다.

각자의 주장에 진리의 일단이 담겨 있다는 전제를 바탕으로 삼아 쟁과 청, 화회의 단계로 밟아가며 더 나은 삶의 지점을 공유하고자 하는 노력이 곧 화쟁의 과정이다. 일정한 훈련을 필요로 하는 것이어서 교육이 포함되어야 하고, 특히 민주 시민 교육의 맥락에서 중심에 두어야 하는 과제다. 학교 민주 시민 교육은 말할 것도 없고, 가정과 사회를 교육의 장으로 상정하는 시민 교육의 모든 맥락에서 화쟁의 과정과 방법을 몸에 익힐 수 있는 장을 제공할 수 있다면 우리가 마주하는 다문화 상황은 더 나은 진리와 삶을 향하는 여정으로 자리매김될 수 있는 가능성 또한 열려 있다.

5장

—

다민족 사회에서의
문화 체험을 통한
모국가의 문화 전파와 확대

———

진달용

1. 들어가며: 다문화 사회의 등장과 발전

다문화주의는 민족-문화 다양성을 강조하고, 시민들로 하여금 다민족 사회에서 존재하는 다양한 관습, 전통, 음악, 음식 등을 포용하도록 만드는 것이라고 잘 알려져 있다. 다문화주의는 무엇보다 다양한 민족의 문화를 권위 있고 존경할 만한 문화적 행위로 존중하는 한편, 그들 자신과 타자the other들이 함께 소비하는 것이다. 다문화주의는 다문화 학교 커리큘럼을 통해 학습되고, 다문화 페스티벌을 통해 유지되며, 다문화 미디어(에스닉 미디어)와 박물관을 통해 전시, 전파된다. 그리고 경제적 · 정치적 불평등 제고 미비, 파워 불균등, 편협, 특수한 문화 확대 재생산 등의 문제를 제기한다(홍기원 외, 2006).

다문화 사회를 포용할 것인가의 문제가 제기된 것은 1970년대부터며 1990년대까지 본격화되었다고 할 수 있다. 서구 사회에서 다문화 정책과 소수자 인권을 지지하는 방식으로 다양성을 수용하고 인정하려는 분위기가 확대되었기 때문이다. 그러나 1990년대 중반부터 다문화 사회에 대한 반감과 이에 따른 후퇴를 경험한 바 있다. 국가 형성의 아이디어, 공통의 가치, 그리고 단일 시민성에 대한 제고 등의 문제점이 나타났기 때문이다. 다문화 사회의 포용이 지나치게 확대되었으며, 자신들의 생활과 사회 안전을 저해한다고 믿는 사람들도 생겨났다. 다문화 수용의 부정적 요인을 무시할 수 없다는 것이 핵심이다. 지나칠 경우 민족 정체성이 소멸될 것이며, 무분별한 다문화 수용으로 민족 문화가 사라질 가능성도 배제할 수 없기 때문이다. 다문화 사회의 형식은 이후 여러 중요한 변화를 경험한다.

다문화 사회에 대한 긍정적 측면과 부정적 측면이 다각도로 나오는 가운데 다문화를 수용해야 하는 필요성만큼은 인정하고 있다. 다문화를 수용함으로써 기대되는 효과가 높기 때문이다. 예를 들어 다문화 사회의 존중은 외국에서 '혐 한류' 같은 반한 감정을 불식하는 데 일익을 담당할 수 있으며, 국제 무대에서 한국에 대한 평가를 높이는 데 기여할 수도 있다. 즉 다문화의 확대가 소프트 파워의 증진으로 이어진다는 것이다. 최근 들어 다문화 사회에 관한 논의와 실행이 오프라인에서 온라인으로 확대된 것도 새로운 특징이다. 다문화 형태가 온라인으로 옮겨 가면서 민족주의 행태 역시 사이버로 옮겨 가 사이버 민족주의의 등장을 가져오기도 했다. BTS의 다문화 팬덤이 그 좋은 예다.

본 챕터는 다문화 사회에서 문화 체험의 중요성을 논의한다. 그리고 다문화 사회를 형성하는 핵심적 논의로서 민족주의의 개념을 토론한다. 마지막으로 최근 소셜미디어 시대로 전환되면서 발전된 사이버 민족주의와, 그 예로 BTS 팬덤에서 나타나는 사이버 민족주의의 특징을 논의한다.

2. 다문화 사회에서 문화 체험의 중요성

다문화 사회에서 무엇보다 중요한 것은 다문화 사회에 대한 올바른 이해를 하는 것이다. 민족 정체성을 지키면서도 다문화를 수용하기 위한 다각적 노력을 기울여야 한다. 온라인·오프라인에서 외국 문화를 소개하되 오프라인에서 문화적 만남을 진행하는 것도 중요하다. 바람직한 다문화 수용은 개방적인 민족주의로 나아가는 길임을 잊지 말아야 한다. 다문화 사회는 따라서 이주민들이 자신들의 모국 문화와 전통을 재현하고 지켜나가는 한편, 타국가로부터 온 이주민, 그리고 자신들이 현재 살고 있는 국가의 문화를 포용하려는 노력을 기울여야 한다. 다문화 사회를 유지하는 근간인 다양한 문화를 함께 즐기고 환영하는 자세가 필요하다고 할 수 있다.

다문화 사회의 문화 축제가 여러 가지 형태로 이루어지고 있는 가운데 캐나다 밴쿠버에서 열린 '드래곤 보트 경주'가 하나의 모델로 제시될 수 있다. 1986년 밴쿠버 엑스포에서 처음 선보인 드래곤 보트 경주는 보트 경주 자체 행사뿐 아니라 다채로운 음악과 공연, 음식, 놀이 문화 등을 통해 캐나다에서의 다민족 문화 체험을 제공했다. 최근 몇 해 동안 보트 경기에는 165개의

밴쿠버 설날 축제에서 선보인 한국 북춤, 2018.

밴쿠버 설날 축제에서 한국 어린이들이 선보인 무용과 노래, 2018.

팀, 모두 4,455명의 선수가 참가할 정도로 변모해 크게 인기를 끌고 있다. 무엇보다 보트 경주뿐 아니라 다채로운 문화 행사를 접목해 밴쿠버의 다문화 확산에 중요한 역할을 하고 있다. 경기 도중 여러 민족의 음악과 댄스 공연 행사를 개최, 밴쿠버 다문화 사회의 쇼케이스로 성장했다.

밴쿠버의 설날 축제 역시 다문화 사회의 대표적 문화 행사로 자리매김하고 있다. 밴쿠버 전역에서는 음력 설날은 다문화 축제 현장으로 변화하고 있다. 중국, 한국, 일본, 대만, 홍콩, 싱가포르 등의 이민자들이 함께 모여서 동남아시아의 대표적인 명절을 함께 즐김으로써 서로 간의 단합과 화해를 도모한다. 이를 통해 각 국가의 문화를 해외에서도 전수 계승하는 자리로 만들어가고 있다. 무엇보다 해당 축제는 동남아시아 이주민뿐 아니라 캐나다인들도 함께 참여하는 지역 축제로서 성장해 가고 있다. 한국 이주민들도 한국 전통 북춤을 비롯해 장고춤 등을 선보이며 한국 전통차와 음식 시연회를 개최하기도 한다.

이 사진들에서 보여주듯 밴쿠버라는 다문화 사회에서 한국을 비롯한 동북아 국가의 이주민들은 그들이 공유할 수 있는 설날 축제를 통해 각 국가의 문화를 계승하려고 노력할 뿐 아니라 타국으로부터의 이민자들에게 각 국가의 문화를 소개함으로써, 서로를 이해하고 각 국가의 문화를 체험함으로써 지역 공동체를 결성하고 있다. 21세기 초반은 그러나 이러한 다문화 행사가 오프라인에서 온라인으로 이동하고 있으며 이에 따른 다양한 이해 관계의 충돌 역시 발생하고 있다.

3. 다문화 사회에서 민족주의의 역할

다문화 사회에서 가장 중요한 요소이면서 갈등의 원인으로 작용하는 것이 민족주의라는데 큰 이견이 없다. 민족주의는 인종과 민족, 그리고 법적 시민권에 근거한 지역적 통합, 정치적 통합, 문화적 동질성을 의미하는 것으로, 민족주의의 핵심은 정치적 국가적 단위다(Gellner, 2006). 국가별로 각 국가적 동질성은 민족주의의 가장 핵심적인 요소 중 하나로, 이는 특정한 국가에 소속되어 있다는 감정에 근거한다고 할 수 있다. 국가는 전통적으로 지역적 경계에 근거하며, 민족주의는 특정한 국가 내에 사는 사람들이 가진 집합적 동질성과 감정적 통합성이기 때문이다(Ju, 2007). 여기서 국가적 동일성과 순수 혈통 민족주의는 민족주의 담론의 중요 요소로 작용한다(Han, 2015).

그러나 앤더슨Benedict Anderson은 국가 간 경계에 근거하는 개념을 넘어선 신 개념을 제시한 바 상상된 공동체imagined community라는 용어로, 민족주의는 지역적·정치적인 측면과 함께 상징적·문화적 인지라는 측면을 강조했다. 문화적 민족주의가 전통적 민족주의 이론에 대한 도전을 제공했으며, 민족주의 또는 국가는 결국 상상의 결과라고 주장이다. 국가는 수평적인 동료애에 근거하며, 국가는 상상에 의해 탄생하는 것이며, 민족주의의 핵심적 요소는 이제 지역적·정치적인 것이 아니라는 것이다. 앤더슨(1989)의 정의에서 특히 중요한 것은 미디어로, 미디어가 국가라는 이미지를 만드는 핵심적 요소라고 강조했다. 전통 미디어(신문)부터 디지털 미디어에 이르기까지 상상된 공동체는 현실 공간에서 사이버 공간으로 이동, 이에 따른 새로운 사이버 민족주의가 강조되기 때문이다. 사이버 공간에서의 새로운 정보는 초국가성을 통한 집합적 소속감의 감정을 제안하며, 그들이 정치적 커뮤니티로서 일체성은 소속 국가를 넘어서는 것으로, 소셜미디어상에서의 초국가적 커뮤니티는 글로벌 네트워크의 형성을 촉진하는 글로벌라이제이션과 경제적 불확실성의 맥락에서 발전한다. 사이버 국가 또는 사이버 민족주의의 제도화는 온라인·오프라인상의 행위, 재료, 정보 등이 국가 경계를 넘어 조화되는 것을 요구하며, 디지털 미디어의 발전과 함께 초국가적, 다문화적 요소를 강조하는 사이버 민족주의 강화된다. 사이버 민족주의는 인터넷 형성과 함께 시작되었으나 소셜미디어가 현재 사이버 민족주의에서 주요 역할을 하고 있다(Zeng and Sparks, 2020). 다시 말해 다문화 사회에서 각 국가의 문화 형성과 계승은 민족주의라는 토대 위에서 실현되는 경우가 많았지만, 다문화 사회의 여러 요소가 온라인화하면서 사이버 민족주의에 대한 이해가 중요한 요소가 되었다고 할 수 있다.

4. BTS와 사이버 민족주의

소셜미디어. 디지털 플랫폼의 급속한 성장과 함께 그동안 오프라인상에서 단행되었던 수많은 다문화 행사가 온라인으로 옮겨 가고 있다. 소셜미디어 시대에 걸맞게, 민족주의 역시 사이버상에서도 강력하게 실현되고 있다. 네티즌들이 타국가에 반해 특정 국가의 국가적 동질성과 우수성을 증대하려고 하기 때문이다. 사이버 민족주의의 대표적인 행태가 팬 민족주의로, 인기 가수나 배우 또는 운동선수들에 대한 팬덤이 온라인상으로 옮겨간 경우이다. 팬들은 특히 COVID 19 때문에 오프라인상에서 팬덤 행위를 제한받게 되자 온라인상에서의 팬덤을 실현하고 있으며, 이런 현상 중 자국 출신의 유명 가수나 운동선수들에 대한 지지와 성원이 온라인에서 전개되는 실정이다. 사이버 민족주의가 다문화에 깊게 연계된 것은 해당 국가의 대중문화나 문화예술인에 대한 팬덤이 다문화 사회 이주민들과 정서적으로 연계되기 때문이다. 많은 팬 민족주의가 자국의 유명 가수와 배우들에 대한 지지, 즉 온라인상이지만 국가라는 경계 속에서 이루어지는 경우가 많다. 타국으로의 이주민들이 해당 국가의 대중문화를 즐겨왔던 것처럼 많은 이주민이 온라인상에서도 해당 국가의 대중문화를 즐기고 있으며 팬 민족주의의 한 근간을 형성하고 있다.

팬 민족주의는 그러나 BTS의 경우에 매우 다르게 나타나고 있다. BTS 팬덤의 경우에는 BTS가 한국 아이돌 그룹인데도 온라인 팬덤은 국적에 관계없이 이루어지기 때문이다. BTS 팬들은 소통적인 초국가적 사이버 민족주의를 발전시키고 있다는 것이다. 실제로 BTS 팬들은 국적과 관계없이 BTS를 지지하거나 외부 비난 세력으로부터 보호하려는 움직임을 보인다(Jin, 2021). BTS 팬들은 사회 정의와 불평등 해소 등을 추구하는 초국가적 행위들에 의해 실현되는 수평적인 동료애에 의해 발전시키고 있으며 자신 간, 그리고 BTS와 팬 간의 일체감을 발전시키는 한편, 사회적 비정의와 청소년들의 고난에 맞서 싸우는 사이버 파워를 고양하고 있다. 초국가적 사이버 민족주의는 인종과 민족에 근거하는 것이 아니라 글로벌 팬들의 유대감과 충성심에 근거하는 것으로 ARMY가 특별한 사이버 민족주의 형성한다. BTS 팬들의 행위는 BTS를 위기 상황이나 갈등 상황으로부터 방어하는 것부터 BTS 음악에 담긴 메시지를 전달하는 것까지 다양하게 전개되고 있다.

BTS는 잘 알려진 대로 2013년 K-pop 아이돌 그룹으로 탄생했다. BTS는 출발 당시부터 전형적인 K-pop으로 시작했다. 즉 〈학교의 눈물〉(2013)이라는 곡에서 잘 알 수 있듯이 힙합 가수들의 특징으로 따라 사회성이 짙은 노래 가사를 소개하고 있다. 이어서 〈뱁새〉(2015) 역시 비슷한 특징을 보이고 있다. 사회성이 짙은 노래 가사로 글로벌 스타덤 실현한 것이다. 실제로 BTS의 노래 가사에는 청소년들의 고난과 분투, 비평등한 사회, 불확실성의 세계를 노래함으로써 청소년들과 유대감 형성하고 있다.

BTS는 힙합 그룹으로 자리매김하는 동시에 래퍼로서의 기술적 능력을 통해 인기를 확대하기도 했다. BTS의 힙합 가수로서의 정체성 유지, 솔직담백한 천재성, 음악 제작에 있어 자신들의 경험에 근거한 제작. 참여라는 특징을 보이고 있는 것이다 (McLaren and Jin, 2020). 전 세계 청소년들이 공감할 수 있는 메시지와 사회적 비판을 가미하고 있다. 청소년들의 꿈, 청춘, 도전 극복, 자기 발견 등의 가사 주제를 선호하고 있다. 〈화양연화〉 시리즈에서 청년들의 여러가지 주제들을 노래하는 한편, 〈Love Yourself〉 시리즈를 통해 역경을 통해 자신을 사랑하는 법을 배워 나가는 과정을 노래해 전 세계 청소년 팬들로부터 큰 지지를 받고 있다.

BTS가 전 세계적으로 청소년들의 인기를 얻는 또 다른 중요한 이유는 다른 아이돌 그룹과 달리 소셜미디어 사용에 있어 특징적인 모습을 보이기 때문이다. BTS는 소셜미디어 사용에 있어 자유를 확보하고 있다. 소셜미디어를 통해 팬들과 교류하며 팬덤을 형성하고 있다. 대부분 아이돌 그룹이 부정적인 이미지가 외부로 노출될 경우 받게 될 이미지 손상을 우려 멤버들의 소셜미디어 사용을 제한하는 반면, BTS는 소셜 미디어를 통해 자신들의 일상을 가감없이 보여줌으로써 많은 팬과 공감대를 형성하는 것이다. BTS 사례에서 나타나듯 소셜미디어와 K-pop은 매우 큰 차이를 불러일으키고 있다. 소셜미디어의 폭넓은 사용은 글로벌 팬들의 소비 성향과 연계되어 있다. 글로벌 팬들은 소셜미디어를 통해 음악을 즐길 뿐 아니라 강력한 팬덤을 형성한다. BTS의 공식 홈페이지와 소셜미디어들은 글로벌 팬들과 직접 연계되며, J-pop과 K-pop의 주요 차이 중 하나가 소셜미디어에 대한 접근이기도 하다.

5. BTS의 메시지 전령으로서 ARMY

BTS 관련 사이버 민족주의 행태가 가장 두드러지게 나타난 것은 2018년 11월에 발생한 일본 TV Asahi의 BTS 공연 취소 연기 사태다. 당시 BTS 멤버인 지민의 티셔츠 착용으로부터 발생한 바 지민은 2017년 8월에 일본에 원자폭탄이 투하되는 장면을 형상한 티셔츠를 착용한 바 있고, 일본에서 이를 1년 후에 발견해 문제를 제기한 것이다. 지민이 입었던 티셔츠에는 "Patriotism Our History Liberation Korea"이라는 영문과 함께 2차 세계대전 중 히로시마에 떨어진 원자폭탄 구름 모양이 곁들여진 것이었다. 일본 네티즌들로부터 이에 대한 항의가 잇따르자 일본 TV Asahi가 예정된 공연을 돌연 취소하였고, BTS 팬덤을 형성하는 ARMY 멤버들이 온라인상에서 이를 비판하면서 일이 확대되었다(임재우, 2018).

BTS 팬들의 온라인 팬덤은 물론, BTS를 방어하기 위한 것 뿐 아니라 그들의 메시지를 전달하는 데 주안점을 두고 있다. BTS가 세상을 더 좋게 만들자는 메세지를 지속적으로 발전시키자 ARMY도 지속적으로 기부 문화 확대에 노력하는 것이다. BTS는 10대, 20대 청소년 문제와 걱정으로부터 그들을 보호하자는 의미를 포함하고 있고, BTS의 〈Love Yourself〉 시리즈와 2018년 UN 연설 등에서도 보여준 긍정적 메세지를 통해 청소년들에게 다가가고 있으며, 글로벌 팬들은 BTS 메세지 전령사로서 BTS를 위기나 비난으로부터 보호하려는 민족주의적 색채를 나타내는 것이다. 무엇보다 이러한 현상은 한 국가에 제한된 팬 민족주의가 아닌 초국가적 형태로 나타나고 있다는 점에서 BTS 팬 민족주의의 특징이 있다.

BTS 팬 민족주의가 중요한 것은 온라인상에서 다문화 사회가 형성되었으며, 음악이라는 매개체를 통해 다문화 활동이 활발하게 이루어지기 때문이다. 기존의 다문화 활동이 오프라인상에서 이루어진 만큼 최근의 다문화 활동은 온라인상에서도 이루어지며, 특히 초국가적 현상으로 일어난다는 점에서 진정한 다문화 활동이라고 할 수 있다.

BTS는 사회적으로 의식 있는 음악그룹으로서의 이미지를 형성하고 있다. 음악 가사는 정신 건강, 상업주의, 교육 문제 포함하고 있으며 디지털 네이티브인 ARMY들도 크게 호응하고 있다. 초국가적 팬덤인 ARMY는 미디어 리터러시와 정치 의식에 있어 디지털 미디어에 의해 형성된 감각 보유하고 있으며, 미디어 행위와 모빌리티 참여를 통해 디지털 미디어 이해와 정치적 지식 발전시키고 있다. 여타 팬덤과 달리, ARMY는 재정적인 여유가 있는 청·장년 팬들의 지원 확보를 하고 있기도 하다 (McLaren and Jin, 2020).

BTS의 메시지 전령으로서 ARMY는 이외에서 #BLM에서

BTS와 #BLM 출처: The Korea Times, 2020.

두드러졌다. 2020년 미국에서 발생한 플로이드George Floyd 사망 사건 당시 BTS와 Big Hit현 HYBE가 Black Lives Matter#BLM 운동에 백만불을 기부하자 ARMY가 단 하루만에 백만불을 모금, 기부한 것이다. BTS의 사회적 인식을 잘 이해하고 호응하던 ARMY가 #BLM에서 BTS가 적극 참여하자 팬들도 크게 이를 실현한 것이다. BTS는 힙합그룹의 이미지를 강조하는 바 사회 참여는 이미 여러 차원에서 실시되고 있었다. 그러나 #BLM에서 보여주는 바와 같이 다문화 사회를 살아가고 있는 현 시대에 다문화 인종으로 구성된 ARMY 멤버의 역할은 바로 사이버상에서 나타나는 다문화 사회의 지향점을 제대로 보여준 사례로 여겨지고 있다(The Korea Times, 2020; Jin, 2021).

K-pop, 특히 BTS 팬들은 그러나 비이성적이거나 지나치게 감상적이지 않으며, 논리적이고 전략적이라는 특징을 보이고 있다. ARMY는 단순한 대중이 아니라 교육 받고 정보화된 시민으

로서 그들이 믿고 있는 문화적·정치적 가치로부터 동기화되는 특징을 보이고 있다. BTS 팬들은 사회 정의와 자본주의 문제점에도 관심을 지닌다. 무엇보다 BTS 팬들은 좁은 의미의 민족주의 실현을 거부하고, 성숙되고 참여적인 새로운 형태의 사이버 민족주의 실현하고 있다(Jin, 2021). BTS에서의 사이버 민족주의는 특별한 적대 국가를 형성하지 않으며, BTS가 음악을 통해 실현하고자 하는 이상과 가치에 초점을 두고 있다. 따라서 다문화 사회의 팬덤 형성 가치를 높이고 있다고 할 수 있다.

BTS와 ARMY에 의해 발전된 사이버 팬덤은 사이버 민족주의의 초국가적 수준을 향상했다고 할 수 있다. 팬들의 참여 행위는 한국 국가라는 경계를 넘어서 사이버상에서의 민족주의를 달성하며 민족이라는 개념의 한국이라는 한계를 넘어섰다. 민족주의는 국가를 대표하는 사람들에 의해 주로 실현된다고 알려져 왔지만, BTS 팬덤은 상상 속의 국가에서 초국가적 팬덤을 형성하는 팬들에 의해 BTS의 메시지를 실현하는 형태로 발전시켰다. 특히 ARMY 구성원들은 민족적 국가성 또는 디아스포라 한국인을 강조하지 않으며, BTS nation의 구성원으로 상상 속의 시민으로서 참여한다는 점에서 다문화 사회의 온라인상에서 활동성을 확장했다고 할 수 있다(Jin, 2021). BTS와 ARMY는 새로운 형태의 팬 민족주의를 발전시키고 있으며, 이러한 형태가 다문화 사회에서 서로가 존중하고, 공유하며, 발전 지향성을 보여준다는 특징을 보이고 있다.

6. 나가며

　다문화 사회에서 이주민들은 모국의 문화를 즐기고 계승하면서, 서로 간 화합과 단결을 도모하고 있다. 다문화 사회에서는 여러 국가로부터의 이주민들이 모여 사는 만큼 다문화 체험은 매우 중요한 매개체라고 할 수 있다. 다양한 형태의 문화 체험 행사를 통해 각국에서 온 이주민들뿐 아니라 자신들이 현재 살고 있는 지역의 주민들과 함께 호흡하고 살아간다는 메시지를 던지고 있기 때문이다.

　다문화 사회의 문화 체험은 최근 들어 온라인상에서도 활발하게 나타나고 있다. 모국의 대중문화를 소셜미디어 등 온라인상에서 함께 즐기고 있기 때문이다. 이런 과정에서 다문화 사회를 연결하는 하나의 고리인 민족주의가 사이버 민족주의의 형태로 나타나고 있기도 한다. 팬 민족주의라는 형태로 나타나는 사이버 민족주의는 그러나 지나칠 경우, 모국과의 지나친 연대나 우월성을 강조하는 형태로 나타나기도 한다.

　결론적으로 다문화 사회에서는 다양한 문화 체험을 통해 해당 국가의 전통과 문화를 즐기고 전수하려는 움직임에서부터 사이버상에서 이루어지는 팬 민족주의의 근간을 형성하기도 한다.

많은 이주민 중 청소년 계층은 특히 모국으로부터의 대중문화를 즐기고 있는 바 오프라인상에서는 물론, 온라인상에서도 모국의 문화를 체험하면서 이에 따른 팬덤 결성에 큰 역할을 하고 있다. 대중문화의 팬덤이 21세기 초 다문화 사회의 문화 체험장으로서 등장한 것이다. 이에 따라 사이버 민족주의의 탄생과 발전이 이어지고 있음을 부인할 수 없다.

6장

—

신한류 시대의
문화 혼종화와
문화 정치화 담론

—

진달용

1. 들어가며

21세기 초 글로벌라이제이션 현상이 강화되면서 대중문화의 흐름도 크게 변하고 있다. 대중문화는 그 초기부터 미국, 영국, 프랑스 등 북미와 유럽의 문화 선진국에서 아시아, 남미, 아프리카 등의 문화 후진국으로 전파되어 있다. 특히 미국의 영화, 텔레비전 드라마, 그리고 음악은 전 세계 문화 시장에서 독보적인 지위를 누려 왔으며, 지금도 그 기본적 지배 구조는 크게 변하지 않고 있다. 전 세계 대중문화 시장은 그러나 1990년대부터 서서히 변화를 모색해왔다. 아시아에서는 이미 일본이 자국의 애니메이션과 영화, 그리고 게임을 전 세계 시장, 특히 아시아 국가들에게 수출하면서 아시아 기반 대중문화의 글로벌화를 시작했다. 남미의 멕시코와 브라질이 텔레노벨라Telenovela로 일컬어지는 텔레비전 드라마를 제작해 남미 인근 국가는 물론, 미국 등에까지도 수출하기 시작한 시점이기도 하다(Straubhaar, 2021).

전 세계 문화 시장에서 대중문화의 흐름이 크게 바뀐 것은 그러나 최근 한국이 독특한 문화적 특성과 디지털 미디어의 발전을 토대로 여러 형태의 대중문화를 발전시켜 전 세계로 전파하면서다. 1990년대 후반에 일부 텔레비전 드라마와 영화, 그리고, K-pop을 일본, 중국, 대만 등 일부 아시아 국가들에 수출할 때만 해도, 한국 대중 문화의 확산은 제한적이었다. 2000년대 후반부터 시작된 한국 대중문화의 전 세계적인 확산은 그러나, 한국 대중문화의 제작과 국제적인 확산을 의미하는 한류 현상이 일시적이거나 제한적인 것이 아니라 전 세계적 현상으로 인지되기 시작했다. 다시 말해 한류 현상은 한국이 초국가적 대중 문화 생산의 새로운 허브로 작동하고 있다는 것을 의미할 뿐 아니라 한류가 아시아를 넘어 유럽, 북미, 남미, 중동, 그리고 아프리카 등 전 세계적에서 인기를 끌고 있다는 점에서 초국가적 문화 흐름의 형태를 변모시킬 가능성을 제시하게 되었다.

초국가적 문화 흐름은 대중문화가 국가 영역을 넘어서는 조건뿐 아니라 대중문화 형태가 시간과 공간을 넘어 이동하는 것이다. 한류는 새로운 지역에 기반을 둔 새로운 대중문화 형태로서 지금까지 서구 중심의 대중문화 흐름에 대응할 수 있는 문화 파워로서 작용할 가능성을 제시하고 있다는 점에서 그 특징이 있다고 할 수 있다. 일본이 자국의 여러 대중문화를 발전시켜 여러 국가에 수출한다는 점에서 최근의 한류 현상과 유사한 측면을 내포하고 있다. 일본은 그러나 텔레비전 프로그램과 J-pop으로 일컬어지는 일본 대중문화의 영향이 주로 아시아 일부 국가에 한정된다는 측면에서 한류가 더 광범위하고 전 세계적이라는 특징을 보이고 있다고 할 수 있다(Jin, 2016).

본 챕터는 따라서 한류의 개념을 재정립하고 한류 현상, 특히 신한류로 간주되는 최근의 한류 트랜드를 연구하고자 한다. 무엇보다 신한류 현상이 한국 문화의 초국가적 흐름과 혼종화에 기인한다는 점에 착안, 혼종화의 역할이 과연 한국 대중문화의 전 세계적 흐름에 어떻게 기여하였는가를 논의하고자 한다. 이러한 논의는 무엇보다 한류 콘텐츠의 전 세계적 환산을 문화 정치의 틀 속에서 규정하는 것으로, 혼종화와 문화 정치를 연계하여 한류의 방향성을 제시하고자 한다. 이런 과정을 통해 한류가 해외 이주민이나 유학생들을 중심으로 한 문화적 공동체 형성에 기여한다는 점을 강조하고자 한다.

2. 초국가적 흐름에서의 한류

한류는 잘 알려진 바대로 1990년대 중후반부터 한국의 드라마와 K-pop이 일본과 중국 등에 수출되면서 시작되었다. 다만 한류라는 용어가 언제 시작되었는지, 그리고 한류를 어떻게 정의해야 하는지 등에 대해서는 한류 20년이 지난 지금도 합의가 되어 있지 않다. 한류는 무엇보다 1990년대 중반, 이미 시작되었다고 보는 것이 타당하다. 김영삼 정부1993~1998가 이미 문화 산업에 대한 중요성을 역설한 데 이어 국내의 여러 방송 드라마가 1990년대 중반에 이미 중국에, 그리고 한국 대중가수들이 일본과 대만에 이미 발걸음을 디디기 시작했기 때문이다. 실제로 가수 김완선은 홍콩(1993)과 대만(1994)에서 이미 인기를 끌기 시작했으며, MBC 드라마 〈질투〉가 1993년에 이미 중국에서 방영된 바 있다. 많은 경우 드라마 〈사랑이 뭐길래〉가 1997년에 중국에 상영된 것을 한류의 효시로 보고 있지만, 실제로는 여러 경로를 통해 한국 대중문화가 이미 동북아시아 여러 나라에 전파되었기 때문이다. 〈사랑이 뭐길래〉 자체 역시 실제로는 몇 년 전에 이미 수출되었지만, 자막 처리와 중국 내 관료제의 폐단으로 방영이 늦어진 것이다(Jin et al., 2021).

용어상으로 한류라는 단어를 처음 사용한 것은 대만의 한 신문이 1997년에 사용한 것이다. 중국에서는 1999년에, 그리고 한국에서는 같은 해 문화부가 K-pop 홍보를 위해 CD 제작을 한 바 있다. 그때 한류라는 용어를 처음 사용했다. 한류 용어가 일반화되기 시작했다는 것은 거꾸로 한류 현상 자체는 이미 시작된 것으로 볼 수 있다(Yoon and Kang, 2007; Jin et al., 2021). 용어의 제도화 과정이 결국 문화 현상의 반복적인 결과라고 볼 때 한국 대중문화의 해외 진출은 이미 상당한 정도로 진행되었다고 보아야 하기 때문이다. 이런 측면에서도 한류는 일반적으로 알고 있는 것보다는 좀 더 일찍 시작되었다고 보는 것이 타당하다.

한류와 관련 또 다른 중요한 사항은 한류의 정의와 관련된 것이다. 한류를 정의함에 있어 대다수의 미디어는 한류를 국내 대중문화의 해외 수출로 규정하고 있다(Farrar, 2010). 특히 한류 초기에는 이러한 수출이 동북아시아에 치중되었기 때문에 한류의 정의가 한국 대중문화의 아시아 지역 수출 또는 진출로 정의되었다. 이러한 정의는 그러나 크게 두 가지 측면에서 문제점을 노출하고 있다. 먼저 한류의 수출은 국내 문화 산업의 발전에 기인한다는 점이다. 국내 문화 산업이 성장 없이는 한류 수출은 가능하지 않기 때문이다. 한국 문화 산업은 1990년대 중반 이후 본격적으로 대중문화를 하나의 중요한 문화 산업의 일부로 규정하고, 양질의 문화를 발전시키기 시작했다. 특히 이수만 씨가 설립한 SM Entertainment에서 이미 H.O.T. 등 이른바 아이돌 가수들이 나오기 시작해 일본과 중국 등에서 인기를 끌었고, 1995년 케이블 방송이 시작되면서 기존의 전통 방송국과 케이블 간 경쟁 속에 드라마 역시 양산되기 시작했다. 따라서 한류를 정의하기 위해서는 반드시 국내 문화 산업의 성장과 수출을 같은 선상에서 보아야 한다.

한류의 초기 성장은 특히 해외로 이주하거나 해외에서 유학 중인 한국인들이 국내 대중문화를 해외에서 소비하기 시작한 시점과도 일치한다. 해외 이주나 유학 중 생기는 문화적 단절감을 해소하고, 국내 대중문화를 소비하면서 서로 간 대화를 나누고, 가지고 있는 비디오를 공유하기도 하면서 다문화 사회의 동질감을 키워 나가는 데 큰 역할을 했다. 마찬가지로 많은 국가의 이주민들이 해당 국가로부터 가져온 대중문화를 소비하면서 다문화 사회를 이어가는 한 중심축으로 삼고 있는 것이다(Min, 2017).

두 번째로 한류는 그 정의에 있어 수출이라는 측면보다는 한국 대중문화의 해외 진출이라고 표현하는 것이 타당하다. 먼저 한국 대중문화는 음반과 DVD, 그리고 프로그램 형태로 수출되었다. 그러나 K-pop의 경우에서처럼 음악 산업은 음반 수출에 이어 현지 공연과 유튜브 등 소셜미디어를 활용하여 생기는 광고 수익 등 다각도로 해외 시장에 진출하고 있다. 또 최근 들어 넷플릭스 등 OTT over-the-top 서비스 플랫폼의 역할이 강화되면서 국내 영화, 방송계는 이미 제작된 영화나 방송 프로그램을 수출하는 형태에서 벗어서 넷플릭스 상영 등의 형태로 재빠르게 변화하고 있다. tvN, JTBC 등과 협업한 넷플릭스가 국산 드라마를 등에 업고 아시아 드라마 시장을 선점하고 있고, 국내에서는 KBS, MBC, SBS 등 지상파 방송사와 협업하는 웨이브Wavve가 뒤를 쫓고 있다(여용준, 2020). COVID 19 시대, 그리고 코로나 바이러스 이후 시대에도 상당 부분 강화될 것으로 보이는 온라인, 비접촉 문화 행위에 발맞추어 해외 진출 형태 역시 변화하는 것이다. 따라서 한류는 국내 문화 산업의 급속한 성장을 바탕으로 대중문화가 다양한 방식으로 전 세계 문화 시장에 진출해서 한국 대중문화를 현지인에게 알리는 제반 행위와 과정을 의미하는 것으로 정의해야 한다.

3. 초국가적 문화 파워

한류 콘텐츠의 전 세계적 확산은 주로 2000년대 후반부터 시작되었다. 이전까지 아시아 시장을 주로 타겟으로 삼았던 국내 문화 산업 기업들이 북미와 유럽을 시작으로 남미와 중동 지역에까지 한국 영화, 방송 프로그램, K-pop은 물론, 디지털 문화와 웹툰으로 수출 범위를 확대하였다. 실제로 한류 콘텐츠의 수출은 2000년 후반 이후 급증하기 시작했다. 한국 문화 산업은 2007년에 US$1,250 백만 달러 수출에서 2018년에는 이보다 무려 5배에 이르는 US$6,240 백만 달러 수출을 달성했다. 게임 산업이 가장 많은 비중을 차지한 가운데 방송과 K-pop 수출이 두드러졌다(한국콘텐츠진흥원, 2018; 2019).

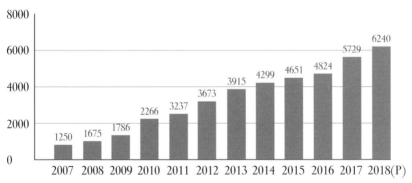

초국가적 문화 파워: 문화 상품의 수출(단위 $ M.) 한국콘텐츠진흥원 (2018, 2019).

2000년대 한류 콘텐츠의 전 세계적 확산은 여러 가지 측면에서 중요한 의미를 지닌다. 우선 한류의 핵심 콘텐츠가 변한다는 것을 실감할 수 있다. 1990년대 후반부터 2000년대 후반까지 한류 1.0시대에는 주로 방송 드라마와 영화가 한류 콘텐츠 수출을 주도했다. 이 시기에 한류 콘텐츠는 주로 동북아 중심으로, 그리고 일부 동남아 지역으로 수출되었다. 같은 시기 북미와 유럽 등에서는 한국 이민자들이 국내 대중문화를 즐기기 위해서 CD나 DVD 등을 통해 방송 드라마를 시청하고 있었고, 일부 북미와 유럽 현지인도 한류 콘텐츠를 즐길 정도였다.

2000년대 후반 들어 시작된 한류 2.0 또는 신한류 시기는 기존 한류와 달리 K-pop이 전 세계 문화 시장의 한류 콘텐츠의 존재를 알리기 시작했다. 또 게임과 웹툰 등 디지털 문화가 본격적으로 수출되기 시작된 시기로, 디지털 한류라는 또 다른 한류 특징을 만들어냈다. 〈뽀로로〉와 〈아기상어〉 등 10대 이전의 어린이들을 대상으로 하는 애니메이션 프로그램들도 전 세계적으로 확대되기 시작했다. 무엇보다 신한류는 기존 한류와 비교해볼 때 소셜미디어의 사용을 통한 한류 콘텐츠의 보급이라는 새로운 영역을 개척했다(Jin, 2016). 완성된 한류 콘텐츠의 수출에 더해 유튜브 등 소셜 미디어를 통해 직접 전 세계 한류 소비자들에게 다가가는가 하면, 최근 들어서는 넷플릭스 등 OTT 서비스 플랫폼을 통해 동시 다발적으로 전 세계 문화 소비자들을 움직이고 있다. 한류의 주 타겟이 동북아시아 위주에서 전 세계로 확산되었다는 것은 이제 강조할 필요가 없을 정도며, 소셜미디어와 디지

털 플랫폼의 등장과 사용에 따라 이러한 현상은 더욱 확산되는
중이다.

4. 초국가적 문화 흐름에서의 혼종화의 확대

혼종화는 1990년대 이후 미디어 연구에서 중요한 이론으로 등장하였다(Kraidy, 2005; Pieterse, 2009). 이전 국제커뮤니케이션 연구에서 주로 사용된 이론은 문화제국주의이론이었다. 전 세계를 중심부와 주변부로 나누어 중심부 국가의 문화가 주변부 국가로 흐르는 현상, 특히 미국 문화가 전 세계로 확산되는 현상을 설명하였다(Schiller, 1976). 문화 흐름에 대한 새로운 연구 경향은 그러나 국제 질서는 현존하는 중심-주변 국가 모델을 지양하고 더 복잡하고, 중첩되고, 분산되는 형태로서 이해되어야 한다고 지적하고 있다(Bhabha, 1994). 혼종성은 여러 요소가 만나고 변화되면서 중간 요소를 강조하는 제3의 문화 공간을 만들어내는 것이라는 주장이다(Bhabha, 1994). 혼종화를 주장하는 학자들은 서구, 특히 미국 중심의 문화 흐름이 더는 패권적이지 않으며, 여러 국가가 자국의 문화를 혼종화 과정을 통해 생산, 수출하고 있다고 지적한다. 당연히 문화 생산과 흐름에 있어 여러 주요 행위자가 등장하게 되면서, 문화의 일방적인 흐름을 주장하는 것은 적절하지 않다는 것이다. 과거 문화 생산, 수출에서 주요 역할을 수행하지 못했던 일부 주변 국가가 문화 혼종화를 통해 양질의 문화 상품을 생산해서 국제적으로 유동하기 때문이다.

혼종화는 그러나 그 해석에 있어 커다란 차이를 보인다. 1990년대 후반과 21세기 초반에 강조된 혼종화는 그 과정에서 탈정치화를 의미했지만, 최근에는 정치화를 의미하기 때문이다. 우선 혼종화에서의 탈정치화란 혼종화된 문화의 창조는 글로벌 오디언스를 겨냥한 탈문화 정치를 의미한다. 비서구 문화가 국제 무대에서 성공하기 위해서는 그들 자신의 원천적 문화 특징 cultural odor을 버려야 한다는 주장이다(Iwabuchi, 2004; Lu 2008). 문화의 비정치화는 매우 일반적인 현상이다. 일본의 애니메이션 등에서 나타나는 탈문화정치는 주로 서구 시청자들을 대상으로 일본의 특징을 없애는 것으로, 서구의 시청자들이 해당 문화 상품이 어느 나라에서 왔는지를 손쉽게 확인하지 못하게 되는 것이다. 이에 따라 타국의 문화를 수용함에 있어 크게 방어적이거나 견제하지 않고, 편하게 즐길 수 있다는 근거에 기인한다. 물론 이 과정에서 비서구 국가의 문화적 특징을 잃어버릴 가능성이 높다는 문제를 야기하고 있다.

그러나 혼종화는 무엇보다 혼종화 과정에서 지역 문화의 특징을 살리는 노력이 주로 지역 행위자들에 의해 주도되는 것을 의미한다는 것을 명심해야 한다. 서구와 비서구 간 문화를 혼종화 함에 있어 비서구 국가의 문화적 특징을 지워버리는 것이 아니라 비서구 국가의 특징을 살려 두는 것이 중요하다는 것이다. 혼종화되었다는 점에서 한 국가의 특징만을 강조하지는 않지만, 혼종화된 문화 내에서 비서구 국가의 특징이 존재하고 또는 강조되어야 한다는 의미다. 한류에 있어서도 혼종화는 탈 문화정치가 아닌 문화의 정치화가 중요하다고 할 수 있다. 전 세계에서 한류를 사랑하는 많은 팬은 한류 콘텐츠가 혼종화되었다는 것을 인지하고 있으며, 혼종화가 오늘의 한류를 만들었다는 것을 부정하지 않는다. 따라서 국내의 많은 문화 생산자, 즉 방송 PD, 영화 감독, K-pop 제작자들은 혼종화를 강조하고 있다(Jin et al., 2021).

그러나 문제는 일정 수준에서 탈정치화된 혼종화를 강조하는 것은 유의미하지만, 실제로 많은 한류 팬은 한국적 특징을 지난 혼종화된 문화를 선호한다는 점이다. 문화 생산자들은 국제적으로 마켓을 확장하기 위해 혼종화를 사용할 수밖에 없지만, 이 과정에서 한 국가의 문화적 특징은 지켜내야 한다. 일본의 경우, 애니메이션은 주로 아동 문화 시장을 대상으로 한다. 어린이들에게 국가 의미가 큰 문제가 아니라서 애니메이션은 글로벌 오디언스를 타겟으로 할 때 일본의 특징을 지워버려도 큰 문제가 아니었다. 한류 콘텐츠는 그러나 영화, 방송, K-pop, 웹툰 등 다양한 문화 장르가 포함되며 주로 10대와 20대는 물론, 청·장년층으로부터도 많은 사랑을 받고 있다. 따라서 한류 콘텐츠의 혼종화는 굳이 탈정치화를 강조하기보다는 더 적극적으로 문화 정치화된 혼종화를 강조하는 것이 필요하다. 봉준호 감독의 〈기생충〉, BTS의 〈IDOL〉, 그리고 넷플릭스에서 상영되어 전 세계적으로 인기를 끌었던 〈킹덤〉 등은 모두 일정 부분 혼종화를 단행했지만, 주로 한국 문화 특징을 강조한 대중문화로서 국제적

인 인기를 끌었다는 점을 간과해서는 안 된다.(진달용, 2022)

　대중문화의 제작에 있어 혼종화는 이제 거부할 수 없는 대세가 되었다. 문화적으로, 언어적으로, 기술적으로, 대중문화의 제작은 혼종화를 피해갈 수 없다. 그러나 한국적 혼종화는 탈정치화가 아닌 정치화를 강조하는 혼종화를 단행하는 것이 절대적으로 필요하다는 것을 인지해야 한다. 전 세계에서 한류 콘텐츠를 사랑하는 팬들은 해당 프로그램에서 한국적 특징을 발견하고, 이러한 이유 때문에 한국을 방문하고자 하고, 한국어를 배우고자 하며, 더 많은 한류 콘텐츠를 접하고자 한다는 사실을 잊지 말아야 한다.

5. 초국가적 문화 흐름에서 소셜미디어의 역할

2000년대 후반부터 시작된 신한류 시대는 혼종화라는 특징 이외에도 여러 가지 중요 요소가 작용한다. 이중 가장 핵심적인 요소는 소셜미디어라는 것을 부정할 수 없다. 유튜브를 중심으로 페이스북, 트위터 등 소셜미디어가 K-pop 등 한류 문화가 전 세계 오디언스에게 쉽게 다가갈 수 있는 통로로 작용하기 때문이다. 소셜미디어는 과거 한류 등 한 국가의 문화가 타 국가에서 소비되기까지 걸리는 시간을 줄여, 사실상 실시간 소비를 가능하게 했다는 점에서 큰 의의를 가지고 있다. K-pop 아이돌 가수들이 새로운 노래가 나오자마자 이를 유튜브 등을 통해 공개함으로써 전 세계 팬들이 동시에 즐길 수 있게 된 것이다. 특히 스마트폰을 항상 휴대하는 글로벌 청소년들은 언제 새로운 노래 등이 나오는지에 대한 정보를 공유하고 있어 자신들이 좋아하는 그룹이나 가수의 노래를 즉각적으로 감상하고 서로 공유함으로써 전 세계적인 공감대를 만들어내고 있다.

소셜미디어는 1990년대부터 시작되었지만, 실제로 전 세계적으로 크게 확대된 것은 2000년 중반부터다. 마이 스페이스My Space가 2003년 서비스를 시작한 이후 유튜브, 페이스북, 트위터 등이 한 해 간격으로 등장했고, 이에 따라 전 세계적으로 사용자가 급증했다. 소셜미디어는 특히 대중문화의 유통과 소비에 커다란 영향을 미쳤다. 소셜미디어의 급속한 성장이 신한류를 만들어내는 결정적인 역할을 수행했다는 것을 간과하기 어렵다. 현재 한류는 상당 부분 소셜미디어의 발전에 근거한 것으로, 유튜브나 페이스북 등이 없었다면 전 세계 청소년들이 한류 콘텐츠를 접하고 즐기지 못했을 것이기 때문이다. 다시 말해 신한류는 소셜미디어 추동 문화 현상으로 확대되고 있다고 해도 과언이 아니다(Jin, 2016).

신한류가 소셜미디어에 직접적인 연계가 있다는 측면은 두 가지 측면에서 주요한 의미를 가진다. 첫 번째는 참여 문화의 렌즈를 통해 소셜미디어 추동적 문화 소비를 강조(Jenkins et al., 2013)할 수 있다는 측면과 한류가 어떻게 한국 대중문화의 기술적 매개과 관련해서 주요 역할을 하게 되었는가(Jin & Yoon, 2016)를 중점적으로 살펴보아야 한다는 지적이다. 소셜미디어 추동 문화 현상은, 소셜미디어의 기술적 보급과 팬들의 사회화, 그리고 상호 간 주요 역할을 반영하기 때문이다.

신한류를 주도하는 소셜미디어는 여러 가지 차원에서 주목받고 있다. 소셜미디어 자체의 기술적인 특징은 물론, 사회적·텍스트적 차원에서도 중요하기 때문이다. 기술적 측면에서 신한류는 전통 미디어 대신 소셜미디어 등 뉴미디어에 의존하는 현상이 두드러진다. 한류 현상은 결국 문화 산업과 문화 소비자들이 소셜미디어상에서 중요한 역할을 하는지를 살펴보아야 한다.

소셜미디어를 통해 문화를 전파하고 소비하는 소셜미디어 속에서 문화 활동을 전개하기 때문이다(Jin and Yoon, 2016). 소셜미디어의 사회적 차원은 한류의 전파가 참여문화를 향상시키거나 이에 의해 향상된다는 것이며, 한류 팬들은 한류 콘텐츠의 변역을 추구하며, 문화 콘텐츠를 공유하면서, 자신들의 정보와 감정을 공유하면서 한류 확산에 기여하고 있다는 것이다. 신한류는 한류 팬들이 상호 연계하는 수단이며, 그들의 네트워크를 통해 문화적 감성을 형성하는 것이기도 하다.

예를 들어 BTS가 전 세계적으로 청소년들의 인기를 얻고 있는 또 다른 중요한 이유는 다른 아이돌 그룹과 달리 소셜미디어 사용에 있어 특징적인 모습을 보이고 있기 때문이다. BTS는 소셜미디어 사용에 있어 자유를 확보하고 있으며, 소셜미디어를 통해 팬들과 교류하며 이에 따른 팬덤을 형성하고 있다. 앞장에서도 설명했듯이 대부분 아이돌 그룹이 부정적인 이미지가 외부로 노출될 경우 받게 될 이미지 손상을 우려, 멤버들의 소셜미디어 사용을 제한하는 반면, BTS는 소셜미디어를 통해 자신들의 일상을 가감없이 보여줌으로써 많은 팬과 공감대를 형성하는 것이다. BTS 멤버들은 페이스북, 틱톡, 인스타그램, 그리고 트위터 등을 통해 K-pop 소통을 함께 실행함으로써 팬들과 동질감을 실현하는 것이다. 무엇보다 BTS 소속사인 빅 히트 엔터테인먼트는 2019년부터 모바일 앱이자 웹 플랫폼인 위버스를 출범, 전 세계 많은 팬을 자신들이 만든 플랫폼으로 끌어 들여 팬덤 형성에 큰 기여를 하고 있기도 하다(장혜진, 2020). 소셜미디어와 넷플릭스 등은 모두 디지털 플랫폼의 대표적 형태다. 21세기 신한류 시대에 가장 중요한 문화 소통의 도구다. 따라서 디지털 플랫폼과 한류를 분리해 생각할 수 없는 시대에 살고 있다는 점을 직시해야 한다.

6. 나가며

2020년대 들어 한류는 또 한 차례 큰 변화를 맞이하고 있다. 한류 초기 문화 콘텐츠가 문화 상품의 수출과 DVD나 CD등 문화상품의 소유에 의해 특징 지워졌으며, 신한류 시기는 소셜미디어를 통한 한류 소비가 큰 비중을 차지하고 있다. 여기에 더해 최근에는 넷플릭스 같은 OTT 플랫폼을 통해 한류 콘텐츠가 전 세계로 전파되고 있다는 특징을 보이고 있다. 특히 2019년 말부터 시작된 COVID 19의 영향으로 사회적 거리 두기가 확산되고, 재택 근무가 강화되면서, 문화 콘텐츠를 OTT 서비스를 통해 소비하는 시청자들이 급증했다. 이 와중에 한류 콘텐츠가 큰 인기를 더하면서, 영화와 방송 부분 모두 한류의 확산이 크게 이루어졌다.

앞에서 설명한 바대로 전 세계 한류 팬들은 세 가지 차원에서 한류를 소비하고 있었다. 한류의 글로벌 인기는 문화 생산과 소비에 있어 소셜미디어의 등장과 매개로 성장을 거듭한 데 있어 또 다른 차원의 기술인 OTT 서비스 플랫폼에 의해 다시 한번 변화를 겪고 있다. 그동안 한류의 지속적인 인기와 성장으로 넷플릭스가 한류 콘텐츠의 제작과 상영에 많은 투자를 함으로써 한류의 전 세계적 확산에 일조하고 있다.

물론 신한류에서 한류 콘텐츠의 소셜미디어 매개 확산은 글로벌 파워와 지역 파워 간 갈등을 상쇄한 것을 의미하지 않는다. 아직도 헐리우드 등 미국 콘텐츠의 지배는 지속되고 있으며, 넷플릭스 등 OTT 플랫폼과 유튜브 등 소셜미디어 역시 미국 플랫폼이기 때문이다. 당연히 경제적 이익이 주로 이들 플랫폼으로 흘러 들어간다는 측면에서 미국의 지배가 강화되고 있다고 보는 것이 타당하다.

국내 문화 산업은 한류 콘텐츠의 제작에서 한국적 특성을 강화하는 전략적 사고를 확대해야 하며, 글로벌화된 지역 색채를 강화해야 한다. 소셜미디어와 OTT 플랫폼에 의해 매개된 대중문화 흐름의 독특한 브랜드로서 입지를 구축하고 확대하는 문화적 문맥 속에서 강화되어야 하기 때문이다. 무엇보다 대중문화는 해외에 퍼져나가 있는 이주민들의 다문화 사회에서 에스닉 미디어와 함께 해당 국가의 다문화 사회의 동질성을 형성하고 발전해 나가는 데 큰 역할을 하고 있다는 점을 잊어서는 안 된다. 인터넷과 소셜미디어가 발전되기 이전부터 해외 이주민들은 해당 국가의 영화나 텔레비전 드라마를 VHS나 DVD 등을 통해 시청했으며, 이후에는 인터넷과 소셜미디어를 통해 소비하면서 다문화 사회의 동질감을 형성하는 데 큰 역할을 했다. 한류는 이미 한국 이주민들이 중심이 되어 소비하던 단계를 지나서 전 세계 수백만 명이 즐기는 고유 콘텐츠가 되었다. 그러나 한류는 누구보다 한국 이주민들이 즐기는 한국 콘텐츠기도 하다.

7장

—

다문화 사회의 재인식과
다중문화주의로 가는
미래 구상

———

임재해

1. 다민족의 구성 양상과 다문화주의의 적실성

한국 사회는 다민족 국가도 아니려니와 다문화 국가도 아닌 까닭에 다문화주의가 적용될 수 없는 사회다. 다문화주의는 다수 민족이 국가를 구성하는 미국, 캐나다, 호주 등에서 민족에 따른 문화 차별과 사회적 갈등을 해결하기 위해 출현된 사조다. 다민족 국가로서 다문화가 공존하더라도 민족 차별에 따른 문화 차별이 심각하지 않은 사회는 다문화주의가 긴요하지 않다. 그러므로 민족 구성의 역사적 과정과 문화적 차별 양상이 유기적으로 포착되지 않으면 다문화주의는 현실 문제와 겉도는 공허한 논의에 그칠 수 있다.

다문화가 공존하는 다민족 국가는 두 가지 유형이 있다. 하나는 오랜 역사적 전개 과정에서 여러 민족이 공존하는 토착민 중심의 국가 유형이고, 둘은 식민지 개척 과정에서 유럽인의 정복에 의해 근대에 구성된 이주민 중심의 국가 유형이다. 중국과 몽골 등은 앞의 유형으로서 토착민 중심의 전통 다민족 국가라고 한다면, 미국과 캐나다 등은 뒤의 유형으로서 이주민 중심의 근대 다민족 국가라 할 수 있다. 근대 다민족 국가는 사실상 영연방으로서 영국과 뗄 수 없는 관계에 있을 뿐 아니라 여러 민족의 원주민 사회를 정복한 결과 성립된 것이다. 그러므로 19세기 전후에 만들어진 근대 다민족 국가는 인류 역사상 아주 특이한 국가 형태로서 자국 사회의 구조적 모순을 해결하기 위해 다문화주의가 대두될 수밖에 없다.

중국과 몽골처럼 전통 다민족 국가는 근대 다민족 국가와 달리 민족에 따른 문화 차별이 구조적 모순으로 문제되지 않아서 다문화주의가 유용하지 않다. 중국은 소수 민족 우대 정책을 펼친 까닭에 자민족 언어와 문자를 사용하고 민족 문화의 전통을 보호 받고 있다. 사회주의 체제가 민족 자결과 자치를 인정할 뿐 아니라 중국 헌법은 모든 민족의 평등을 보장하고 한족과 대등한 권리를 인정하므로 소수 민족에게는 계획 출산을 완화해주고 명문 대학 진학과 취업을 우대한다. 그러므로 중국은 다문화주의보다 더 진전된 소수 민족 우대 정책을 펼치는 국가다.

몽골은 여러 소수 민족이 서로 대등한 관계에서 동질적 수준의 유목 문화를 누린다. 언어와 관습이 서로 달라도 상하 종속 관계의 민족 차별이 존재하지 않는다. 따라서 특정 민족이 몽골의 지배 문화를 이루며 다른 민족의 문화를 억압하는 일은 없다. 자연히 근대 다민족 국가처럼 주류 문화가 있어서 비주류 문화를 소외하거나 차별화하지 않는다. 모든 민족이 서로 대등한 문화를 누리며 공존하는 까닭에 다문화주의가 불필요하다.

그러나 근대 다민족 국가는 주류 민족과 비주류 민족이 지배와 피지배 관계를 이루고 있어서 문화 차별이 심각하다. 더군다나 주류 민족은 식민지를 개척한 백인 이주민들로서 여러 종족의 원주민을 일방적으로 침탈한 제국의 정복자들이다. 따라서 백인과 원주민 사이에는 선진 문화와 미개 문화 또는 지배 문화와 피지배 문화 차별이 엄존한다. 이주민 가운데도 유럽인과 제3세계 민족 사이의 문화 차별이 심각하다. 그러므로 사회적 안정을 위해서는 비주류 문화를 대등하게 인정하는 다문화주의가 긴요하지 않을 수 없다.

따라서 같은 다민족 국가라도 전통 다민족 국가에서는 다문화주의가 유용하지 않다. 이미 다문화가 상대적으로 대등하게 인정되거나 때로는 우대되기 때문이다. 하물며 한국처럼 전통적단일 민족 국가에서는 다문화주의가 전혀 맞지 않다. 아예 다민족 사회가 아닌 것은 물론 다문화 사회가 아닌데 다문화주의를표방하는 것은 남도 장에 간다고 하니까 거름 지고 장에 가는 격이다. 다문화주의는 어느 사회에서나 적용된다는 사고방식은 성급한 일반화의 오류다. 그것은 미국이나 캐나다, 호주처럼 다민족의 이민으로서 구성된 기이한 다문화 국가를 사대한 나머지 자국을 그들의 국가와 동일시하는 현상일 따름이다. 그러므로한국 사회의 민족적 구성과 문화적 정체성부터 제대로 포착하는 것이 긴요하다.

한국 사회는 어느 유형의 다민족 사회에도 속하지 않는 것은 물론, 오히려 단일 민족 사회로서 문제된다. 다문화는 다민족사회에서 형성된 까닭에 한국은 다문화 국가라기보다 단일 문화국가로 포착하는 것이 정확한 이해다. 왜냐하면 단일 민족으로구성된 한국에는 다른 나라들과 달리, 다양한 소수 민족 문화가 존재하지 않기 때문이다. 한국에는 서구로부터 전래된 외래 문화가 압도할 뿐 여러 민족의 다양한 문화가 병립하지 않고 있다. 그러므로 다문화주의 이전에 현 단계 한국 사회의 성격부터 다문화 사회와 견주어 상대적으로 이해하는 논의가 앞서야 할 것이다.

2. 한국 사회의 특성에 어긋난 다문화주의 표방

　최근 30년 사이에 도시에는 외국인 노동자가 많이 유입되고 시골에는 외국인 혼입 여성들이 늘어나서 한국을 다문화 사회로 착각하는 경우가 많다. 그러한 착각은 다문화주의의 일방적 수용에서 비롯된 오류다. 한국 사회처럼 외국 국적을 가진 사람들이나 다른 인종의 사람들이 유입해서 더불어 살기 시작하는 것은 현대 국가의 일반적 추세다. 그러나 이처럼 외국인들이 일자리나 혼인을 위해 개별적으로 이주해 사는 것은 다민족 사회도 다문화 사회도 아니다. 굳이 말한다면 다국적 사회 또는 다인종 사회일 따름이다.

　다국적 사회는 일시적 취업을 위해 여러 나라 사람이 자기 국적으로 가지고 잠정적으로 머무는 사회를 말한다. 한국 사회는 공장 노동은 물론, 농업 노동을 위해 일시적으로 들어와서 취업하는 외국 국적 노동자가 많아서 다국적 사회로 변화하고 있다. 대부분 제3세계에서 입국하는 노동자가 많기 때문에 인종적으로 보면 다인종이 거주하는 사회다. 그러나 다인종 사회는 일시적 체류에 의한 것이 아니라 여러 인종이 붙박이로 정착해 사는 사회다.

다국적 노동자들이 한국에 자리를 잡고 정착하기 시작하면 한국 사회는 다국적 사회에서 다인종 사회로 변모할 것이다. 국제적 이동과 교류가 빈번한 시대에 이르면 소수 민족 사회 외에는 어느 나라나 단일 민족 사회에서 다국적 사회, 다인종 사회로 가기 마련이다. 그러나 다인종 사회가 다민족 사회는 아니다. 특정 인종이 공동체를 이루고 집단 생활을 하며 문화적 정체성을 지닐 때 비로소 민족으로 규정되는 것이다. 다민족 사회를 기반으로 다문화 사회가 형성되는 까닭에 다인종 사회는 다문화 사회가 될 수 없다. 그러므로 여러 인종이 특정 사회 속에서 산발적으로 흩어져 제각기 존재하는 경우는 다민족 사회도 다문화 사회도 아니다.

다민족 사회는 다인종 사회와 달리, 일정한 공동체를 이루는 여러 민족으로 구성된 사회를 말한다. 특정 문화는 특정 집단, 곧 특정 사회의 구성 속에서 존재한다. 한 개인의 생활 양식은 버릇이자 습관일 뿐 관습으로서 문화를 이루는 것은 아니다. 문화는 특정 개인의 산물이 아니라 일정한 공동체의 산물이기 때문이다. 인종은 개체 개념이지만, 민족은 공동체 개념이다. 그러므로 인종 문화는 없어도 민족 문화는 자기 정체성을 지니기 마련이다.

공동체와 민족, 문화는 함께 가는 개념이다. 특정 국적을 가진 한 개인 또는 특정 인종의 한 개인은 다른 민족 사회로 이주하여 생활하는 동안 현지 문화에 동화되기 마련이어서 자문화를 오롯이 지키기 어렵지만, 타국적자나 타인종이 집단을 이루고 공동체 생활을 하는 경우에는 현지 문화에 동화되지 않고 현지 문화와 구별되는 자문화를 오롯이 지켜 나갈 수 있다. 세계적으로 가장 두드러진 보기로 차이나타운형과 집시형이 있다.

차이나타운형은 정착형이고, 집시형은 이동형이다. 일반적으로 장착형의 차이나타운형이 대세를 이룬다. 중국인들은 한국을 비롯한 아시아, 유럽 각국에서 집단 취락을 형성하고 자문화의 전통을 개성 있게 유지한다. 다문화 국가에서는 차이나타운 외에도 자펜타운. 코리아타운을 비롯해서 멕시코타운, 아랍타운 등 다민족 집단들이 제각기 자민족 문화를 누리는 까닭에 다민족 사회는 다민족 문화가 공존하기 마련이어서 다문화 사회일 수밖에 없다. 한국 사회에는 차이나타운을 이루는 중국인들 외에는 자문화를 누리는 민족 집단이 없다. 따라서 한국에 외국인 거주자가 많아도 다민족 국가나 다문화 사회라 하기 어렵다. 앞으로 외국인 혼입 여성이 늘어나고 외국인들이 한국에 정착해 사는 인구가 늘어나도 다인종 사회 또는 다국적 사회일 수는 있어도 다문화 사회는 아니다.

한국을 단일 민족 국가라고 하는 것은 다른 인종이 살지 않는 단일 혈통의 순수 민족 집단이라는 말이 아니다. 한국 사회에는 이민족 공동체가 없다는 말이다. 중국에는 50여 족의 소수 민족이 있고, 몽골에도 10여 소수 민족이 있으며, 일본에도 상당수의 소수 민족이 있다. 그러나 아시아에서 유일하게 한국에만 소수 민족이 없다. 따라서 소수 민족 문화도 없다. 그러므로 단일 민족, 단일 문화로 자리매김하는 것이다.

한국이 단일 민족 국가이기는 해도 국제적 교류와 이주 또는 이민으로 여러 국적의 여러 인종이 더불어 살고 있다. 인종이나 국적이 다양한 사회라고 해서 문화가 다양한 것은 아니다. 다양한 민족이 제각기 집단을 이루며 공동체 생활을 할 때, 민족마다 자문화의 정체성이 확보될 수 있어야 다문화 사회가 성립된다. 따라서 서로 다른 민족 공동체가 공존하지 않는 한국 사회는 다문화 사회라 할 수 없다. 그러므로 단일 민족, 단일 문화이면서 다인종 사회를 근거로 다문화주의 논리를 펴는 것은 한갓 공론일 수밖에 없다.

어떤 국가든 다문화 사회로 일반화하여 다문화주의를 우상화하게 되면 신대륙을 정복한 근대 다민족 국가의 식민 지배를 정당화하게 될 뿐 아니라 다문화주의의 문제점과 역기능을 비판적으로 인식할 수 없게 된다. 프랑스 사회학자 부르디외Pierre Bourdieu는 미국의 다문화주의를 지식인들이 애매한 표현으로 여론을 조작하는 상투적인 노블랑그Novlangue로 비판한다(피에르 부르디외, 2014). 다문화주의는 미국 사회가 안고 있는 모순과 위기를 감추는 것이자 집단주의와 포퓰리즘, 도덕주의 등 미국의 세 가지 악덕을 빚어냈다고 보기 때문이다.

왜냐하면 다문화주의는 주류 사회와 비주류 사회, 다수자와 소수자라는 이분법적 권력 차이를 전제해두고 두 집단 사이의 문화적 차이를 인정함으로써 우열 관계를 고정화하면서, 불평등 구조의 해체를 위한 변혁 활동에는 관심을 기울이지 않기 때문이다(하윤수, 2009). 두 집단 사이의 상호 소통과 문화적 공유를 목표로 하지 않은 채 서로의 차이와 특성을 존중한다는 것은 소수 집단에게는 배타적일 수밖에 없다.

자문화 중심의 집단주의는 특정 민족의 분리로 사회 분열을 고착하고, 포퓰리즘은 지배 구조의 메커니즘을 분석하기보다 피지배층 문화의 찬양으로 인기에 영합하는 데 머물고 만다. 그리고 도덕주의는 정체성 인정에 관한 결론 없는 토론을 양산하며 사회 체제와 경제 차별의 실제 문제를 외면하게 만든다(피에르 부르디외, 2014). 따라서 서로 다른 여러 문화의 공존과 관용, 통합을 지향하는 다문화주의가 오히려 분리와 차별을 조장하기도 한다. 그러므로 미국의 다문화주의는 학자들이 '문화적 인정'을 현학적으로 다루며 자기 만족에 빠지는 동안에 비주류 계층과 소수 민족의 일상적 소외 문제는 고스란히 그들의 고민거리로 남게 만들 따름이다.

3. 다문화주의의 한계와 문화적 선택의 자율성

다문화주의가 소수자 문화의 차이를 인정하고 문화적 공존을 시도하여 문화 다양성을 유지하는 장점이 있기는 하지만, 집단의 차이를 범주화하고 경계선을 확정함으로써 불평등을 외면하거나 개인의 자발적 동화주의 의지를 무시하는 결과를 빚을 수 있다. 따라서 결과적으로 음식이나 춤, 옷차림, 노래 등 표면적인 문화적 다양성을 즐기게 한다(M. Mahtani, 2002). 그러나 그러한 다양성의 차이는 다수자의 구경거리로 존재하기 일쑤일 뿐 소수자의 경우는 형식적 전통의 틀에 귀속되고 자문화의 고정관념에서 벗어나지 못하게 하는 장애가 될 수 있다. 그러므로 주류 집단에 의한 소수자 문화의 시혜적 인정은 소수자 문화를 종속할 뿐 아니라 소수 집단의 문화적 창조력과 문화 변동의 역동성을 약화하는 기제로 작동되기도 한다.

다문화주의는 소수자 문화도 대등하게 존중한다는 도덕주의에 입각해서 문화적 소외 집단을 끌어안는 포퓰리즘에 영합함으로써 사실은 주류 집단의 안정적 지배력을 도전 없이 누리는 또 다른 집단주의라 비판 받게 되는 것이다. 이러한 문제를 해결하려면 대등한 인정을 넘어서 상호 수용이 이루어져야 한다. 차이를 본질적 전제로 이루어지는 주류 집단의 일방적이고 시혜적인 소수자 문화 인정이 아니라 다수자와 소수자의 문화 경계를 넘어서 서로 다른 문화에 대한 호기심을 가지는 한편, 자문화의 한계를 성찰하는 계기로 삼아야 한다.

자문화에 대한 타문화의 공감과 타문화에 대한 자문화의 재인식이 함께 일어나 서로 공명하는 가운데 타문화를 수용하고 습득함으로써 두 문화와 집단이 역동적으로 어울림을 이루는 상생적 변화(임재해, 2008a)로 나아가는 것이 다문화주의를 넘어서는 다중문화주의다. 뒤에 다중문화주의에 관해 더 논의하겠지만, 우선 다문화주의와 차이를 정리함으로써 다문화주의의 대안으로서 다중문화주의를 제기한다.

다중문화주의는 다문화주의처럼 소수자 문화를 대등하게 여기는 배타적 존중에 머무는 것이 아니라 소수자 문화를 비롯한 타문화를 적극 수용하여 익히고 통용함으로써 생활 세계 속에서 자문화와 타문화를 함께 누리는 것이 다중문화주의다. 민족 집단에 따라 병립적으로 존재하던 여러 문화를 서로 교류함으로써 민족 집단마다 타민족 문화들을 다양하게 수용하여 공유하게 된다. 그러므로 다중문화주의가 실현되면 어떤 민족 집단이든 자문화와 타문화를 다중적으로 누리게 되는 것이다.

다문화주의와 달리, 다중문화주의는 미국이나 캐나다, 호주처럼 이민에 의해 구성된 근대 다민족 국가에 한정될 필요가 없다. 세계화 시대는 지구 공동체 시대로서 타문화와 빈번한 접촉과 교류가 있기 마련이다. 따라서 다중문화주의는 근대 이민 국가에 한정되는 이념이지만, 다중문화주의는 세계 어느 나라에도 통용되는 이념이 될 수 있다. 한국 사회에서 다문화주의는 제격이 아니지만, 다중문화주의는 세계화를 진전하고 지구 공동체를 이루는 데 이바지할 수 있으며, 다국적 사회로 진전될수록 더욱 유용한 대안 체제가 될 수 있다.

그러나 현재로서 다문화주의는 적용조차 어렵다. 다문화주의로 가려면 자문화의 회복과 더불어 제3세계 외국인들의 문화도 일정하게 존재해야 하는 까닭이다. 그러자면 우선 문화적 기반으로서 다민족 사회부터 구성해야 한다. 제3세계 외국인들이 자민족끼리 집단 생활을 하며 공동체 문화를 누릴 수 있도록 해야 여러 민족 사회가 구성되고 민족마다 자문화의 정체성이 살아날 수 있다.

그러자면 외국인들이 민족 공동체를 이루도록 집단 거주지를 마련해주는 한편, 민족 공동체 안에서는 그들의 문화가 통용되도록 법적 보장과 제도적 뒷받침을 해줘야 한다. 다민족 사회가 건강하게 이루어지려면 다문화주의의 가치만 전제되어서는 안 된다. 민족 다양성과 문화 다양성이 미래 국가를 건강하게 만들고 새로운 문화 창출에 도움이 된다는 가치관도 확립되어야 한다.

그러나 이러한 정책도 정부에서 시혜적으로 베풀어져서는 이주민들의 문화선택권을 박탈하는 부작용이 따른다. 한국 사회에 통합되어 한국 문화를 누리며 살고자 이주해온 동화주의자들을 민족 집단에 귀속하는 다문화주의는 오히려 이주민들을 배타적으로 격리하는 역기능을 한다. 따라서 비주류 소수 민족들이 다문화주의를 거부하는 사례도 있다. 스웨덴에서 이민자들은 다문화주의가 이민자 사회를 통제하고 특정 집단으로 고정하는 수단으로 보고 다문화주의를 거부한다(마르코 마르티니엘로, 윤진 옮김, 2002).

그런데 한국에서는 다문화주의를 표방하지만, 실제 정책에서는 한국 문화 동화주의 내용이 주류를 이룬다. 국제혼 여성들을 학계에서는 '결혼 이민 여성'이라 한다. 특히 제3세계 여성들에 한정된 것이다. 이런 차별성을 극복하기 위해 '혼입 여성'(임재해, 2009b)이라 일컬었지만, 이 논의에서는 가치 중립적으로 '국제혼 여성'이라 일컫는다. 국적과 남녀의 차별 없이 일컬을 수 있는 용어다.

여성들을 대상으로 한 한국어 교육과 김치 담그기 활동 등이 전형적 보기다. 국제혼 남성들을 대상으로 한 아내 국가의 언어 교육 프로그램은 들어본 적이 없다. 아내 나라의 음식 만들기 행사도 금시초문이다. 따라서 대부분의 정부 지원 행사는 동화주의에 한정되어 있다고 해도 지나치지 않다. 그렇다고 하여 국제혼 여성들의 동화주의 프로그램이 필요 없다는 말은 아니다. 그들에게 필요한 지원이자 그들 스스로 원하는 것일 수 있기 때문이다.

그러므로 동화주의든 다문화주의든 그들이 자유롭게 선택하도록 열어두는 것이 바람직하다. 현실에 맞지도 않고 이해하기도 어려운 서구 세계의 다문화주의를 무턱대고 끌어들이는 것이 문제인 것처럼 이주민들의 처지와 생각을 고려하지 않고 한국인의 시각에서 동화 정책을 시행하거나 다문화 사회를 만들어 가는 것 또한 문제다. 만들어진 다문화주의의 억지 적용이 아니라 한국에 체류하고 있는 제3세계 외국인들과 공동으로 문화 정책을 새로 만들어가야 인종과 문화 차이가 차별을 넘어 상생 관계를 이루는 창조적 다문화 세상을 일구어갈 수 있을 것이다. 그러자면 정부에서 제3세계 외국인이나 국제혼 가정을 위한 정책을 수립하기 전에 먼저 그들의 의견부터 다양하게 수집하는 수요자 조사가 필수적이다. 왜냐하면 그들의 문화 주권 또는 문화 향수권을 존중해야 하는 까닭이다.

제3세계 외국인을 평등하게 대하려면 외국인을 자국민보다 더 우대하는 제도를 만들어가야 한다. 중국이 소수 민족을 우대한 것과 같은 수준의 우대 정책이 필요하다. 같은 일자리라도 외국인 근로자에게는 임금을 더 많이 주고, 같은 시민이라도 외국인에게는 더 많은 배려를 해주어야 한다. 외국인들이 경제적으로 더 혜택 받고 일상생활에서도 더 배려해주는 사회가 세계화 시대에 가장 문화적인 사회라 할 수 있다. 그쪽으로 가려면 민주 시민에서 나아가 약자를 배려하고 인류의 공동선을 지향하는 홍익인간으로 거듭나야 한다.

정부가 나서서 정책적 뒷받침을 적극적으로 감당해야 효과를 거둘 수 있다. 정부는 외국인 근로자의 임금에는 세율을 아주 낮게 책정하고 외국인 근로자 수당을 별도로 지급할 수 있도록 제도화해야 한다. 국제혼 여성들에게는 일정한 교육을 이수한 뒤에 자국어 교육 강사 자격증을 주고 학교에서 외국어 강사로 채용하도록 일자리를 마련하는 한편, 국제혼 자녀들에게는 학비를 면제하고 제2외국어 수강을 통해 영어 대신에 어머니 나라의 언어를 외국어로 익힐 수 있도록 허용해주며 방학 때는 연중 1회 어머니 나라를 일주일 이상 여행할 수 있도록 체류비를 보조해주도록 한다.

한국 사회를 세계화 시대에 맞게 이중 언어 사용자, 이중 문화 향유자가 존중 받는 사회를 만들어야 한다. 타자에 대한 관심, 타문화에 대한 호기심, 이문화에 대한 동경을 가지고 다른 문화와 상생적 만남으로 아름다운 다문화 꽃밭을 이루는 것이 진정한 문화적 세계화라는 사실을 자각하고 교육 방향을 혁신하는 것이 긴요하다. 영어 중심의 외국어 교육과 서구 중심의 국제화 정책은 20세기적 발상이다.

세계화가 진전될수록 다중 언어 사용자, 다중 문화 향유자가 존중 받을 수밖에 없다. 아시아도 EU처럼 문화적 공동체를 만들어야 한다. 이제 자국에 줄곧 머물러 살면서 자문화만 누리던 시대는 지나가고 있다. 앞으로는 외국 여행과 외국 이민 또는 외국인의 유입 또한 더 자유로워지고 더 빈번해진다. 지금 제3세계 외국인이 많이 들어오는 것은 미래를 위해서 다행한 일이다. 국제적 관계를 나라 안에서 경험할 수 있는 좋은 기회 제공이다. 민족적으로 닫힌 한국 사회를 열린 사회로 만드는 데 크게 이바지한 것이 제3세계 외국인들이며, 순혈주의 민족의 한계를 극복하는 데 결정적인 구실을 한 것이 국제혼 여성들이다. 그러므로 한국의 미래를 위해 외국인들을 차별할 것이 아니라 우대하고 고맙게 생각해야 밝은 전망이 열린다.

4. 자문화 소외 현상에 따른 다문화주의의 충돌

　　현재 한국 사회의 현실을 고려할 때 다민족 사회나 다문화 국가로 가는 일은 쉽지 않다. 한국 사회에서 외국인들이 자력적으로 민족 공동체를 이루기 어려운 상황일 뿐 아니라 오랜 단일 민족 사회의 전통과 식민지 경험에 따른 배타적 민족주의로 외국인들의 집단 거주는 물론, 민족 공동체 수립을 쉽게 허용하는 사회적 환경 조성이 어려운 까닭이다. 게다가 전 근대 시기의 미국이나 캐나다, 호주, 남미 국가의 이민처럼 특정 민족이 집단적 이민으로 외국에 정착하여 마을과 도시를 이루고 사는 시대는 지났다. 난민들의 집단 이주 외에는 그러한 정착촌을 기대하기 어렵다. 게다가 다른 나라들보다 한국에서는 난민들의 이주 허용에 대하여 극단적인 거부감을 드러내고 있다. 그러므로 한국에서 다민족 사회를 토대로 한 다문화 국가 만들기를 추구하는 것은 사실상 무리라 하지 않을 수 없다.

　　더 문제는 굳이 다문화주의를 위해 다민족 사회로 가야 할 이유가 없다는 점이다. 우선 다민족 사회가 단일 민족 사회보다 바람직하다는 보장도 없다. 미국이나 캐나다, 호주가 다문화주의를 추구하는 것은 그것이 이상이어서가 아니라 다민족 사회의 문화적 갈등을 해결하는 수단일 따름이다. 따라서 다문화주의는 목적 지향적인 의미 가치로 등장한 것이 아니라는 사실과 함께 다민족 사회는 필연적으로 민족 모순이 존재하기 마련이라는 사실을 함께 자각해야 한다. 더군다나 다민족 사회는 이주민들의 선택에 의해 만들어지는 것이기 때문에 한국인들이 원한다고 만들어낼 수 있는 것도 아니다. 자칫하면 전쟁 난민들의 집단 수용처럼 난민 정착촌을 만들어 난제에 빠질 수 있다. 그러므로 다문화주의를 목적으로 다민족 사회를 추구하는 것은 여러모로 문제적이다. 왜냐하면 수단을 목적으로 치환하여 억지 정책을 펼치게 되는 까닭이다.

그렇다고 하여 지금처럼 단일 민족, 단일 문화 사회로 가는 것이 바람직하다는 뜻은 아니다. 세계화 시대에 적응하며 문화의 세기로 가려면 단일 민족, 단일 문화 사회는 미래 사회로 발전하는 길에 장애가 된다. 문화의 세기는 빈번한 문화 교류와 문화 다양성이 꽃피는 세기며, 세계화는 민족의 경계를 넘어서서 지구촌이 하나의 마을처럼 유기적 긴밀성을 확보하는 공동체 세계다. 그러므로 배타적인 민족주의와 고립적인 문화 단일성 유지는 우리 시대에 극복되어야 할 과제다.

현대 세계는 지구 공동체로서 국제적으로 서로 긴밀하게 오고 가고 소통하며 교류하는 것이 일상인 시대로 가고 있다. 따라서 굳이 세계화를 표방하지 않아도 민족과 민족이 서로 소통하며 교류하지 않을 수 없다. 그러므로 국제적 이주는 물론 문화 교류도 거부할 수 없게 되었다. 가)의 나라에서 태어나, 나)의 나라에서 유학하고, 다)의 나라에서 취업하여 직장생활을 하다가 은퇴하여, 다)의 나라에 머물거나, 가)의 나라로 돌아와 여생을 마칠 수 있다. 따라서 일생 동안 유학과 혼인, 직업 선택을 위해 국제적 이동과 이주는 물론, 이민도 아주 빈번해질 수밖에 없다. 그러므로 다국적 사회 또는 다인종 사회는 일반적이며, 외국 문화의 유입과 교류도 필연적인 시대로 가고 있다.

한국 사회도 다국적·다인종 사회로 가는 것이 현실이다. 그러나 한국 사회는 서구 문화가 주류 구실을 하는 까닭에 자문화는 비주류로 밀려난 특수한 상황이다. 민족 구성으로 보면 단일 민족 국가인데도 문화는 단일 민족 국가답지 않게 오히려 외래 문화가 석권하고 있다. 민족 문화의 정체성 확보는커녕 전통 문화마저 제대로 전승되지 않는 까닭이다. 그럼에도 다문화주의를 표방하면서 제3세계 이주민이나 노동자, 국제혼 여성을 위한 타문화 정책을 펴는 데 열중한다. 마치 민족 문화를 옹호하면 다문화주의를 위배하는 국수주의로 간주되는 경향이다.

다문화주의는 민족 문화와 양립할 수 없는 것으로 생각하는 것이 다문화주의에 관한 또 다른 오해다. 다민족 문화의 공존에서 출발한 것이 다문화주의므로 저마다 자민족의 문화적 정체성을 확보하지 못하면 다민족 문화가 존재할 수 없고, 다문화주의도 존립 근거를 상실하게 된다. 따라서 다문화주의는 여러 민족이 제각기 자민족 문화의 정체성을 확립하고 있을 때, 주변부의 타민족 문화들을 대등하게 여기고 그 정체성과 다양성 가치를 인정하는 것이다. 그러므로 현 단계 한국 사회에서는 다문화주의를 표방하기 전에 한국 문화의 정체성부터 확립하고, 다음 단계로 다민족 사회를 만들어가야 한다.

다문화주의든 다중문화주의든 자문화의 정체성을 중심으로 다문화 세계를 지향하고 문화 다양성을 추구한다. 따라서 자문화 없는 다문화나 문화 다양성은 사실상 문화적 식민지로서 자문화 중심의 단일 문화보다 더 위험하다. 따라서 국제 사회가 다문화의 세계를 이루려면 나라마다 자문화의 정체성을 확보하는 것이 무엇보다 긴요하다. 자문화의 정체성이 다양하게 어울릴 때, 비로소 다문화가 성립되고 문화 다양성이 확보되는 까닭이다. 그러므로 자문화의 정체성 없는 다문화는 사실상 성립될 수 없으며 비록 성립된다고 하더라도 알맹이 없는 껍데기 다문화에 머무르게 된다.

한국 사회는 다문화주의를 표방할 만큼 자문화의 정체성이 중심을 이루고 있는가 성찰하는 것이 긴요하다. 왜냐하면 한국 문화는 민족 문화로서 정체성보다 일제 강점기에 이식된 일본 문화와 해방 이후 거세게 밀려들어 온 미국 중심의 서구문화가 주류를 이루는 까닭이다. 가장 기본적인 의식주 문화 가운데 식문화의 전통을 제외하면 의생활의 양복 문화와 주생활의 양옥 또는 아파트 문화가 우리 사회를 석권했다. 따라서 한복과 한옥은 희소 가치로 주목 거리가 되고 있어서 오히려 주변부 문화 또는 소수자 문화, 비주류 문화 구실을 하고 있다.

종교 문화도 미국의 영향으로 기독교가 석권하고 있다. 토착 종교인 무교와 전통 종교인 불교, 유교를 누르고 한국 종교

문화의 꼭지점에 기독교가 있다. 기독교는 신도 수도 많을 뿐 아니라 신앙의 밀도도 높고 영향력도 크다. 주기적으로 국가조찬 기도회를 하는가 하면, 국가 공식 행사에 기독교 의식이 포함되기도 한다. 시가지에 빌딩 규모의 교회와 성당이 우뚝하고, 밤에는 붉은 십자가의 불빛이 도처에 즐비하다. 그러므로 다수자 종교이자 주류 종교인 기독교에 밀려난 것이 소수자 종교이자 비주류 종교가 무교다.

한국에서 문화 다양성을 확보하려면 한복 문화와 한옥 문화를 활성화하고 외래 종교 "권력에 밀려난 한국인의 근본 신앙"인 무교(최준식, 2009)를 살려내야 한다. 자문화를 주변부 문화 비주류 문화로 소외해두고 타문화를 대등하게 인정하는 다문화주의를 표방하는 것은 자가당착이다. 타문화가 득세하여 자문화의 전통을 주눅들게 만들고 있는데도 타문화 존중을 말하는 것은 문화 다양성을 훼손하는 일이자 서구 문화에 도취되어 자문화를 짓밟는 일이나 다르지 않다. 그러므로 한국 사회에서 문화 다양성을 존중하고 다문화 사회를 지향하려면 서구 문화의 석권에 맞서서 자문화의 정체성을 회복하는 일이 매우 긴요하다.

한국 사회에 외국 문화가 주류를 이르게 된 데에는 두 가지 이유가 있다. 하나는 식민지 상황이고, 둘은 지배층 지식 집단의 사대주의 탓이다. 식민지 상황은 시대에 따라 지배 관계와 문화적 종주국이 다르다. 중세는 전통적인 문명권 단위의 책봉 관계로 중국 문화가 한국 문화의 보기가 되었고, 근대에는 일본의 침략적인 식민 지배로 일본 문화를 강력하게 이식했으며, 현대에는 미 군정 이후 미국의 신식민지 상황으로 미국 문화가 일방적으로 휩쓸게 되었다.

외적인 식민 상황과 함께 내적인 사대주의도 한몫 크게 했다. 기득권을 누린 지식인들은 자신들의 지배 권력을 강화하기 위하여 강대국의 지식과 문화를 무기로 자문화 속에 있는 민중들을 차별화하고 통제했다. 조선조의 친중파 유학자들이 한문 지식으로 중국의 경전을 읊조리며 유교 문화를 추종하느라 자문화를 홀대한 것처럼 일제 강점기 친일파 개화주의자들은 일본어 지식과 신문명을 끌어들여 자문화를 탄압하였으며, 해방 후 친미파 기독교주의자들은 영어 지식과 미국의 선진 문화를 앞세워 기득권을 확보하고 자문화를 극복의 대상으로 삼았다.

외래 문화가 지배 문화로 군림하는 바람에 한국 문화는 자국 안에서 주변부로 밀려났다. 한국 문화다운 특성을 찾아보려면 궁벽한 시골에 가서 민속 조사를 해야 비로소 만날 수 있다. 한국 문화의 정체성은 민속 문화의 전통 속에서 간신히 명맥을 유지하고 있다. 그러므로 한국 사회에서 한국 문화가 오히려 비주류 문화자 주변부 문화고 소수자 문화로서 역차별을 당하고 있다.

이런 특수 사정을 고려하면, 한국 사회는 다문화주의가 아니라 오히려 자문화를 주류 문화로 끌어올리는 자문화중심주의로 한국 문화 회복 운동을 벌여야 할 것이다. 자문화가 소수자 문화자 주변부 문화로 소외되어 있다. 따라서 다문화주의를 추구한다는 것은 그야말로 본말이 전도된 억지 논리다.

진정한 다문화는 자문화의 정체성을 수준 높게 유지하는 바탕 위에서 타문화와 상생적으로 어울렸을 때, 비로소 실현된다. 그렇다면 다문화 사회를 지향할수록 자문화의 정체성을 확보하는 것이 1차적이며, 타문화에 대한 설렘의 동경과 울림의 공명은 2차적이라는 사실을 깨달아야 한다. 다문화 사회가 아무리 이상적이라 하더라도 자문화의 정체성이 증발된 상황이라면 그것은 타문화 사회에 종속된 처지라는 사실을 알아차려야 한다. 따라서 다문화 사회를 곧 타문화 사회인 것처럼 착각하지 말아야 할 것이다.

　　자문화 없는 사회는 타문화 사회일 뿐 결코 다문화 사회는 아니다. 그것은 자국 문학 없는 외국 문학 전집을 세계 문학 전집이라 하는 것과 같은 오류다. 따라서 타문화를 대등하게 인정하고 적극적으로 수용하기 전에 자문화 정체성부터 확보하는 것이 다문화주의는 물론 다중문화주의로 가는 첫걸음이다. 그러므로 세계화 시대에 문화 다양성을 지향하고 타민족 문화를 존중할수록 자민족의 문화적 정체성을 지키는 바탕을 더 튼실하게 다져야 한다.

5. 경제적 인종주의 문제와 탈경제적 문화민주화

　기독교 국가와 이슬람 국가는 자기 종교들을 고대부터 지금까지 지속한다. 일본은 자국 종교인 신토 신앙이 가장 으뜸이고 기독교는 제대로 자리조차 잡지 못한 채 소외되고 있다. 그러나 한국은 이와 반대로 자민족 종교인 무교가 가장 홀대 받고 있어서 자문화의 정체성을 지속하지 못하는 것은 물론, 서구의 기독교 문화가 한국 종교 문화를 석권했다.

　다문화주의를 추구하는 미국, 캐나다, 호주 등의 경우에도 자민족 종교인 기독교가 주류 종교를 이루고 외래 종교는 비주류 종교로 소외되어 있다. 특히 서구 사회에는 타인종을 차별하는 인종주의보다 오히려 타종교를 차별하는 종교주의가 지배적이다. 따라서 서구 사회는 종교적 인종주의가 문화 차별의 핵심이다.

　그러나 한국은 오히려 타민족 종교가 더 득세할 정도로 종교 차별은 없는 반면, 빈부에 따른 경제 차별이 극심하다. 한국 전통 사회의 신분 차별이 자본주의 체제에서 빈부 차별로 전환된 셈이다. 아파트 평수와 소유 방식에 따라 주민들의 차별은 물론, 같은 학교에 다니는 학생들조차 차별 받는다. 외국인들에 대해서도 같은 논리로 서구인들은 부국 출신이어서 우대 받고 제3 세계인들은 빈국 출신이어서 홀대 받는다.

중국과 일본은 같은 동아시아인이자 이웃나라지만, 한때 일본인들이 존중 받은 반면, 중국인들은 상대적으로 홀대 받았다. 특히 일본은 한국을 식민 지배한 침략국이고, 중국은 같은 식민지 경험을 공유한 나라인데도 역차별 관계에 있었던 것은 일본이 중국에 비해 경제적 부국이었기 때문이다. 그러나 지금은 일본인들보다 중국인들이 한국에서 더 우대 받고 있다. 왜냐하면 중국 경제가 일본을 앞질러 G2로 성장한 까닭이다. 그러므로 한국 사회에서는 종교 차별에 따른 문화적 인종주의보다 경제 차별에 따른 GNP인종주의가 더 근본적 문제라 할 수 있다.

경제차별주의는 가족 관계 속에서도 나타난다. 시부모가 필리핀 며느리 '마이라'를 홀대했는데 마이라가 초등학교 원어민 영어 강사로 취업하자 한국인 맏며느리보다 더 우대하기 시작했다(윤형숙, 2005). 인종보다 경제력이 더 중요한 차별 근거이므로 인종주의를 넘어서 한국 사회 내부의 경제차별주의부터 극복해야 한다. 직업에 귀천이 없다고 가르치면서 실제로는 입시 교육을 통해 학벌주의와 직업의 귀천을 조장하는 것이 한국 사회의 현실이다. 그러므로 국민 사이의 빈부 차별을 극복해야 외국인들에 대한 경제 차별, 곧 GNP인종주의도 극복할 수 있다.

한국 사회에서는 문화와 경제에 따른 인종주의가 다문화 사회와 어긋나 있다. 문화적으로는 자문화가 외래 문화에 종속되어 있을 뿐 아니라 스스로 자문화를 소외하고 서구 문화를 추종

한다. 경제적으로는 부국의 국민을 자국민보다 우대하는 반면, 빈국의 국민들을 홀대하는 GNP인종주의 경향에 빠져 있다. 특히 경제적 약자인 외국인 며느리와 근로자를 핍박하고 차별하는 것이 현실적인 모순이다. 그러므로 한국 사회에서 관심을 기울여야 할 것은 다문화주의가 아니라 오히려 탈경제주의다.

탈경제주의란 다양한 경제적 역량을 가진 국민과 민족이 경제적 층차에 따라 사회적으로 차별 받지 않고 대등하게 공존하는 정책이다. 경제적 빈부에 따른 차별이 지속되는 한 어떠한 인종주의도 극복할 수 없다. 경제적 균등 분배가 양극화 현상을 줄이는 바람직한 경제 정책이라면, 탈경제주의는 현실적인 빈부 차이를 인정하되 빈부에 따라 사회적·문화적 차별을 하지 않는 것이다. 따라서 탈경제주의는 경제 정책이 아니라 문화 정책이다. 빈곤층에게 경제적 도움을 주는 데 머무는 것이 아니라 상류층과 같은 수준의 문화 생활을 공유할 수 있도록 문화 복지 정책을 펴는 것이 탈경제주의자 문화민주화다.

쇼리스Earl Shorris가 『희망의 인문학』에서 제기한 것처럼 노숙자나 재소자에게 엘리트 수준의 인문학을 교육하고 음악 연주회와 미술 전시회에 참여할 수 있는 기회를 주는 것이 문화민주화다. 가난하다는 이유로 문화 향수의 기회를 차별 받지 않아야 인간다운 삶의 질이 보장된다. 따라서 경제력이 사회적 지위와 문화 생활의 수준을 결정하는 자본의 논리를 극복해야 하므로 탈경제주의가 제기된다. 경제적 층차는 있어도 사회적 차별이나 문화적 소외는 없어야 하는 것이 탈경제주의가 추구하는 이상이다. 노숙자 문화를 대등하게 인정하는 위선의 다문화주의를 극복하고 노숙자들에게 예사 시민들과 같은 양질의 문화 생활을 누릴 기회를 제공하는 것이 탈경제적 문화민주화다.

탈경제적 문화민주주의 관점에서 보면 사회적 지위와 계급적 상황에 따라서 문화적 활동이 구조적으로 결정된다고 보는 부르디외의 '사회적 장champ social' 이론은 극복의 대상이다. 왜냐하면 사회적 위치 공간과 생활 양식이 서로 교차하면서 사람들의 일상생활과 취미 생활 또는 소비 수준이 결정된다는 것(피에르 부르디외, 최종철, 2005)이기 때문이다. 사람들이 속한 '장場, field'의 맥락에 따른 사회 공간 내부의 위상과 관계들의 연결망에 따라 교양 수준과 문화적 취향, 예술적 미학이 필연적으로 결정된다는 것(홍성민, 2000)이 부르디외의 '구별짓기'자 '장'이론이다.

'장'이론에 따르면 경제력은 사회적 지위만 결정하는 단일 변수가 아니라 직업의 우열을 비롯하여 일상 문화의 생활 세계까지 포괄적으로 결정하는 주요 변수 구실을 하는 것이다. 한마디로 '사회적 장'에 따라 사람들이 마시는 술도 다르고 듣는 음악도 다르다는 것이다. 따라서 장이론field theory에 귀속되면 인간의 자유로운 개성과 창조적 상상력은 무색하게 되고 발전 가능성을 가두게 된다. 경제력과 계급적 위계에 구애되지 않고 개별적으로 타고난 문화적 활동과 예술적 창조력이 개성에 따라 발휘될 수 있어야 바람직한 문화 사회다. 그러므로 주어진 틀 속의 '사회적 장'보다 개별적 주체가 발휘하는 자율적 연행의 '판'

을 벌이는 문화, 곧 '판 문화'의 활성화가 기대되는 방향이다.

사회적 관계를 이루는 구조화된 장이 일정한 상황과 조건을 만들어냄으로써 개인과 집단의 특정 행동 양식인 아비투스 Habitus(홍성민, 2000)를 창출하는 것이라면, '판 문화'는 집단 속의 개인이 연행의 역동성을 발휘하여 양방향 소통으로 집단적 신명 풀이를 공감하는 것이다(임재해, 2012a). '장'이론의 아비투스가 사회적 조건과 경제적 시장 형태로 작동되는 '계급 담론'(피에르 부르디외, 최종철, 2005)으로서 개인적 취향의 사회화라면, '판' 문화의 신명 풀이는 문화적 연행 형태로 이루어지는 호응과 인정認定에 의한 실제적 '공감 담론'으로서 개인적 재능의 공유화라 할 수 있다.

국제혼 가정은 장이론에 의하면 사회적 조건이 여러모로 불리하지만, '판 문화'의 신명 풀이 논리에 의하면 불리하지 않다. 온라인에서 블로거나 유튜버로 활동하는 데에는 출신 국가나 경제력, 신분, 학력, 직업 등이 거의 문제되지 않는다. 왜냐하면 이력서가 화려한 잘난 인물이 아니라 호기심을 자극하는 흥미로운 인물, 사회적 성공을 거둔 우뚝한 인물이 아니라 접속자에게 구체적 도움이 되는 유용한 인물, 전문적 지식을 갖춘 저명한 학자가 아니라 귀에 쏙쏙 들어가도록 쉽고 재미있게 강의를 해서 공감을 주는 인물이 사이버 공간에서 더 많은 선택과 지지를 받기 때문이다.

국제혼 여성은 모국과 한국 사회에서 겪은 개인적 경험과 문화의 차이, 모국 문화의 소개, 한국 사회의 문제 비판 등을 내용으로 얼마든지 자기 판을 벌일 수 있다. 어떤 개인의 어떤 연행이든 일정한 신명 풀이 판을 벌여서 다수의 공감과 지지를 받게 되면 유명인으로서 명성을 누리는 것은 물론, 파워 블로거나 유튜버로서 경제적 수익도 올릴 수 있다. 문제는 사이버 공간에서 판을 벌이는 연행 역량과 수준이다. 그러므로 경제력의 조건을 넘어서 개인의 문화적 연행 역량에 따라 얼마든지 신명 풀이를 자유롭게 할 수 있는 판 문화를 민주적으로 활성화하는 것이 탈경제적 문화민주주의의 가능성이다.

6. 다문화주의 대안으로서 다중문화주의 실현

다문화주의는 민족별로 자문화 향유를 대등하게 인정하는 까닭에 민족 사이의 문화 단절 상태를 조장할 수 있다. 서로 다른 민족의 문화를 대등하게 인정하는 데 머물면 민족주의의 틀과 자문화주의를 벗어날 수 없기 때문이다. 냉소적 다문화주의에 이르면 민족 사이의 문화적 단절이 문화 차별보다 더 심각한 역기능으로 작용할 수도 있다. 그러므로 다문화주의의 역기능을 극복하는 대안으로 다중 문화 공유를 제시하는 것이다.

다인종 사회는 물론, 다민족 사회에서도 한 사람 또는 한 민족이 여러 민족의 문화를 함께 누리도록 하는 것이 다중 문화의 공유다. 한 주체가 여러 문화를 두루 공유하는 것을 바람직한 가치로 추구하는 것이 다중문화주의다. 따라서 다중문화주의는 민족 정체성이나 국적과 상관없이 자문화와 함께 타문화를 2중 또는 3중으로 누리는 것을 이상적인 문화 사회로 추구한다. 다중 문화를 누리려면 외국어도 복수로 구사할 수 있어야 한다. 지금은 영어를 필수 외국어로 익히는데 앞으로는 이웃나라와 제3세계 언어 여럿을 조금씩이라도 두루 익히도록 하는 것이 다중 문화 사회로 가는 길이다.

한국에서는 중국어와 일본어가 필수 외국어가 되고 베트남어와 몽골어 등을 복수 외국어로 익히는 것이 영어를 익히는 것보다 더 유용하게 될 가능성이 높아진다. 세계화가 진전될수록 다중 언어 구사 능력과 다중 문화를 터득한 인물이 각광 받게 되는 까닭이다. 전문적 수준이 아니라 일상 수준의 외국어를 복수로 익혀서 국내외 여러 민족과 대등하게 소통하며 교류할 때 미국 중심의 제국적 세계화가 아니라 이웃국가끼리 호혜 평등한 자주적 세계화의 길이 열린다.

누구든 이웃의 여러 나라 문화를 익혀서 다양한 문화 경험을 축적하고 복수 문화를 공유한다. 한국의 숭늉 문화를 되살리는 가운데 커피뿐 아니라 중국 차와 일본 차는 물론, 티베트의 버터차도 마시는 것이 다중 문화의 실천이다. 일식과 중식, 양식, 인도식, 몽골식 등의 음식을 조리하고 즐겨 먹을 수 있게 되면 낯선 외국에서 낯선 음식을 만나도 문화 충격에서 벗어날 수 있고 새로운 요리 문화도 창출할 수 있다. 주생활에서도 노인들의 온돌방에다가 아이들의 침대방, 다다미로 꾸민 차실茶室까지 갖추면 다중 문화를 누리게 되는 셈이다.

일상생활 문화뿐 아니라 사상과 종교 등의 정신 문화도 복수로 추구할 때, 진정한 다중 문화가 실현된다. 다른 사람의 종교나 이민족 종교를 자기 종교처럼 대등하게 인정하고 이해하는 종교다원주의에 머무르지 않고, 한 사람이 여러 종교 생활을 하는 다중종교주의를 가치 있게 추구하는 것이다. 기독교회에 다니되 유교에 따라 조상 제사를 지내며 4월 초파일과 같은 불교

명절에는 사찰에 가서 설법을 듣는 종교 생활을 함께하는 것이 바람직한 종교 생활의 가치다. 그러므로 자기 종교와 타자의 종교를 제각기 인정하는 것이 아니라 두세 개의 복수 종교를 함께 생활화하는 것이 다중문화주의의 길이다.

　다문화주의가 우리 문화처럼 당신네 문화도 존중한다는 배타적 대등성을 인정하는 데 머무는 것이라면, 다중문화주의는 우리 문화의 향유와 함께 당신네 문화도 가치 있게 공유하는 문화적 실천을 하는 것이다. 분과 학문의 경계를 넘고 장벽을 허물어서 학제적 연구 또는 통섭적 연구를 하는 것처럼 한 사람이 국가의 경계를 가로지르고 민족의 장벽을 해체해서 자기 삶 속에 여러 민족의 문화를 끌어들여 복수 문화를 누리는 것이 바람직한 세계자 다중 언어 다중문화주의 세계로 가는 길이다.

　다중 언어 다중문화주의를 열어가는 인적 자원이 제3세계 외국인들이며, 특히 한국에서 가정을 이루고 붙박이로 살아가는 국제혼 여성들이다. 이 외국인들은 지금 당장 우리 기업의 노동력 부족을 해소하고 농촌 총각들의 온전한 가정 생활을 이룩하도록 직접 도움을 주고 있는 소중한 인력들이다. 장기적으로 보면 국제적인 인물을 양성하고 세계화의 징검다리 구실을 할 수 있는 더 큰 인적 자원이다. 그러므로 국제혼 여성들을 다문화 가족으로 대충 껴안으려 들지 말고 국제 교류의 교두보 역할을 하는 국제적 인물로 재인식하고 그에 걸맞은 역할 부여를 하는 것이 바람직하다.

　제3세계 노동자나 국제혼 여성들을 일정하게 우대하는 것은 시혜적인 것이 아니라 한국 사회가 필요로 하는 세계화의 일환이라는 인식 아래 호혜적인 상생 관계를 만들어가야 한다. 우리가 미국을 비롯한 영어권 외국인을 어떻게 대우하며 호혜적 관계 이상의 과잉 친절을 베풀었는가 성찰할 필요가 있다. 다중문화주의 관점에서 보면, 제3세계 외국인들도 영어권 외국인들과 같은 대우를 하며, 그들의 언어와 문화를 적극적으로 배우고 익혀서 일상 문화 속으로 끌어들이는 것이 바람직하다.

유럽 경제 공동체라 할 수 있는 EU처럼 아시아도 문명권 단위의 공동체를 이루는 것이 세계화의 기대되는 방향이다. 국가주의에서 국제주의로 확대되는 과정이 인접 국가들끼리 문명권의 범주에 따라 일정한 공동체를 이루는 현상이다. EU가 좋은 보기다. 아시아도 유교 문명권 또는 한자 문명권으로서 중국과 일본, 베트남, 한국 등이 아시아 연합을 이룰 수 있다. 중국과 베트남의 사회주의 체제에 따라 경제 연합은 이루기 어렵다면 문화 연합은 가능하다. "그래야 아시아 각국이 문화 공동체로 거듭날 수 있을 뿐 아니라 문화의 세기를 겨냥한 세계화 시대를 이룰 수 있다(임재해, 2011)."

제3세계 민족들과 문화적 상생 관계를 맺는 일은 호혜 평등한 세계화 시대를 실현하고 아시아 문화 공동체를 만들어가는 역사적 기반이 될 수 있다. EU처럼 위로부터 정치적 연합을 구성할 것이 아니라 밑으로부터 문화적 연합을 차근차근 이루어나가야 한다. 아시아 민중에 의한 아시아 공동체를 이루는 것이 중요한 목표여야 한다.

아시아 각국의 정상과 지성인들이 모여서 아시아 공동체를 논의하는 구조가 아니라 아시아 민중이 문화적으로 서로 소통하고 교류하며 아시아 각국 문화를 모두 '우리 문화'로 공유하는 상황으로 가는 것이 가장 바람직한 상황이다. 한국 사회의 외국인 정책도 그들을 정책 입안의 객체로 소외하지 말고 주체로 끌어들여 할 것이다. 그러므로 서구의 다문화주의를 거칠게 끌어들여 우격다짐으로 적용하려들 것이 아니라 한국에 체류하는 제3세계 외국인들과 더불어 외국인 문화 정책을 공동으로 기획해야 차별을 넘어설 뿐 아니라 문화 차이가 오히려 문화 상생 관계로 발전할 수 있을 것이다. 이것이 한국 사회에서 귀납된 다중 문화적 다문화 정책이다.

이러한 정책으로 나아가자면 학자들부터 달라져야 한다. 학자들이 미국 중심의 서구 학문에 종속되어서 한국 사회에 전혀 맞지 않는 미국식 다문화주의를 이식하려는 것이 문제다. 서구 학문에 의존하여 자기 학문의 입지를 구축하는 학문 사대주의야말로 중국 유학을 우상화하던 조선 시대 유학자들의 행태를 되풀이하는 격이다. 왜냐하면 학문 다양성을 왜곡할 뿐 아니라 서구 학문 인용에 매몰되어 제3세계의 소수자 학문, 주변부 학문을 인정하지 않고 차별하면서, 그들의 학문은 있어도 없는 것처럼 묵살하는 까닭이다.

학문 사대주의는 제3세계 학문의 차별과 함께 자국 학문의 차별도 심각하다. 자국 학문의 성과는 잘 알고 있으면서도 의도적으로 무시하며 인용하기를 기피하거나 참조하지 않은 것처럼 시치미를 떼기 일쑤다. 인종주의에 따른 문화 차별이 없어야 하는 것처럼 국적에 따른 학문 차별도 없어야 한다. 서구 학문 체제에 안주하며 학문 기득권을 누리는 것은 자문화중심주의보다 더 위험한 단일학문주의라 할 수 있다. 서구 학문 중심의 단일학문주의는 한국 사회를 마치 이민에 의해 성립된 근대 다민족 국가로 착각하며 이질적 사회의 다문화주의를 가져와서 한국 사회에 필요한 상품인 것처럼 화려하게 진열하느라 결국 자문화에 맞는 이론은 개척하지 못한다.

학문의 생명은 독창성이다. 학자마다 서로 다른 독창성으로 학문 다양성이 살아야 학문의 생명력도 살아난다. 그러나 학문 사대주의는 학문 주권을 확립하기는커녕 학문 종속 구조를 강화함으로써 학문의 생명력을 숨죽이게 만든다. 한국학이 세계 학계와 어깨를 맞대고 나란히 가려면, 한국 사회에 적용할 이론은 한국 사회와 문화를 대상으로 귀납적으로 이끌어내야 한다. 발품 팔고 땀내 나는 한국 문화의 현장 연구 없이 서구 이론을 읽고 아는 체하는 것은 학자적 태도가 아니라 교사적 태도다. 학자는 기존 이론을 회의하여 따져 묻지만, 교사는 기존 지식을 습득하여 전달하는 데 만족한다. 학자라면 다문화주의의 보급보다 다학문주의를 추구해야 한다.

잘못된 외국 이론 수입은 한국의 학문만 망치는 것이 아니라 사회도 망치게 만든다. 왜냐하면 외국 학문의 표절과 번안 사이에서 위험한 줄타기를 하느라 자기 이론 개척이 소홀할 뿐 아니라 잘못된 이론 적용으로 한국 사회를 왜곡하는 까닭이다. 자기 사회를 해석하는 자기 이론을 갖추지 못하는 학문은 '햇빛학문'이 아니라 '달빛학문'[1]에 머물며(임재해, 2013), '벌어먹는 학문'이 아니라 '빌어먹는 학문'[2]이기 일쑤다(임재해, 2015a). 한국 사회를 대상으로 개척한 다중문화주의는 미국 중심 다문화주의의 대안이자 일반화가 가능한 문화이론이다. 한국 사회에 맞는 문화이론이 개척되어 일반화되어야 한국학의 학문 주권과 함께 학문 세계화도 실현된다. 그러므로 서구 이론에 맞서서 자문화 이론을 적극 개척하여 학문 다양성을 확보해야 일반화 가능성이 높고 자국 사회에 맞는 새로운 이론을 개척할 수 있다.

---

1 달빛학문이 외국 이론을 추종하며 인용하는 타력적 학문이라면, 햇빛학문은 자기 이론을 독창적으로 수립하는 자력적 학문이다.

2 빌어먹는 학문이 외국 학문을 빌어 와서 써먹는 식민지 지식의 종속적 학문이라면, 벌어먹는 학문은 자국 사회를 대상으로 수립한 독창적 이론을 세계화하는 주체적 학문이다.

7. 다중문화주의의 사회적 기능과 문화적 생산성

한국 사회도 이제 크게 변화하고 있다. 단일 민족 사회가 아니라 다국적 사회로 가면서 다인종 사회가 형성되고 있다. 다인종 사회는 세계적 추세다. 다인종 사회 또는 다국적 사회가 될수록 다중문화주의가 이론적으로 더 유용하고 실제 생활 세계에서 다중 언어와 다중 문화를 익히는데도 더 유리하다. 구체적으로 어떤 생산성이 있는가 주목해보자.

제3세계에서 온 근로자들은 자국어 외에 한국어를 익혀서 이중 언어를 사용하며 한국 문화도 익혀서 이중 문화를 누리게 마련이다. 상대적으로 사용자 또한 외국 근로자의 국적에 따라 복수 언어를 알아들어야 하며, 상호 소통을 하다가 보면 그들의 문화를 습득하게 된다. 적극적으로 그들의 관습과 명절, 음식 등의 문화를 알아서 적절히 배려해주면 노사 관계가 원만해질 수 있다. 이를테면 직원들의 생일잔치를 그들 국가의 전통에 따라서 동료들과 함께 베풀어 준다면 감동 효과를 더 크게 얻을 수 있다. 그리고 근로자의 국적에 따른 문화를 알아차리게 되면 그들 문화에 맞는 상품 개발도 가능하고 수출의 길도 열어갈 수 있다. 그러면 노사 간에 민주적인 소통도 이루어지고 국내의 사업

경영은 물론 제3세계 여러 나라와 무역 활동을 더 창의적으로 개척할 수 있다.

농촌 지역의 국제혼 가정은 여러모로 불리한 환경에 놓여 있다. 부부가 모두 가난할 뿐 아니라 사회적 지체나 학력과 능력이 모두 낮은 데다가 부인은 인종적 차별까지 받기 때문이다. 그 자녀는 혼혈아로서 소외를 겪으며 부모의 열악한 조건을 고스란히 대물림할 가능성이 높다. 이러한 불리한 조건의 악순환을 선순환으로 바꾸는 것이 다중문화주의다. 다중문화주의는 누구든지 다중 언어, 다중 문화를 누리는 바람직한 사회로 가는 것이다. 국제혼 가정은 다중 문화를 실현하는 데 상대적으로 더 유리한 환경에 놓이게 된다.

제3세계에서 시집 온 농촌의 국제혼 여성들은 가족들에게 자국어를 가르치고 자문화를 경험하게 할 뿐 아니라 지역 학교에서 원어민 교사로서 외국어와 외국 문화를 교육하도록 한다. 그러면 국제혼 자녀들은 물론, 지역 아이들은 초등학생 시절부터 다중 언어, 다중 문화를 익힐 수 있다. 그러면 국제혼 여성들의 사회적 지위도 보장 받게 되고, 농촌 혼혈아들의 불리한 처지도 유리한 조건으로 전환된다.

국제혼 남편은 사실상 원어민 교사를 아내로 둔 셈이어서 국내 여성에게 장가 든 남편들보다 행동 반경이 국제적으로 넓어져서 상대적으로 유리한 환경에 놓이게 된다. 이를테면 베트남 여성의 남편은 베트남 아내로부터 베트남 말과 문화를 익혀 아내와 함께 처가 나라인 베트남을 드나들며 국제적인 교류를 할 수 있다. 자녀들은 어머니로부터 베트남 말과 문화를 익힐 수 있을 뿐 아니라 방학 때는 부모와 함께 외가 나라인 베트남에 가서 베트남 말과 문화를 체험하고 익힐 수 있도록 정부에서 제도적 지원을 할 필요가 있다. 고등학교를 마치면 정부 장학금으로 베트남대학에 유학하여 베트남 전문가로 성장하도록 지원한다. 그러면 국제혼 가정의 자녀일수록 국제적 인력 양성에 유리한 입지를 확보하는 것(임재해, 2009)은 물론, 정부에서도 세계화 시대에 걸맞는 국제적 전문가 배출의 교두보를 마련하게 된다. 다중문화주의는 서구 중심의 단선적 세계화의 한계를 극복하고 제3세계와 함께 가는 다자 중심의 열린 세계화를 일구어나갈 수 있다. 그러므로 다중문화주의 사회로 가면 GNP인종주의도 극복할 뿐 아니라 다인종 사회와 다국적 사회에서 소외 받는 계층들도 대등하게 존중 받게 마련이다.

다중문화주의의 생태학적 건강성을 말하는 인도 속담이 있다. "인도에서는 네 사람이 모이면 다섯 가지 언어로 말을 하고 다섯 가지 아이디어가 나온다." 2011년 아시아문화포럼에서 〈아시아 문화 중심 도시와 민속 예술 축제 구상〉을 주제로 '외국 근로자들과 국제혼 여성들이 주체가 되는 이중 문화 향유자 중심의 국제 축제를 주장하며 화이부동의 아시아 문화 공동체'를 제안하는 발표를 할 때, 부산외대 인도어과 로이Alok Kumar Roy 교수는 인도인으로서 이 속담을 인용하며 문화 다양성의 생산적 기능을 말했다(임재해, 2011).

넷이 모이면 다섯 가지 언어와 아이디어가 공유된다는 속담

이야말로 다문화의 창조적 가치를 실감나게 은유한 진리다. 인도는 넷이 모이면 네 가지 언어로 말할 만큼 민족마다 제각기 자민족어가 있다. 힌디어와 영어를 공용어로 쓰지만, 헌법에 14개의 지방 언어[3]를 인정한다. 그런데 넷이 모였는데 다섯 가지 언어로 말한다고 하는 것은 무슨 뜻인가. 제각기 자민족 언어로만 말하는 것이 아니라 서로 대등하고 원만한 소통을 위해 제5의 언어를 한 가지 더 사용한다는 것이다. 그것은 힌디어나 영어다. 인도가 영국에서 해방되어도 영어에서 해방되지 못한 것은 서로 다른 언어의 소통 때문이다.

더 흥미로운 사실은 넷이 모여서 아이디어까지 다섯 가지를 생산한다는 점이다. 언어와 문화가 다르기에 제각기 자기 아이디어를 내니까 네 가지 아이디어는 기본이고 이 아이디어들이 상생 작용을 하여 새로운 아이디어 하나가 더 창출된다는 말이다. 반대로 같은 언어를 사용하고 같은 문화를 누리는 민족 네 사람이 모이면 어떨까. 한 가지 언어로 말하고 한 가지 아이디어를 내고 말 것이다. 따라서 네 사람이 어떤 사람으로 구성되어 있는가에 따라 하나일 수도 있고 다섯일 수도 있다. 결국 다민족의 다문화 공존이 더 창조적이라는 것이다.

이와 같은 논리에 따라 세 유형의 모임을 설정해서 어느 사회가 바람직한지 점검해보자. 가) 한국어를 사용하고 한국 문화

---

3 인도에서 헌법으로 정한 지방 언어는 사투리가 아니라 해당 지역에서 공식적으로 통용되는 언어다. 방언이라고 하는 사투리는 1,500여 개나 된다.

를 누리는 한국인 세 사람이 모이면 어떨까. 한 가지 언어로 말하고 한 가지 문화에서 비롯된 아이디어를 내는 데 머물 수 있다. 나) 언어와 문화가 다른 세 나라 사람이 모이면 어떨까. 세 가지 문화가 공존하므로 세 가지 아이디어가 나올 수 있다. 그러나 각기 자국어로 말하고 자기 문화의 아이디어를 주장하는 까닭에 의사소통에 장애가 되어 합의가 이루어지지 않거나 문화 충돌이 일어날 수도 있다. 다) 다중 언어와 다중 문화를 누리는 세 나라 사람이 모이면 어떨까. 서로 상대방의 언어로 소통하며 문화 다양성을 공유하는 까닭에 여섯 가지 언어로 말하고 여섯 가지 아이디어를 바탕으로 제7의 아이디어가 새로 창출될 수 있다. 그러므로 다)와 같이 다중 문화를 누리는 세 사람이 모이면 문화 다양성과 문화적 창조력이 풍부하게 실현된다고 할 수 있다.

위의 유형을 고려하면 여러 사람의 집단이 중요한 것이 아니라 어떤 사람으로 사회가 구성되는가 하는 것이 중요하다. 문화적으로 단일 문화 가)는 하나에 머물 수밖에 없다. 다문화 나)는 병립하는 셋이고, 다중 문화 다)는 양방향 소통의 협력성으로 여섯 이상일 수 있다. 따라서 가)의 단일 문화에서 나)의 다문화로 다)의 다중 문화로 가는 것이 풍부한 문화 다양성 확보와 함께 문화 생태학적으로 창조력을 가장 잘 발휘할 수 있다. 따라서 한국 사회는 물론, 식민지 개척으로 형성된 근대 다민족 국가도 다문화주의보다 다중문화주의를 추구하는 것이 더 바람직하다. 그러므로 미래 사회는 다중문화주의가 가치 있게 실현되는 양방향 소통의 상생적 문화 사회로 나아갈 것이다.

8장

———

다문화 인문학과
문화 교육

———

박인기

1. (다)문화 연구와 인문학

문화 연구의 학문적 전통

다문화를 포함하여 문화를 연구하는 과업[1]은 불가피하게 '사회'를 연구하는 과업에 연동된다. 문화는 물론 인간의 정신 작용(활동)에서 생성되지만, 그때의 인간은 단독자 존재로서의 인간이 아니다. 주로 사회 집단과 공동체와 연관한 인간, 그 인간들의 활동을 다루게 된다. 이론적으로 문화의 정의는 문화의 내용을 포괄하는 방식(예: 문화는 인류의 지적·정신적 산물)으로 되어 있거나 문화가 존재하는 방식(예: 문화는 인간 집단의 특정한 생활 방식)으로 되어 있다. 어떤 쪽이든 문화가 갖는 사회적 역동성을 전제로 하는 정의다.

문화는 역동적이다. 역사적으로 존재했던 과거형의 문화도 있지만, 살아 있는 현상으로 주목하는 문화는 현재 우리의 삶과 관계를 지배하는 모종의 힘이다. 역사적으로 존재했던 과거형이 문화도 문화의 본질과 의미를 심도 있게 통찰하는 장면에서는

---

1 이 글에서 '문화'는 항상 '다문화'를 포함하고 '다문화'를 환기하는 맥락을 가진 채 사용하기로 한다. 특정의 문맥에서 문화와 더불어 '다문화'를 강조해서 언급할 때는 '(다)문화'라는 표기를 사용한다.

현재값으로 현동화現動化, actualizing한다. 문화는 그 자체의 프레임 안에서도 일정한 역동성을 가지지만, 문화 현상과 중층重層을 이루는 배경 맥락, 즉 사회 현상과 관련한 구도에서 보면 문화의 역동성이 얼마나 사회적인가 하는 점을 더욱 의미 있게 발견할 수 있다.

요컨대 문화 현상의 상당 부분은 사회 현상이다. 특히 문화가 밖으로 나타나서 작용하는 데에는 사회적 공간 또는 사회적 의미망을 필수적으로 요청한다. 그래서 오늘날 학문 분류 계통상 문화를 연구하는 영역은 사회과학의 영역이다. 인류학과가 인문대학이 아닌 사회대학에 소속되어 있는 점이 이를 잘 표상한다.

다문화는 사회적 현상으로서의 성격이 더욱 두드러진다. 다문화는 밖으로 드러나는 작용으로만 보아도 복잡다기한 사회 현상이다. 예컨대 다문화 사회(다문화 교육)가 추구하는 핵심 목표 중의 하나라고 할 수 있는 '가치 다양성value diversity'을 보기로 하자. 가치 다양성은 이상적 다문화 사회상을 담고 있는 것이다. 이미 가치 다양성과 연관되어 중층의 맥락을 형성하며 가치 다양성의 내용으로 들어오는 사회 구성적 요소는 많다. 젠더gender, 성적 지향성sexual orientation, 인종, 민족의식ethnicity, 계급, 언어 native language, 능력 결손disability 등의 요소가 그야말로 다중적으로 결합되어 있다. 이는 다른 각도에서 보면 일종의 '사회 문제'로서의 위상을 가진다. 잘 통합된 다문화 교육의 커리큘럼은 다문화 학생들이 제도의 성격을 띠는 인종주의, 계급주의, 성차별,

장애인 차별ablism, 고령자 차별ageism, 동성애 혐오 homophobia 등을 극복할 수 있는 개인적 또는 집단적 전략을 갖도록 가르쳐야 한다(Gollnick, Donna M. & Chinn, Philip C., 2013).

다문화 연구는 그 성격상 연구 문제나 연구 내용이 다문화 사회의 실제성을 기반으로 하게 된다. '지금 여기'에 놓인 문제를 처방적 또는 대안적으로 해결하는 데 주안을 둔다는 것이다. 구체적 다문화 사회와 특정의 다문화 현실을 바탕으로 하는 연구가 될 수밖에 없는 것이다. 일반 문화 연구의 어떤 분야보다도 현실과 문제, 문제와 해결, 실천과 전략 등의 차원에서 연구가 이루어진다. 이런 연구일수록 실행 연구action research의 성격을 추구하게 된다. 따라서 다문화 현실의 구체적인 데이터를 합리적으로 수집하여 다문화의 '현상'을 파악하는 데서 연구는 발전한다. 이러한 일련의 과정은 사회과학의 연구 방법론에 충실한 것이라 할 수 있다. 이는 사회 현상을 연구하는 과정이므로 당연하다. 살아 있는 사회의 살아 있는 현상으로서 다문화가 힘을 발휘하고powering, 그 힘에 기반하여 다문화 사회가 질서를 구축하고 발전적 진화를 동시에 도모할 수 있기 때문이다.

그러나 달리 생각해보면 다문화를 포함한 문화 연구가 온전히 사회과학의 요소와 프로세스로만 성립되는지에 대해서 통찰이 필요하다. 문화의 외현적 작용은 사회과학의 탐구 대상이고, 다문화 사회의 현실 문제를 의제화하고 그것의 대안 솔루션을 추구하는 것은 사회과학의 영역일 수 있다. 그런데 문화의 내용은 사회과학적 내용으로만 구성되지는 않는다. 문화 행위의 주

체가 인간이라는 점에 착안하면 문화의 내용(문화 연구의 내용)
은 상당 부분 인간학 또는 인문학의 요소와 통섭 관계에 있음을
알아차릴 수 있다.

문화를 정의하는 고전적인 항목 중에 '문화는 인간이 지
적·정신적·심미적 능력을 계발하는 일반 과정'이라는 정의가
있다. 전통적 교양주의 인식론이 바탕을 이루는 정의이지만, '인
간이 지적·정신적·심미적 능력'이라는 이 핵심적 표현을 통해
서, 문화의 내적 형질에 지식, 철학, 예술, 문학 등의 인문학 요
소들이 삼투될 수밖에 없음을 느끼게 된다. 실제로 문화를 가르
치는 문화 교육의 장면에서 인간과 문화 사이를 수없이 교호하
는 인문학의 지식과 가치들이 얼마나 중요하게 개입하는지를 경
험하였다.

20세기 이후 문화 연구는 인문학적, 사회학적 맥락을 함께
아우르는 연구 분야로 자리 잡아 왔다. 특히 문화 연구가 당대적
삶에 대한 성찰을 자연스럽게 포함하는 연구 성향을 띠다 보니
삶의 총체성을 다루지 않을 수 없게 되었다.[2] '문화'라는 말이
'삶의 총체성'을 어떤 레벨, 어떤 국면에서 유형화하는 개념과
다를 바 없다고 본다. 문화는 인간의 의식 전반에 작용하는 총체
적인 것으로 인식되었다는 지적(윤여탁, 2014)도 이에 상통한
다. 따라서 문화 연구는 학제적學際的 속성을 띠지 않을 수 없다.

---

2 이러한 성향을 띤 문화 연구의 현대적 전통은 영국 버밍엄대학 현대문화
연구소의 업적에서 찾아볼 수 있다.

문화 연구는 비평적 창의創意를 포괄하는 학제적 연구 분야다. 특히 역사, 철학, 사회학, 민속학, 언어학, 문학 등이 학제적 연관을 강하게 가진다.

최근에는 문화 연구와 궤를 같이하면서 다소 실용 중심의 현장 적용성을 강조하는 문화 콘텐츠학이 생겨난 것도 주목할 만하다. 문화 연구가 파생적 변이를 하며 기술적 진화를 하는 모습으로 볼 수 있다. 문화콘텐츠학은 대학의 제도권 학문 체제에 공식 진입을 한 것이다. 학문적 성격에 대한 논의가 많았다. 문화콘텐츠학은 별개의 분과 학문이며 새로운 연구의 방법론이 필요하다는 점이 언급되고 있다. 또 문화콘텐츠학의 연구 범주를 보면 테크놀로지를 포함하여 여러 학문 요소가 복합적으로 구성됨을 알 수 있다. 그중에 문학과 예술의 영역이 중요한 자리를 점하고 있다.

또 문화의 생태 변화에 따라 전통 문화와 더불어 대중문화의 내용이 주목을 받고 있다. 문화 콘텐츠 자체가 대단히 광범위하고 복합적이므로 문화콘텐츠학은 각 학문 영역의 융합이 이루어진 복합적 학문의 성격을 가져야 한다는 주장을 읽을 수 있다(박상천, 2007). 문화콘텐츠학의 경우는 그 내용 요소에 인문 콘텐츠가 현재로서는 주종을 이루었음을 볼 수 있다. 예를 들면 역사박물관 건립 시에 문화적 유물을 수집하고 분류하고, 설명과 정보를 정교화하여 배열하고 디지털로 아카이빙archiving, 기록 문화 유산을 컴퓨터 시스템에서 안정적으로 보관하고 활용할 수 있는 방법하여 저장 활용하고, 교육 관광 등 다목적으로 활용하게 하는 데에 전문성을 갖는다. 다문화 상황에서는 다양한 문화 콘텐츠의 효용이 더 확장될지도 모른다. 특히 다문화 교육에서는 상황과 대상과 목적에 따라 다양한 문화 콘텐츠의 필요가 증대할 것으로 본다.

문화(문화 연구)와 언어의 상관

다문화 연구를 포함한 문화 연구에 인문학의 작용과 인문학적 인식의 필요성은 특히 언어를 중심으로 확인할 수 있다. 주지하다시피 언어는 문학, 역사, 철학, 예술 등과 더불어 인문학의 핵심 요소고, 인간이 인문적 사유를 실현하는 핵심 기제다.

문화의 총체를 어떻게 볼 것인지를 따질 때, 대개는 문화를 구성하는 요소를 산물products, 행위behaviours, 관념ideas 등으로 구분하면서 이들이 통합적인 형태로 존재하는 것을 '문화의 총체'로 생각해왔다. 그런데 이들 요소에 인문 영역의 내용이 다양하게 포함되고 관여하는 것을 볼 수 있다. 문화의 산물 요소는 문화의 내용 요소로 볼 수도 있다. 여기에는 문학, 민속, 미술, 음악, 유물artfacts 등이 들어와 있다(윤여탁, 2013). 이들은 전통적으로 인문학의 핵심을 점하던 것이다. 문화의 행위 요소는 언어의 개입 없이는 수행될 수 없는 것들이다. 행위로서의 문화는 관습에 바탕을 둔 언어적 의사소통과 반+언어적 의사소통으로 이루어진다(민현식, 2006). 이런 의사소통 자체도 문화 행위고, 이런 의사소통으로 수행하는 의식주 생활과 여가 행위도 문화 행위다. 언어는 문화 행위에 이중으로 관여하고 작용하는 것이다.

특정 영역의 문화 연구에 그 문화를 반영하는(그 문화에 상관하는) 언어를 비교하고 조명함으로써 문화 연구의 질적 심화를 기하는 사례가 많아지고 있다. 문화 연구에서 인문학적 접근의 가능태를 볼 수 있게 한다. 음식 문화 비교 연구에 '언어의 음식 문화 반영 작용'을 탐구함으로써 문화 연구의 방법과 아울러 문화와 언어의 상관을 보여준 사례를 소개한다.

이성범(2013)은 대조언어학, 화용론, 문화인류언어학 등의 관점에서 음식 문화와 언어, 요리하기 어휘, 맛의 어휘, 음식과 추론, 식사와 언어 행위, 음식과 속담 등에서 한국어와 영어를 대조, 분석하여 음식 문화를 연구하였다. 음식 문화의 내용과 실체를 언어로써 조사하고 구명한 것이다. 이때의 언어는 문화 그 자체기도 하고 문화를 연구하는 도구가 되기도 한다.

강보유(2021)는 음식을 말하고, 음식을 평가하고, 식생활 예의를 지키고 살아가는 인간 문화의 모습에서 음식과 언어의 필연적 연관이 음식 문화에 반영되었음을 추정하고, 문화인지론과 대조언어학의 관점에서 한국과 중국의 음식 문화를 비교한다. 이 글을 보면 양국의 음식 문화는 다시 양국의 언어로 반영되면서 각기 언어 문화를 생성한다. 연구자는 양국의 음식 문화를 언어 문화로써 비교하는 셈이다. 그런데 그 언어 문화는 음식 문화를 인지하고 반영한 것으로서, 음식 문화에 대한 일종의 메타인지를 일으키는 것으로도 보인다. 이는 음식 문화뿐 아니라 모든 생활 문화에 대해서 그것을 반영하고 표상하는 언어 문화, 이 양자 사이의 관계가 될 수도 있다는 생각을 들게 한다.

　이렇듯 문화 연구에서 언어가 가지는 기능은 대단하다. 일찍이 문화 연구 초기에 문화를 이데올로기의 작용으로 보고, 문화 연구를 이데올로기 차원에서 연구했던 영국 버밍엄대학 현대문화연구소Birmingham Center for Contemporary Cultural Studies의 주요 업적들이 언어에 개입하는 이데올로기로서의 문화(이데올로기로서의 문화에 개입하는 언어)를 구명하는 데로 흘렀던 것을 떠오르게 한다.

　문화를 연구하는 차원에서만 언어의 기능이 있는 것은 아니다. 행위로서의 문화, 즉 문화를 향유하는 데에도 언어는 필수적이다. 문화를 경험하고 그 가치를 내면화하는 과정에서 언어는 중요한 수행 요소로 가담하기 때문이다. 언어 없이 문화 경험을 내면화하는 것이 가능할까. 물론 이때의 언어는 꼭 발화된 언어만을 가리키지는 않는다. 내적 언어, 즉 사고를 일으키고 진전하고 추수追隨하는 내적 대화 기제로서의 언어다.

　필자가 문화의 산물인 그림 한 점을 감상하여 누리면서 그 가치와 의미를 내면화하는 과정에 언어의 작용을 기록해 보았다. 미술 작품을 감상하는 과정에서 일어났던 내 내적 대화를 이후에 다시 문자 언어로 텍스트화하여 SNS로 다른 사람들과 소통하였다. 이른바 행위로서의 문화를 여러 층위에서 경험하고 참여한 것이라 할 수 있다. 이 문화 행위의 층위는 대략 다음과 같이 분절되기도 하고 순환하기도 한다.

1) 문화(그림)를 마주하여 시지각視知覺으로 수용하는 층위

2) 전시의 주제인 '짐작'과 관련하여 그림을 느끼는 층위

3) 그림의 주제인 '짐작'과 관련하여 그림을 의미론적으로 해석해보려는 층위

4) 느낌과 해석의 결과로 모종의 미적 즐거움에 도달하는 층위

5) 미적 즐거움과 연결하여 도덕적 각성에 가닿는 층위

6) 이 일련의 내적 언어의 과정을 문자 언어로 재현하는 층위

7) 문자 언어 텍스트를 SNS로 소통하는 층위

이들 문화 행위의 층위가 순환하고 연결되면서 일어난 언어 작용, 즉 감상자의 내적 대화 과정을 다음 텍스트로 소개한다. 이 텍스트 자체는 위의 7개 층위 중 여섯 번째 층위에 해당한다.

김 화백의 그림 전시회에 갔다. 이번 전시회 전체의 주제 타이틀은 〈짐작斟酌〉이란다. "우리는 초승달을 보고도 만월을 그릴 수 있다."라고 말한 문태준 시인의 말에서 김 화백이 회화적 발상을 얻어 '짐작'이라는 주제로 그림들을 모아 놓았다. 내가 이 〈짐작〉의 전시에 울림 있는 공감으로 다가간 것은 문태준 시인의 아포리즘aphorism에 이끌린 바가 컸다. 문 시인의 아포리즘은 이러하다.

"좋은 작품은 다 말하지 않는다. 짐작의 공간을 넉넉하게 남겨 두는 데에 아름다움이 있다." '짐작'이 '여백의 공간'과 상통함을 일러주는 말이다. 김 화백의 작품 하나를 소개한다.

〈범섬〉, 김현철, 수묵 채색, 60.5×91cm

서귀포 앞바다 '범섬'이며, 울릉도 해안이며, 영월 청령포며, 김 화백이 그려낸 형상들은 여백의 미학을 쟁여 두고 있다. 그 여백으로 나는 '짐작의 사유思惟'에 든다. 여백은 형상의 바깥에만 있지 않다. 형상의 내부에서도 잘 연출되어 있다. 가령 그가 그린 바다는 화면에 가득 차 있으면서도 얼마나 넉넉한 비움을 던져오는지 모르겠다. 나는 그런 바다를 처음 대면하는 듯하다. 그가 그려놓은 하늘 또한 마찬가지다.

나는 자유롭게 짐작한다. 섬과 바다가 저렇듯 단순해져서 무슨 이데아처럼 추상화되는구나. 저렇듯 넉넉하게 비워놓는 방식이라니. 그림 속 사실寫實은 '실제의 사실事實'을 기묘하게 초월하는구나. 범섬이 갈라놓는 하늘과 바다의 선을 보며,

나는 하늘과 바다 그 구분의 의미 없음을 짐작해보기도 한다. 물론 내 짐작, 내 느낌일 뿐이다.

김 화백이 추구하는 자연 진경 안의 한량없는 여백은 나를 짐작으로 이끈다. 그리하여 나만의 의미의 심연에 이르게 한다. 그것은 '보이지 않는 것'을 '보이는 영역'으로 끌어올리게 한다. 그래서 짐작은 헤아림의 미학이다. '보이는 것'을 통해 '보이지 않는 것'을 헤아려 느끼게 하는 것이리라. 그림 앞에서 내 초월의 사유思惟가 동력을 얻는다. 마침내 '미적 즐거움'에 도달한다.

사실 나는 '짐작'이란 말에 대하여 오늘과 같은 심미적 경험으로 다가간 적이 없다. 이 말에 대하여 의미론적 사색을 해본 적도 없다. 그저 이 말을 일상 대화에서 기능적으로 틀리지 않고 사용해오고 있을 뿐이다. '짐작'을 두고 인문학적 상상을 풍성하게 거두어 볼 생각을 하지 못했다. 그런데 오늘 김현철 화백의 전시회가 보여준 '짐작'의 경지는 오묘했다. 나는 비로소 '짐작'을 새로 배우게 된 것이다.

원래 '짐작斟酌'의 '짐斟'이 '술 따를 짐'이고, '짐작斟酌'의 '작酌'도 '술 따를 작'이다. '짐작'은 순전히 술 따르는 행위에서 생겨난 말이다. 남의 잔에 술을 따를 때, 헤아려 보아야 할 것이 많다. 잔의 크기도 헤아려야 하고, 따를 술의 양도 헤아려야 한다. 술 따르는 속도도 헤아려야 한다. 그 이전에 상대가 지금 술을 마시고 싶어 하는지도 헤아려야 한다. 한창 마시는 중이라면 얼마나 취해 있는지를 헤아리는 것도 중요하다. 이것이 모두 '짐작'에 해당하는 것이다. 이를 헤아리지 못하면, 즉 짐작하지 않고 따르면 술잔은 넘쳐 쏟아지고, 술자리는 파흥으로 치닫는다.

생각이 여기까지 이르면 '짐작'은 상대를 간파하려는 단순한 추리적 의미를 넘어섬을 알 수 있다. '짐작'에는 상대를 배려하려는 어떤 도덕적 덕성이 있다는 이야기이다. 그뿐 아니다. 신중함의 태도도 스며 있고, 처지를 바꾸어 상대를 이해하려는 역지사지易地思之의 마음도 숨어 있다. 이들은 상당 수준의 '공감empathy' 역량에 해당하는 것이라 할 수 있다. 김 화백의 작품 전시 주제가 '짐작'인 것은 결국 작품에 대한 공감의 고양을 강조한 것이라 할 수 있다. 그것을 위해 특별히 '여백 지향의 그림'들을 창의적으로 기획한 것이리라.

돌이켜 보니 우리는 이 '짐작'이라는 말을, 덕성의 자질이 끼어들 여지조차 없는 범속한 말로 사용해왔다. 예를 들어보자. "뭐 짐작 가는 것 없어?", 이때의 '짐작'은 그저 단순한 추리다. "그 녀석 짓이라고는 짐작도 하지 못했어.", 이때의 '짐작'은 그저 의심한다는 뜻 정도다. "짐작하건대 끝까지 시인하지 않을 거야.", 이때의 '짐작'은 그저 상대에 대한 고정관념의 확인일 뿐이다. 좋지 않은 맥락에서만 '짐작'을 써온 것이다.

'짐작'은 도덕적 사고의 발단이 될 수 있다. '짐작'은 원래 타자를 중심으로 하는 헤아림이다. 그러나 요즘은 자기 중심의 짐작이 많다. 아니 이런 쪽으로만 '짐작'은 변전하여 온 듯도 하다. 자기 중심의 짐작은 '지레짐작'을 불러온다. '어떤 일이 일어나기도 전에 미리 넘겨짚어 어림잡아 헤아리는 것'이 지레짐작이다. 달리 말하면 '나 중심의 생각'에 빠져서 일방적으로 상대를 계산해보며 헤아리는 행동이다. 자기 이익에 매우 민감하고, 절대 손해 보지 않겠다는 심리가 '지레짐작'을 부른다. 자기 꾀에 자기가 빠진다는 말이 여기에 해당한다. 북한에서는 이를 '건짐작乾斟酌'이라고 한다. 윤기 없는 메마른 짐작이란 뜻이다. 짐작에 윤기가 있다는 것은 또 무슨 뜻이겠는가.

김 화백의 설명을 듣고, 그저 내 나름의 감수성으로 그림들을 감상하며, 스쳐 가는 생각들을 수첩에 메모했다. 이 감상에 언어의 도움이 시작된 것이다. 그러고는 처음 가졌던 생각, 즉 자연스럽게 '짐작'의 의미에 대해서 생각하기 시작했다. '짐작'을 그냥 통념의 뜻으로만 보지 말고, 좀 창의적 해석을 해볼 수는 없을까. 그림 전시의 주제를 '짐작'으로 내건 김 화백도 그런 창의적 발상으로 그림들을 그리지 않았을까. 그러다 보니 내가 알던 한자漢字 언어의 지식이 떠올랐다. 그것이 '짐작'의 뜻을 창의 있게 풀이하는 쪽으로 내 사고를 자극했다. 언어와 사고가 내 작품 감상을 더 넓은 의미론의 영역으로 융합하도록 했다. 물론 '짐작'과 관련하여 김 화백의 그림에서 느낀 직관들도 자연스럽게 융합에 합류하였다. 생각이 여기까지 왔을 때, 나는 이 경험을 한 편의 글로 써서 소통하고 싶었다. 그 글이 앞에서 제시한 글이다.

형식과 내용이 온전한 구조를 갖춘 글을 써야 하겠다고 마음먹는 순간, 생각이 많아지기 시작했다. 생각이 많아지기 시작했다는 것은 내 안에서 지금의 작품 감상 체험을 둘러싼 내적 언어, 즉 내 내적 대화가 많아지기 시작했다는 뜻이다. 물론 이 생각들이 모두 글의 내용에 들어가는 것은 아니다. 하지만 생각이 많아지기 시작했다는 것은 사고와 사고 사이에, 경험과 경험 사이에, 지식과 지식 사이에 상호성을 가지고 융합하는 과정이 풍성해지기 시작했다는 것이다. 이런 융합의 과정을 내적 언어들이 도왔다. 내 안에서는 지식 융합과 문화 융합의 프로세스가 더 역동적으로 더 정교하게 작동하였다.

그러한 점이 텍스트의 표면에도 나타난다. 정리해보면 다음과 같다.

첫째, 언어 경험과 문화 행위(회화 감상)의 융합이다. 일단 인지(앎)의 융합이 있을 수 있다. 그리고 정의와 감수성 차원의 경험들이 융합하였다. 전시장에서 본 회화 경험이 융합하지 않았다면 '짐작'에 대한 내 의미론적 인식은 더 나아가지 못했을 것이다. 문태준 시인이 Top down 방식으로 던져준 아포리즘은 융합의 사고를 모이게 하는 클라우드의 기능을 한 듯하다. 어찌보면 시와 회화의 융합을 경험한 셈이다. 따라서 이 문화 융합을 추동하는 중심은 전시의 타이틀로 던져진 '짐작'이라는 언어다. 그래서 위에 소개한 내 에세이의 제목도 「짐작」으로 하였다.

둘째, '짐작'이라는 말이 지닌 '의미의 확장'을 시도하는 과정에서 왕성한 언어(의미)의 융합을 경험하였다. 짐작이란 언어의 의미를 확장해보면서 인지적 요소가 인성이나 도덕성의 요소와 융합하는 프로세스를 확인할 수 있었다. '짐작'을 단순히 기능적 의미의 단어로만 쓰던 데서 한 걸음 더 나아가 배려와 소통의 미덕에 이를 수 있도록 융합이 작용했다. 여기에는 내가 심층에서 끌어 올린 한자 언어의 지식이 융합의 촉매 작용을 하였다.

셋째, 이러한 융합적 사고는 다시 회화의 감상으로 선순환하여 그림이 갖는 여백의 미가 수용자에게 '짐작의 가치'로 전이되면서 그림 감상의 묘미를 심화하는 미적 경험을 할 수 있었다. 또 언어 의미의 변화에 대한 통찰을 자연 발생적으로 불러일으키게 하며 언어 연구에서 있을 법한 의미론 지식에 대한 감수성을 일깨우게 되었다.

문화 행위에서 언어는 문화 경험과 문화 참여를 의미 있게 돕는 역할을 한다. 이때 언어의 역할은 문화 행위를 '융합의 모드mode'로 발전하게 하는 데서 두드러진다. 언어는 문화의 융합을 지속하게 하는 점에서 문화와 언어의 상관을 문화 연구에서 주목해야 할 것이다. '다문화 인문학'은 다문화 현상 안에 들어 있는 인문학적 요소에 대한 중요성을 강조하고, 다문화 연구에 인문학적 방법의 가능성을 높이기 위한 개념으로 볼 수 있다. 사회과학이 분석적이고 실증적이라면, 인문학의 탐구 지향은 총체를 드러내기 위한 통합 지향이 강하다. 언어와 문학은 그런 인식론에 잘 부응하는 인간 탐구의 인문학 영역이라 할 수 있다. 언어와 문학은 다문화 현상에 들어 있는 융합의 기제를 발견하고 의미화하는 데에 중요한 통로가 될 수 있다. 여기에 다문화 인문학의 한 가능성이 있다고 하겠다.

2. 문화 연구와 문학의 위상

문화 연구 방법과 문학의 관련

'문화인류학'이 20세기 중심 학문으로 자리 잡은 이래 문화를 보는 이론은 참으로 다양하게 발전되어 왔다. 연관되는 인접 학문 분야가 발전하면 그것이 문화이론 분야와 생산적인 상호성을 가지고 문화 연구 분야에 진화를 촉진하는 방식으로 발전해왔다. 여기서는 문화의 개념을 어떻게 보는지에 따라 문화 연구 (또는 문화이론)의 양상을 일별하고, 이것과 발전적 상생 관계에 놓일 수 있는 문학의 양태를 짚어 보기로 한다. 아울러 다문화교육에 대한 시사점도 함께 들여다보기로 한다.

기능주의 인류학은 사회와 문화를 구성하는 요소들을 개별적으로 이해하기보다는 전체로서 이해하고자 하였다. 각 요소는 전체 속에서 일정한 역할을 담당한다고 보고, 그것을 '기능'이라 불렀다. 구조주의적 관점이나 구조주의 연구 방법론과 맞물리는 문화 연구 영역이라 할 수 있다. 이러한 문화이론에서는 현존하는 사회 제도에 대한 조사를 중시한다. 예컨대 사회 제도로서 학교가 어떤 기능을 갖는지를 연구하는 문제, 방송이나 인터넷 등의 미디어 제도들이 사회적·문화적으로 어떤 기능을 하는지를 연구하는 문제 등에 관심을 가진다.

다문화 연구의 경우, 어떤 특정의 다문화 커뮤니티가 자신이 속한 사회 내에서 또는 자신이 속한 문화권 내에서 어떤 기능을 하는지에 관심을 가진다. 다문화 구성원을 대하는 국내 거주자 집단들이 다문화 구성원 집단을 어떻게 대상화하고 소외하는데에 어떤 기능을 발휘하는지를 사회의 구조·기능의 구도에서 파악하려고 한다. 문학 연구에서도 구조주의structualism 연구 방법은 전통적으로 유력한 연구 방법으로 인식되고 있다. 문학 작품을 하나의 '전체'로 보고, 이 전체를 구성하는 '부분들의 기능'을 여러 각도로 파악하는 것을 작품의 구조 이해의 방식으로 보았다.

문학 작품은 하나의 '세계'로 상정되기 때문에 이 '전체로서의 세계'를 부분과 관련하여 구조화하고 분석하여 어떤 의미를 찾아내는 방식은 다양하다. 김숨 작가의 『떠도는 땅』에서 이들 한인 강제 이주 집단의 계급적·계층적 구조를 작품 내적 구조 분석으로 찾아낸다든지, 강제 이주 과정에서 여성 집단과 남성 집단의 현실 의식과 태도를 개인 심리 차원이 아닌, 구조와 기능의 차원에서 들여다본다든지 할 수 있다. 이는 이들이 겪는 디아스포라 사태를 구조로써 보여주는 데 도움을 줄 것이다.

'문화 양식론'은 문화의 무한한 다양성을 주장하며 인류 문화를 상대적으로 파악하는 문화상대주의 관점이다. 문화 양식을 어떤 원형archetype에 따라 각기 의미 있게 유형화함으로써 어떤 특정의 문화가 갖는 그 나름의 가치 질서를 설명한다. 근대 이후 문화 연구가 과학적 방법론 일변도이었던 데에서 벗어나 공감적 통찰력에 의존하려는 연구 방법이기도 하다. 문화양식론은 이른바 문화권의 차이가 뚜렷하게 대비되는 인류학적 차원에서 유효한 개념이라 할 수 있다. '문화양식론'의 방법을 원용하여 다문화 교육을 돕는 다문화 인문학의 내용을 개발할 수 있다. 예컨대 베트남 출신 다문화 학생을 한국에서 이해하려 할 때, 그의 베트남 문화가 그 나름의 질서와 가치를 가진 베트남 고유의 문화적 원형을 바탕으로 하고 있음을 교육하는 내용, 방식 등을 강구할 수 있을 것이다.

문학 연구에서는 일찍이 신화 비평이니 원형 비평이니 하는 비평의 방법들이 있었다. 문학 작품 안에서 종족의 문화적 원형(상징)을 찾아서 해석해보는 방법이다. 초현실과 초월의 이미지를 다루는 시나 이야기 등에 이 비평 방법을 적용하였다. 각 민족의 설화 문학(신화, 전설, 민담 등)은 그 안에 자신들의 문화적 원형을 품고 있다. 그 문화적 원형은 그 민족의 문화적 상징으로 변환되어 나타난다. 설화는 종족이 지닌 일종의 믿음 체계가 오래 공유되며 공동의 내러티브로 정착, 변이, 전승되었다는 것이다. 신화학자들에 의하면 우리의 민담 〈해와 달이 된 오누이〉는 이야기 자체로는 비합리와 비현실의 이야기 같지만, 이것의 문화적 원형 상징은 해와 달 등 천체의 사물들도 가족적 인정의 관계로 인식하려는 우리 민족의 심리적 태도에 닿아 있다는 것이다. 여러 다문화 구성원이 함께 교육 받는 자리에서는 각기 모국의 설화를 가져와서 소개하고 서로 그 느낌을 토로함과 더불어 문화적 원형에 대한 감수성을 길러 보는 지도 방법을 권한다.

심리인류학은 심리학과 문화 연구가 상호성을 발휘하는 분야다. 심리인류학은 인간 발달에 사회적·문화적 요인이 중요하게 영향을 미친다는 전제에서 출발하여 '개인(심리)과 문화의 관계'에 대한 관심을 강조하였다. 이전까지 인성을 개인 심리 차원의 특성 또는 자질로 인식해 왔던 것에 대하여 문화 연구가 새로운 관점을 취한다. 즉 인성에 가해지는 문화의 작용을 주목한 것이다. 문화와 인성(성격character)을 설명하는 예로 한국 전통 사회에서 가부장 중심 문화를 들여다보자. 노동 집약적 벼 경작 중심의 농경 문화와 연관되어 문중의 위계를 중시하는 서열 강조의 인성, 남성 우월의 편향된 인성, 권위적 아버지의 인성, 유교 문화의 효제孝悌 사상에 따른 순종적 인성 등을 들 수 있다. 몽골 등의 유목 문화가 빚어내는 인성의 특성과 비교하면 차이를 보일 것이다.

일찍이 린튼Ralph Linton은 문화에 따라서 인성이 형성되는 점을 역설하였다. 그는 개인의 특정한 반응 대부분은 문화에 의해 설정된 한계들 내에서 이루어지며, 서로 다른 사회의 성원들에게서 복제된 것같이 똑같은 반응이 발견되리라 기대할 수는 없다고 말한다(랄프 린튼, 전경수 옮김, 1984). 그는 또 모든 문화에는 '이상적 유형ideal patterns'이라 불리는 것이 포함된다. 이는 사회 성원들 스스로 발전시킨 추상물로서 사람들이 특정 상황 하에서 어떻게 행동해야 하는지에 대한 그 사회 성원의 일치된 의견을 뜻한다(랄프 린튼, 전경수 옮김, 1984). 이렇게 보면 이상적 유형은 문화의 작용임을 알 수 있다. 이상적 유형이 말로만 존재하고 실제로는 나타나기 어렵다고 하더라도 그냥 무용한 것은 아니라 일종의 문화적 규범으로 작동한다.

심리인류학이나 문화인성론은 교육에서 활용할 수 있는 여지가 많아서 다문화 교실 학생 연구에 중요한 시사를 줄 수 있다. 다문화 상황에서 인성·성격 갈등은 각 문화권이 가진 문화가 제공하는 요인을 이해함으로써 줄여나갈 수 있는 여지를 갖게 한다. 다문화 교육의 교실 프로그램으로 개발하여 활용할 수 있을 것이다. 문학 영역에서 이를 돕는 방법은 무엇일까. 각 문화권이 위인이나 영웅 등을 어떻게 만들어내는지를 주목함으로써 문화가 요청하는 인성의 형성을 관찰할 수 있을 것이다. 독서문화와 관련해서 어떤 문화권이 그들의 차세대가 읽기를 바라는 위인전 텍스트를 분석해보는 방법도 유효하다. 또 그들의 전통이야기 속에 등장하는 캐릭터들이 현재 어떤 인정을 받는지를 살피는 연구도 가능하다. 문화 연구와 문학 연구가 잘 호응되며 오우버랩되는 장면이기도 하다.

문화는 현재의 삶과 의식을 지배하는 정신적인 기제이면서 유형·무형의 제도로서 작용한다. 이처럼 문화는 수평적 범주에서 작용하는 면을 강하게 가진다. 즉 일상의 현재적 소통 속에서 어떤 의미를 공유하고 언어와 생활의 양식을 공유하게 하는 과정과 현상이 있다면 이는 수평적 범주의 문화라 할 수 있다. 문화를 보는 이론적 관점 가운데 문화생태학, 문화해석학, 문화기호론 그리고 현상학적 인류학 등의 관점은 문화의 수평적 범주를 드러나게 하는 접근들이라 할 수 있다.

문화생태학은 원래는 자연 속에서 이루어지는 인간 생계 활동의 직접적인 기록 분석을 토대로 문화를 연구하는 분야다. 자연 속에서의 인간의 생산 활동을 기록, 관찰하고 그것을 분석함으로써 인간의 문화 생태를 유추할 수 있다고 보는 것이다. 그러나 지나치게 논리적 정합성을 추구하는 나머지 인간의 '마음'을 놓칠 수 있다는 결점이 지적된다.

문화생태학이 사회학적 방법론이 강한 것이라면, 인문학적인 방법론을 따르는 문화 연구의 분야들도 있다. 가령 문화해석학의 관점에서 보면 문화 분석은 법칙성을 추구하는 실험 과학이 아니라 의미를 추구하는 해석학의 관점을 중시한다. 텍스트 해석의 차원에서 문화를 설명하고 문화를 이해하고, 문화를 해석하는 작업을 중시한다.

대부분의 디아스포라 문학 텍스트는 문화해석학의 연구 대상이 될 수 있다. 디아스포라 문학을 표방하지 않더라도 문화 해석의 대상이 될 수 있는 문학 텍스트는 많다. 요즘은 영화 텍스트가 더 유용하게 분석 대상이 되기도 한다. 이 방법론에서는 이해를 이해하고 해석을 해석하는 작업의 중요성이 강조된다.『삼국지』같은 텍스트가 대표적이다. 원전이 연극이나 영화로 번역 제작된 작품은 더더욱 문화 해석의 질료로 사용하기에 좋다.『안네의 일기』,『나생문』,『미생』,『해리포터의 마법사』,『반지의 제왕』,『대지』,『아라비안나이트』,『십계』등은 모두 유용하다. 근대 유럽과 아프리카 문화의 교차를 볼 수 있는〈아웃 오브 아프리카〉, 쿠바 이주 한인 인물을 그린 영화 〈헤르니모〉, 나치 치하 유태인의 고난과 인류애를 그린 〈쉰들러 리스트〉 등 영화 텍스트만으로 된 것도 좋다. 문화 해석의 문법이 있기는 하겠지만, 그것을 준용하여 접근하는 것만이 정석은 아니다. 해석이란 원래 주관성이 허용되는 작업이므로 문화에 대한 이해, 다문화에 대한 포용성을 갖추고 몰입할 수 있는 활동으로 이끄는 노력이 중요할 것이다.

텍스트를 해석하는 것이지만, 여기서는 모든 문화 현상을 하나의 텍스트로 생각하는 태도가 중요하다. 그 텍스트에 1차 해석이 가해지고 다시 그 해석에 2차 해석이 가해지는 방식으로 문화를 연구해 나가는 것이다. 사실 문화 텍스트로 볼 수 있는 것은 많다. 소설, 그림, 사진, 건축, 그 문화권의 문화재, 풍속, 음식, 복식, 의례, 인물, 역사적 사건 등이 모두 문화 텍스트의 자리에 올 수 있는 것이다. 현상의 차원에서는 정치 현상, 경제 현상, 여가 현상, 미디어 현상, 교육 현상 등도 문화 텍스트의 자리에 세울 수 있다. 다문화 구성원이 해석에 모두 참여하여 해석에 해석을 가하며, 해석학적 순환을 하는 것 자체가 문화 연구면서 동시에 다문화 학습 활동의 성격을 띠게 된다.

문화는 상징으로 구체화되는 면이 있다. 상징 연구가 문화 연구와 상호 교섭되는 면이 있다. 한 만족의 고유한 문화 속에는 그 민족이 오랫동안 공유해온 '상징의 숲'이 있다. 거기에는 모든 자연물이나 인간이 만든 도구, 그리고 행동 규범이 스며 있고 합리적·과학적 접근만으로는 이해하기 어려운 깊은 의미가 심연에 내재해 있다(이어령, 1992). 상징인류학은 의미와 상징의 작용을 문화 작용의 핵심으로 파악하려는 문화 연구 방법이다. 문화는 상징 형식을 통해서 파악되는 의미의 패턴이라는 개념에 토대를 두기 때문이다. 의례ritual, 신화, 연극, 언어적 표상, 복장, 색채 등에 대한 의식 등이 대상이 된다. 각 문화권 지역의 상징화된 언어나 민속에 대한 연구가 여기에 해당한다고 볼 수 있다.

문화 연구의 확장과 융합

문화 연구의 인문학적·사회학적 배경은 매우 다양한 학제적 코드에 연결되어 있다. 사회가 가진 여러 요인이 역동적으로 문화 현상에 영향을 미치고, 그것을 해석하는 인문학적 코드들이 개발됨에 따라 문화 연구는 그 지향이나 방법에 있어서 아주 다채로운 스펙트럼을 이루게 되었다. 따라서 문화 현상을 연구하는 방법이나 실천적 접근이 매우 다양해졌다. 문화 연구 방법의 다양성이 강조되고 연구 대상의 폭이 확장된 것이다.

앞으로는 대중문화와 관련한 미디어 테크놀로지가 빠르게 발전, 변화하면서 문화의 융합이 활발해질 것이다. 무엇보다 기술technology에 관한 문화론적 연구가 주목 받을 것이다. 예컨대 젊은이들의 일상 문화로 들어온 게임 현상의 문화론적 설명을 어떻게 해야 할 것인가. 게임 현상에 대한 심리적·사회적·문화적 탐구 담론들은 기술 이데올로기에 대한 기본적 이해를 요청

할 것이다.

사회학(인류학)이 강조하는 문화 연구의 양상은 사회의 물질적 생산과 관련된 삶의 양식에 기울어지는 것이라면, 인문학적 방법의 영역(역사, 철학, 문학, 언어)에서의 문화 연구는 '의미 작용의 체계와 의미 생산'을 중시한다. 규범적으로 문화 연구는 이 양자의 변별적 의미 사이에서 상호성을 부단히 발휘하는 것이라 할 수 있다. 여기에 덧붙여 이제는 테크놀로지의 문화적 작용으로 생겨나는 문화 융합과, 그에 따른 의미 작용을 주목하는 문화 연구가 왕성해질 것이다.

'문화 융합'이란 말이 등장하여 다른 개념어들과 상호성을 가지게 된 지는 얼마 되지 않았다. 이 말에 쓰인 '문화'는 문화의 고전적인 개념들을 모두 반영하면서 탈근대 이후 생겨난 여러 문화 개념을 포괄하는 개념이다. '문화'가 '융합'과 결합하여 복합적 개념을 형성한다. 그리고 문화 융합에서 문화는 그것이 지금까지 지녀온 다양한 개념에 모두 연동되므로 매우 다채로운 중층重層의 의미를 띤다.

'융합'은 'AI'와 '사물 인터넷'과 '빅데이터' 등으로 표상되는 제4차 산업혁명 시대가 던져주는 가장 뚜렷한 변화(진화)를 나타내는 말이다. 이제 융합은 '기술의 융합'을 넘어서 인간의 모든 생산·소비의 활동 프로세스와 인간 의식의 작동 방식에 깊숙이 관여하는 그 무엇이 되었다. 이제 '융합'은 디지털 과학 기술의 패러다임이 단순히 기술 혁명으로 그치지 않고, 마침내 인간의 의식에 큰 영향을 미치고 있음을 보여준다. 이는 '문화' 또한 융합의 패러다임에 들어와 있음을 보여준다. '융합'은 일반 명사가 아니라 21세기 패러다임 변화에 결부되는 특별한 시대 변화적 의미를 띤 말이 되고 있다.

'문화 융합'의 개념을 논하면서 그간 전통적으로 정립되었던 개념으로 '문화 접변'이나 '문화 변동' 등의 개념을 잠시 참조해보자. 문화 접변 현상은 두 문화 사이의 접촉과 상호 작용으로 새로운 문화를 만드는 과정에서 기존 문화를 더욱 다채롭게 하는 면도 있지만, 기존 문화를 지키려는 입장에서는 고유성을 상실한다는 부정적 인식을 가질 수도 있다. 이는 대체로 장기간에 걸친 접변을 전제로 하는 것이었다. 문화 접변의 한 범주로 '문화 융합 현상'을 주목한 바 있다. 이는 두 문화가 오랜 기간 접변하여 제3의 문화가 형성되는 경우를 일컫는다. 중남미 나라에서 오랜 기간 식민 지배를 했던 스페인 문화와 원주민 문화 사이의 문화적 융합을 예로 들 수 있다. 이는 오늘날의 다문화 사회의 문화적 변전에 그대로 적용하기는 어려울 듯하다.

오늘날 등장하는 '문화 융합'이 대단히 큰 자장의 힘으로 문화의 세계에 변화를 준다. 제4차 산업혁명 시대의 패러다임 변화로 대두된 문화 융합은 인종이나 지역을 기반으로 하는 문화 자질보다는 1) 지식·기술로서의 문화, 2) 예술 양식으로서의 문화, 3) 언어 의미로서의 문화, 4) 소통 방식으로서의 문화, 5) 시민 가치로서의 문화, 6) 생산 양식으로서의 문화 등에 가깝다. 그리고 융합을 이루게 하는 것이 '자연 시간' 요인이라기보다는 글로벌 환경에 바탕을 둔 지식 생태와 기술 생태 등 역동적인 요인에 있다는 점이 주목된다.

따라서 오늘의 문화 융합은 오랜 기간에 느리게 진행되는 인종·지역 기반의 문화 융합과는 그 형질을 달리한다. 빠르고 다이내믹한 융합이 많아지고 있다. 그리고 이 융합은 두 요소(주체)의 상호성이 훨씬 더 역동적이며, 두 요소(주체)가 합해서 새롭게 형성되는 정도, 즉 융합의 정도가 훨씬 더 강하고, 그 때문에 나타나는 새로움의 자질이 창의적이다. 또 그런 만큼 융합에 관여하는 요소가 여럿으로 확장되는 다중 상관의 양태를 보임으로써 그 때문에 나타나는 다채로움과 다양성은 '문화 융합의 새로운 힘'으로 인식된다. 이는 디지털 기술 혁명과 미디어 생태의 변화에 문화가 진화론적 변화를 해나가는 현상이라 할 수 있다.

3. 문화 연구와 문화 교육의 기획

　문화 연구는 문화 교육의 기획과 내용에 바로 연계된다는 점에서 중요하다. 이렇게 말하면 전통적 문화유산에 대해서 교육이 가치를 부여하고 그것을 교육 내용으로 직접 가져오는 경우를 먼저 떠올리게 될 것이다. 문화가 수직적으로 소통되는 차원, 즉 전통 문화의 전승과 재창조는 교육의 주된 역할 중의 하나였다. 그러나 문화 연구 동향과 성과를 교육 쪽에서 이렇게만 파악하는 것은 문화 연구의 현실을 바르게 포착하는 것이라 할 수 없다.

　문화 연구는 현재의 일상적 삶의 방식에 대해서 여러 가지 사회 이데올로기의 관점으로 문화를 의미화하는 데로 더 나아가야 한다. 우리가 당면한 다문화 연구와 교육도 이런 문화 연구의 효과를 요청한다. 여러 가지 소통과 매개로 오늘을 사는 사람들의 지각과 의식이 어떻게 집단화하고, 그것이 우리 사회의 생태와 어떻게 호응하는지를 살피는 문화 연구가 되어야 한다. 이러한 문화 연구 동향을 교육은 전통 문화 내용의 전승 못지않게 중시해야 할 것이다. 특히 다문화 연구와 교육은 문화의 수평적 소통 생태를 다문화 사회의 진보를 위해 살펴서 반영해야 한다. 문화의 수평적 소통은 '지금 여기'를 사는 인간의 문화적 조건을 어떻게 이해해야 할 것인지에 대한 살아 있는 시사점을 제공한다. (다)문화 교육의 내용에 대한 시사만이 아니라 (다)문화 교육의 방법에 다가가는 시사들을 줄 수 있는 것이다. 미디어를 모르고서 문화를 이해할 수 없다는 논리가 바로 여기에 해당한다.

오늘날 소통이나 미디어를 관심 영역으로 하는 문화 연구는 '의미의 발생과 공유'에 대해서 다양한 현상을 연구한다. 이러한 연구들은 '현재 삶의 의미화'에 관심을 가진다. 공동체의 삶에서 일어나는 의미의 작용을 여러 가지 방법으로 연구하려 하는 것이다. 흔히 교육의 역할 가운데 '인간의 사회화'를 강조한다. '사회화'를 교육과 동의어로 보기까지 한다. 사회화의 구체적 과정이 바로 소통 현상이다. 의미가 공유되는 현상이란 것이 사람 사이의 온갖 소통을 전제하지 않고서는 이루어질 수 없는 것이다. 요컨대 문화 현상의 맥락에 교육이 있고, 교육 현상의 맥락에 문화가 놓여 있다. 다만 이 양자의 상호 작용이 이전보다 훨씬 더 다양하고 밀도 있게 이루어지고 있다는 점을 주목하게 된다.

삶과 교육을 문화론으로 보기

문화의 고전적 개념은 주로 인간의 정신적 활동의 산물로 얻어지는 것을 뜻했다. 문화의 개념을 결과적 산물로써 접근하게 되면 문화는 습득해야 할 내용으로서만 가치를 지닌다. 문화의 역동적 작용을 읽고 활용할 여지는 없어지고 마는 것이다. 또한 문화를 인간의 정신적 도야에 기여할 수 있는 것, 그래서 고급의 가치를 지니는 것으로만 접근하면, 인간의 발달과 의식을 문화론적으로 설명할 수 있는 여지는 줄어들고 만다. 정신적 활동과 무관한 분야는 문화의 개념으로 받아들이기 어렵게 되기 때문이다. 또한 이러한 관점에 서면 문화 생산자와 문화 소비자는 특정의 계층에 한정된다. 대중 다수의 보통 교육과 보통 삶을 지향하는 민주적 의식으로는 수용하기 힘든 개념이라 아니할 수 없다.

하지만 이제는 사람이 의식적으로 하는 일은 무엇이나 문화와 관련되어 있다고 본다. 음식, 의복, 스포츠, 관광, 여행 등 신체와 관련한 일도 모두 문화 속에 포함하게 되었다. 그리고 어느 한 특정 계층만이 문화를 생산하고 향유할 수 있는 것은 아니라 이제는 적어도 원칙적으로는 누구나 다 그렇게 할 수 있는 자격과 권리를 부여 받았다. 사람이 의식적으로 하는 일을 모두 '문화'란 말로 표현할 수 있게 된 것은 문화 개념이 정적인 개념에서 동적인 개념으로 바뀌게 되었음을 뜻한다. 네델란드의 철학자 퍼슨C.A.van Peursen은 이것을 "문화는 명사가 아니라 동사다."는 말로 표현한다. 이제는 작품을 생산하고 도구를 만들며, 아이를 키우고, 정박아를 돌보며, 회사 경영을 하는 것도 모두 문화적 행위로 보게 되었다. 문화는 역사적 유물에만 있는 것이 아니라 현실 속에서 타인과 더불어 살아가는 가운데 함께 생각하고 함께 행동하고 평가하는 인간의 모든 노력에 달려 있다(강영안, 1996).

문화는 어떤 공동체에 의해 의미와 가치가 공유되는 현상으로서 존재한다. 그런데 그 '공유되는 현상'이란 것이 사람 사이의 온갖 소통을 전제하지 않고서는 이루어질 수 없는 것이다. 소통이란 일상적이고 개인적이고 가시적인 것에서부터 역사적이고 사회 제도적이고 비가시적인 것에 이르기까지 여러 층위를 이루고 있어서 이러한 '소통의 총화總和' 자체가 '문화'의 개념으로 이해될 수도 있다. 소통에 참여함으로 해서 우리는 문화에 관여하는 것이다.

의미와 가치가 공유되는 현상을 문화라고 한다면, 그 문화 속에는 우리가 의미 있다고 공인하는 어떤 요소가 들어 있는 것이다. 그 '의미 있음'의 자질 때문에 우리가 향유하는 문화는 우리 삶의 텍스트가 된다. 이러한 삶의 텍스트는 그 자체로 교육의 내용이 될 수 있고, 교육의 의의를 시사하기도 한다. 다문화인이 그가 사는 사회 공간에서 어떤 소통에 어떻게 참여하는지를 살피는 것이 다문화 연구와 다문화 교육의 기반이 되어야 한다.

교육에서 문화의 개념이 중요한 것은 문화가 곧 소통 참여를 의미하기 때문이다. 교육과 사회화를 동의어로 사용하기도 한다. 현대 사회에서 소통에 참여하는 것을 배제하고서 '사회화'란 생각하기도 어렵다. 따라서 '사회화'가 이제는 '문화 교육'과 밀접한 연관을 가진다. 이처럼 문화는 삶의 텍스트이면서 소통을 통하여 삶의 역동성을 만들어준다.

삶의 현상을 문화론적으로 접근하면 교육의 여러 현상을 문화의 구조 속에서 파악하는 것이 가능해진다. 이른바 학교 문화, 교사 문화, 학부모 문화, 학원 문화, 교수 문화. 학습 문화,

평가 문화 등에 대한 접근이 다양하게 이루어질 수 있다. 또한 교사 양성 대학은 자신의 정체성에 걸맞은 '어린이/청소년 생활 문화'의 연구 가능성을 내다볼 수 있게 된다. 이러한 연구 노력 의 결과로 교육을 질적으로 통찰하고 그 발전을 기대할 수 있을 것이다.

문화적 문식성cultural literacy 교육의 중요성

유네스코는 일찍이 1960년대에 문식성을 '직업적·시민적 공동체와 개인적 필요에 의해 요구되는 문자를 다루는 복잡한 기능 세트'라고 정의하였다. 사회는 개인으로 하여금 문자 이해 를 넘어서 아이디어를 이해하고 평가하는 데 필요한 창의적이고 분석적이고 추론적인 기능을 요구한다. 따라서 문식성은 비맥락 화된 고립된 기능이 아니라 사회적·경제적·문화적 맥락의 범주 내에서 포괄적으로 정의된다. '미디어 문식성media literacy', '기능 문식성functional literacy', '문화 문식성cultural literacy', '비판적 문 식성critical literacy'과 같은 용어들은 이러한 사회적 맥락을 배경 으로 한 용어들이다. 정보화 사회의 환경에서 기본적 정보 소통 의 중심축에 놓이는 컴퓨터와 관련된 문식성은 더욱 중시된다. 이를 대량으로 소통하는 미디어들에 대한 문식성 또한 사회적 문 식성의 확장 유형 가운데 하나라 할 수 있다. 앞으로도 이러한 경 향의 문식성은 더 확장될 것으로 보인다(Edwards, 1997).

전문가들은 한 세대 전부터 문식성은 학교 중심 가치와 실제를 넘어선 사회적이고 문화적인 현상이라고 한다. 이러한 관점에서는 글을 읽고 쓰는 행위를 사회적·문화적·역사적 행위로 파악한다. 즉 문식성은 단순한 기능을 의미하는 것이 아니라 텍스트가 함의하는 사회 현상이나 구조에 대한 파악 능력으로 간주된다. 이는 문화 산물인 문화 텍스트에 대해서도 마찬가지다. 최근 많이 논의되는 비판적 문식성도 '텍스트 수용과 생산 능력 전반'을 의미하는 것으로, 언어와 문학이 갖는 사회적 힘을 인식함을 뜻한다. 이는 곧 문화 비판론의 패러다임에 대응하는 것이라 할 수 있다.

문화적 문식성이 교육과 관련해서 생성된 토양으로 미국을 들지 않을 수 없다. 미국 사회에서의 문화적 문식성은 주로 제2언어의 교육과 관련해서 구체화되었다. 제2언어 교육이 미국 사회 내의 소수 집단과 관련되어 있다는 점에서 '문화적 문식성의 문제'는 미국 사회 속에서 언어 문화의 역할은 무엇인가를 짚어 보게 한다. 그것은 사회적 약자에 대한 이해와 타자를 이해하고 상생의 관계를 지향하는 윤리적 태도로 연결된다. 그런 면에서 문화는 '덕성의 발달'을 돕는 성분을 효소처럼 안으로 분비한다.

또한 사회에서 주변화되어 온 사람들, 그 사람들에게 무언가 중심부로 향할 수 있는 능력을 부여해주어야 한다는 의식과 판단은 사회적 감수성이기도 하지만, 문화적 감수성이기도 하다. 어떤 문제가 사회적 의제이다가 그냥 사라지느냐, 아니면 문화적 의제로 변환되느냐 하는 것은 대단히 중요하다. 같은 의제이라도 그것이 문화의 차원에서 관심을 받게 되면 그 의제는 성공적 해결점을 찾을 수 있기 때문이다. 다문화의 상황일수록 어떤 문제가 성공적으로 해결되려면 구성원들의 문화적 공감을 얻는 일이 중요하다.

이러한 다문화적 토양은 미국처럼 원래 다인종 사회가 아닌 곳에서도 어느 정도 보편성을 띠고 있다. 우리 사회도 정보화 환경, 직업의 분화, 경제 환경의 세계화 등으로 빠르게 다문화 사회적 속성을 띠는 과정에 있다. 다문화 양상은 정도의 차이는 있을지언정 세계화의 보편적 양상으로 나타나고 있다. 외국인 노동자에 대한 인권 침해를 우리의 문화적 약점으로 인식하는 태도가 나타나는 것도 문화 교육의 관점에서는 의의를 지닌다. 다문화의 풍토를 이해하는 것은 상생의 삶을 실천하는 중요한 통로가 된다.

문화 현상 가운데는 상생의 가치에 반하는 것들이 없는 것은 아니다. 노동에서 차별과 양극화가 일어나고 상품, 기호, 상징 등을 소비하는 소비 문화의 장에서 구별과 차별이 생기는 것도 사회 문제가 문화 문제로 겹쳐져 나타나는 현상이다. 상징 체계의 창출자와 소비자가 격리된 삶을 제각기 구축하는 한 상징의 조작과 과소비, 물신 숭배의 문제성은 사라지지 않을 것이다. 그러나 이러한 부정적 국면들 역시 문화와 이데올로기를 바르게 이해함으로써 그 극복이 가능하다는 점을 인식할 필요가 있다. 이는 물론 문화적 문식성 교육이 감당해야 할 몫이기도 하다.

문화적 문식성이 다인종을 토대로 하는 다문화 사회의 배경 속에서 등장한 개념이다. 미국처럼 다원적인 사회에서는 지난 세기 마지막 사반세기 동안 문화적 문식성이 국가의 문화 교육 전략이 되도록 긴 시간 공을 들여왔다. 무엇이 미국 문화를 만들어내는지를 주목하고, 그 문화를 학습하도록 학교가 사용하는 텍스트를 누가 결정하는가 하는 문제와 관련하여 문화적 문식성의 문제를 논의해온 것이다. 문화적 문식성이라는 이름을 등장시키면서 문화의 내용을 교육의 텍스트로 구체화하는 구체적 아이디어와 관련하여 끊임없는 갈등과 논쟁이 미국 교육계에 있어왔다.[3]

허쉬(2002)는 대단히 광범위하고 다양한 현대 미국의 문화 가운데서 어떤 내용이 개인에게 의미 있는지를 중시함으로써 문화적 문식성의 개념을 제기한다. 커뮤니티 내에 학교가 다양하게 많아지고, 다문화의 인구가 증가하는 것과 관련해서 인지적, 교육적, 경제적, 사회적, 정치적 함의를 지니는 문식성을 상정하는 것이다. 그렇게 보면 문화적 문식성은 교육이 감당해야 할 일종의 현실적 도전이라 할 수 있다. 다문화 상황에서는 더욱 그러하다.

다문화 사회와 문학 교육의 방향

국가 교육 과정의 문학 교육 과정은 문학 교육 앞에 놓인

---

3 이하 '문화적 문식성'의 발생과 관련한 미국 사회의 토양에 대한 내용은 Purves(1994)가 편한 Encyclopedia of English Studies and Language Arts(vol 1)의 cultural literacy 편을 참조하였음.

사회적·문화적 환경을 돌아보며 문제적 현실을 다음과 같이 진술한다.

> 인간은 다양한 층위의 공동체의 구성원이며, 다른 구성원들과 연대되어 있다. 공동체의 구성원으로서 우리는 환경 문제, 다문화의 문제, 사회적 약자의 문제 등 다양한 문제에 직면해 있다(교육부, 선택교육과정에서의 문학 교육 과정 2015).

2020년 기준 한국 사회에는 250만 이상의 외국인이 살아가고 있다. 여기에는 외국인 유학생, 외국인 노동자, 결혼 이민자가 포함되어 있다. 한편으로는 한류가 문화의 힘으로서 글로벌 장벽을 넘어가고 있다. 지구촌에는 750만의 한인들이 진출해 있다. 내국인들이 바깥 세계로 나가 활동하는 것도 우리 사회가 다문화 사회를 확장적으로 경험하는 현상이다. 한국인과 한국 사회가 커지는 구심력과 원심력을 가지고 다문화 사회로 깊숙이 진입하고 있다.

넓은 의미의 한국 문화 가운데 문학이 포함되는 것은 자연스러운 일이다. 이러한 시점에서 문학 교육 또한 변화 속에서도 우리 사회의 특성과 맞물리는 문화 교육을 개발해야 하는 사명을 지게 되었다. 다문화 사회에서의 문학 교육이 문학 교육의 중요한 과제로 부상된 것이다. 문학 교육의 방향을 다음 세 가지로 제시해본다(구인환, 박인기, 우한용, 최병우, 2017).

첫째, 다문화 사회에서 문학 교육의 순기능은 문화 가치의 다원성을 이해하고 공유하는 문화를 만드는 데 있다. 무엇보다도 다문화 사회로 옮겨 가는 과정에 빚어지는 문화 충격이라든지, 문화의 몰이해로 빚어지는 문제 등을 소재로 한 문학 작품에 대해 관심을 가지고 그러한 작품을 문학 교육의 내용 텍스트로 삼아야 한다. 그런 작품들은 현재의 우리 문화적 상황을 이해하는 데에 필요한 문화 교육적 가치가 충분하다. 우리 자신은 물론, 외국인에게도 한국의 문화 상황을 이해하는 데 크게 도움이 된다.

둘째, 한국 문학 작품과 텍스트 연관성을 지닌 외국 작품에 대한 이해도 필요하다. 중국의 『삼국지』가 베트남에서는 어떻게 받아들였고, 한국에서는 어떻게 받아들였는지를 문화 내용 차원에서 알고, 문화 행위 차원에서 경험할 수 있도록 해야 한다. 나라와 시대가 다르면 문화가 수용되는 양상이 다르다는 점을 이해할 필요가 있다. 그리고 자국의 문학 교육을 통해 길러진 '문학 능력'은 외국 문학을 이해하는 데도 큰 도움이 된다. 한국에서 한국어 번역판으로 읽은 세익스피어의 『햄릿』은 유럽에서 충분한 문화 교류의 자산이 될 수 있다. 채만식의 『태평천하』는 중국의 노신이 쓴 『아Q정전』과 비교 연구가 된다.

셋째, 문학 교육 연구의 방법론이 새로워져야 한다. 비교문화론적 관점이 유용하리라 본다. 비교문학방법론만으로는 다문화 사회의 문학 현상을 설명하기 어렵다. 문화 정책 차원에서 수행되는 한국어 교육을 받은 사람들이 읽는 한국 문학, 그리고 그들이 이야기하는 자국 문학을 비교하는 데는 다른 방법론이 적용되어야 한다. 비교문화학이라든지, 비교교육학 이론을 비교문학이론과 접목하는 방법론 개발이 있어야 할 것이다.

가치 다원화 현상과 주체의 발달

문화 교육의 가치와 목적은 가치의 상대화 속에서 주관을 가지는 주체를 기르는 데 있다. 이는 문학 교육의 이념이나 목표와도 밀접한 관련을 가지는 것으로써 당연히 비판적 세계관을 필요로 하는 것이다. 그 비판적 세계관은 문화 현상을 더욱 복잡한 '관계의 망' 속에서 볼 수 있는 능력을 요구한다. 또 일상의 문화와 사회적 현상을 단순히 표피로만 보지 아니하고, 그 심층 구조를 바라보고 사고할 수 있어야 한다.

그러자면 우리가 겪는 문화 경험의 작용을 볼 줄 알고 이를 능동적으로 표현할 수 있어야 한다. 물론 이러한 능력에는 인간의 정신과 세계의 구조를 설명하는 다양한 지식이 밑바탕을 이루어주어야 한다. 그런 점에서 문화 교육과 지식 교육의 관련상을 제대로 정립할 필요가 있다. 이러한 교육적 활동을 통해서 학생들은 세계의 추상적 질서를 음미할 수 있고, 더욱 다양한 관계 속에서 '문화적 현상'과 '가치'를 다루는 지적 경험을 구체화해 갈 수 있을 것이다.

문화 교육은 경험에서 출발하여 문화 성찰하기로 이어져야 한다. 여기에는 이 시대의 정신과 풍조를 읽어내는 일과 문화 교육이 연관되기 때문이다. 이러한 필요는 대중문화의 경우에는 더욱 절실하다. 대중의 정신과 풍조는 그들이 즐기고 소비하는 대중문화의 여러 장르와 형식에 스며들어 있다. 대중 매체와 대중문화에 관련된 여러 텍스트의 본질을 파악하고, 이를 비판적으로 사고할 수 있는 능력이 요청된다.

대중문화 성찰하기는 우리 일상의 삶 속에서 소비의 성질을 파악하는 일이기도 하다. 대중문화 자체가 대량 소비를 바탕으로 하는 현대 자본주의 사회의 생활 양식과 밀접한 연관을 가지고 있기 때문이다. 대중문화 성찰하기는 궁극적으로 학생들의 인식과 판단과 사고를 바로 세우는 일이다. 문화는 의미와 가치를 어떤 공동체가 만들어내고 공유하여 상호 소통하는 현상이다.

대중이 어떤 의미를 두고 유행시키는 대중문화는 좋든 싫든 우리의 인식과 판단에 어떤 영향을 주는 현상이다. 이러한 대중문화의 속성과 풍토 속에서 우리 인간의 인식과 판단이 어떻게 이루어지고, 그 과정에서 어떤 가치가 부각되고, 인간과 사물의 본질이 어떻게 왜곡되는지를 발견하고 자각하는 과정이 교육에서 강조될 수 있다. 대중문화의 민중성과 그것에 기반하는 건강성은 그것대로 문화 교육의 중요한 영역이다.

4. 맺음: 문화 융합과 가치의 소통

　가치는 문화의 핵심이면서 문화를 표상하는 기치旗幟의 역할을 한다. 지식과 기술이 문화의 내용에 관여하는 것이라면, 가치는 문화의 내용이 집적하여 최종적으로 드러내는 정신적 지향이라 할 수 있다. 가치는 민족이나 사회 등의 공동체가 정신적 정체성을 유지하게 하며, 또 공동으로 추구하는 이념이나 관습 등으로 녹아들어 있는 것이다. 그러나 문화와 가치의 상관성은 일정하지 않다. 문화는 변한다는 것이다. 더불어 '문화에 대하여 인식'하는 '메타 문화'도 변한다. 이 점이 앞으로의 문화 융합을 인식하는 중요 포인트가 될 것이다.

　문화로서의 가치는 전통적으로 종족의 정체성을 구분하는 준거가 되었고, 따라서 문화로서의 가치는 적절한 배타성을 특징으로 한다. 문화 융합과는 다소 거리가 먼 것이었다. 가치 차원에서의 문화 융합은 오랜 시간에 걸쳐 이른바 '상호 허용과 승인'이라는 차원에서나 가능했다. 동양 유교 문화의 집단주의 가치가 유럽을 발생 토대로 하는 개인주의 가치를 허용하고 승인하면서 문화적 융합을 이루는 것, 역으로 서구의 물질주의 가치가 동양의 정신주의 가치를 허용하고 승인하는 것 등이 대표적이라 할 수 있다. 이런 문화 융합은 전술한 대로 오랜 역사적 시간을 통해서 이루어진다. 그런가 하면 전통 시대의 인종이나 영토에 따른 전쟁은 지금은 문화와 문화 간의 힘겨루기로 변해버렸다. 과거의 인종주의자가 지금은 문화주의자로 되어버렸다는 하라리의 지적이 설득력이 있다(Harary, 2018). 그런 점에서 보면 문화는 갈등과 불화의 얼굴로도 존재한다.

그러나 오늘날의 '가치 소통과 문화 융합'은 그 필요성과 작용 면에서 근대 이전의 그것과 큰 차이를 보인다. 그리고 그 차이는 사회 문화 생태의 급격한 변화에서 찾아야 할 것이다. 그리고 그 차이는 문화 융합의 필요성을 설명하는 것이기도 하다. 기술 혁명으로 지구촌은 그야말로 한 마을이 되었다. 전통 사회가 가지던 문화적 정체성은 인류 공동체들이 지구촌 안에서 서로 가까워짐으로써도 해체를 요구 받지만, 공간적 이동의 분주함과 시간적 공존의 삶이 불가피해졌다.

세계 각 지역, 각국이 그 어느 시기보다도 복잡한 다문화 생태에서 살아가게 되었다. 이러한 생태가 문화 융합을 강력하게 요구하고 추동하는 시대를 우리는 살고 있다. 지식이나 기술 등의 문화 내용 요소들이 문화 융합을 추동하는 것과는 비교가 안 될 정도로 '가치 소통과 문화 융합'의 과업(현상)은 현실의 주제가 되었고, 교육은 이 과업의 최전선에서 복무하게 되었다.

그러나 이 '가치 소통과 문화 융합'의 문제는 이전과는 또 다른 가치 갈등의 문제를 지니고 있어서 일정한 혼란을 수반하면서 나아갈 수밖에 없다. 문화 융합이 일종의 당위로 대두되는 상황에서는 미디어의 역할이 중요하다. 그러나 미디어는 그 자체의 자연 자유성autonomy을 중시하므로 기획적 의도를 구사하기 어렵다. 오히려 일부 미디어 현상에서는 문화 융합의 선순환을 방해하는 모습이 나올 수도 있다. 이런 점에서 특히 교육은 가치 소통의 과업을 미디어 현상에 맡겨두지 말고, 교육이 더욱 적극적 수행을 시도해야 할 것이다.

예컨대 지구촌이 공동의 생존을 위해 미래 과제로 채택하고 있는 기후 문제라거나 '지속 가능한 발전Sustainable Development' 등은 미래 문화 융합의 방향성에 대한 시사를 준다. 국제 사회는 새천년을 맞이해 제시했던 목표(2000년~2015년)이후 2015년 제70차 유엔총회에서 국제 사회가 2016년부터 2030년까지 달성해야 할 세상을 바꾸는 '지속 가능 발전 목표Sustainable Development Goals: SDGs'로써 17개 목표, 169개 세부 목표, 241개 이행 지표와 이행 체계를 제시했다. 200개 이상의 국가가 SDGs에 서명(동의)했고, 우리나라도 당시 대통령이 직접 회의에 참석해서 서명하고 돌아왔다. 적어도 지금부터 2030년까지 지구는 '지속 가능 발전'이라는 공동의 목표를 향해 뛰어야 한다(최돈형, 2020).

이처럼 가치가 문화와 상관을 맺어가는 양상과 방향은 21세기 인류의 생태와 현실 문제들에 따라 이전의 양상과는 많이 달라질 것이다. 문화 융합은 문화의 자연스러운 작용으로 인식되던 것을 넘어서 국제 사회 문제 해결의 수단으로, 글로벌 시민 사회의 의제agenda로 그 당위성을 높여 갈 것이다.

9장

—

정주민을 위한
다문화 문학으로서의
설화에 대한 이해와 접근

———

오정미

이 글은『동화와 번역』제28호(동화화번역연구소, 2014)에 실린「설화를 통한 정주민 대상의 문화 교육: 설화「밥 안 먹는 색시」를 대상으로」를 수정, 보완하여 재수록한 것임.

1. 들어가며

이민자 혹은 이주민의 나라라고 할 수 있는 유럽과 미국에서는 다양한 형태의 사회 사건이 발생하고, 그 원인을 이주민의 부적응에서 찾는 경우가 종종 있다. 미국의 사례를 보면 미국으로 이민 온 지, 5년과 7년 된 형제들이 경제적인 생활고와 꿈의 좌절로 극단적인 테러를 저지른 보스턴 테러[1], 조승희라는 한국계 유학생이 대학에서 무작위로 총을 난사한 사건 등, 모두 이주민의 부적응에서 그 원인을 찾는 사건들이었다. 그리고 이때마다 이주민들에 대한 사회적 비난과 경계심 그리고 다른 한편으로는 이주민에 대한 사회적 관심과 배려에 대한 경각심이 동시에 들끓었다. 이쯤에서 이주민의 부적응과 관련한 사건이 비단 미국과 유럽과 같은 이민국에만 해당되는 문제인가 되짚어 볼 때다. 과연 이주민들의 부적응의 문제가 미국과 유럽 등의 이민자 국가만의 문제인지 그리고 이주민들의 부적응이 이주민들만의 책임이라 재단할 수 있는 것인지 나아가 정주민들의 삶에 어

---

1 연합뉴스(2013. 04. 23) " 보스턴 테러… 이민 부적응자의 증오심일 수도."
: 미국의 보스턴 테러(2013년 4월)는 국제 마라톤대회에서 이민자의 신분인 형제가 폭탄을 터트려 무작위로 사람들을 죽인 사건이다.

떤 영향을 미치는지, 다각도의 깊은 성찰이 필요하다.

주지하다시피 다문화 사회에서 이주민들의 부적응에는 정주민들의 선입견과 편견이 주요 원인으로 작용하고 있다. 많은 정주민이 자신들의 삶의 방식대로 이주민이 살아가기를 요구, 즉 이주민이 정주 문화 속으로 동화 혹은 종속되어 살아가기만을 종용하는 양상을 보이고 있다. 그리고 이러한 사회 현상은 한국의 다문화 사회에서도 발생하고 있다. 동화 외에도 통합 나아가 변혁(오정미, 2012)[2]과 같은 이주민의 다양한 문화 적응 양상이 존재하지만, 실제로는 동화와 함께 종속의 문화 적응을 이주민에게 종용하는 경우를 종종 마주한다. 그것을 반영하듯 문화 적응을 위한 교육의 대부분이 동화주의적인 입장을 고수하고 있고 다문화 교육의 학습자는 주로 이주민으로 한정되어 있다. 다행히도 최근에 통합주의적인 다문화 정책에 힘입어 결혼 이주여성과 함께 다문화 가정 부부를 대상으로 한 교육이 확장되는 상황이다. 다문화 사회 초기에는 동화주의에 입각한 다문화 교육, 즉 한국 문화에 이주민을 흡수하고자 한 일종의 용광로 형태의 다문화 교육 방향이었다면, 여러 문제점이 발생하면서 동화 대신 각 민족의 다양성을 존중하는 샐러드 볼 형태의 통합을 바탕으로 한 다문화 교육이 교육의 중심 방향이 되고 있는 것이다(오정미, 2021b). 그러나 교육 현장에서 만날 수 있는 학습자는

---

2 '변혁'의 문화 적응은 필자가 설화를 통한 문화 교육을 위해 마련한 6개 유형의 문화 적응(동화, 통합, 변혁, 종속, 분리, 주변화) 중 하나다. 그 구체적인 내용은 '정주민 대상의 다문화 교육의 방향'에 소개하였다.

여전히 이주민이 대부분이고 정주민은 적극적인 형태의 학습자라고 볼 수 없다. 정주민이 능동적으로 변화하는 사회, 즉 다문화 사회에 대한 적극적인 사고의 변화를 가지지 않는다면 정책은 그저 정책으로 끝날 수밖에 없다.

그래서 이 글에서는 이주민 중심의 문화 교육에서 정주민도 함께하는 다문화 교육, 요컨대 정주민 대상의 다문화 교육의 방향에 대하여 구체적으로 모색하고자 한다. 이주민 대상의 다문화 교육에 대한 연구는 이미 많은 양이 축적되어 있고, 현시점에서 다문화 교육 나아가 상호 문화 교육으로까지 궤적을 확장하기 위해서는 무엇보다 이주민과 함께 정주민을 대상으로 한 다문화 교육이 수반되어야 하기 때문이다. 이러한 목표로 설화 〈밥 안 먹는 색시〉를 통해 정주민 대상의 본격적인 다문화 교육의 필요성과 그 의미를 제시하고자 한다. 여기서 본격적이라 함은 이주민을 배려한 시혜적 차원의 정주민 교육이 아닌 정주민의 삶, 그 자체를 위한 다문화 교육이기 때문이다. 이러한 관점에서 이 글에서는 일회적 차원의 타문화 체험 형식의 다문화 교육에서 탈피하여 정주민과 이주민이 어떠한 관계 형성으로 다문화 사회에 함께 공존하며 살아갈 수 있는지, 특히 이주민의 문화 적응이 정주민의 삶에도 중요한 부분이라는 점을 내용으로 한 다문화 교육을 제시하고자 한다. 다문화 사회는 이주민뿐 아니라 정주민에게도 새롭고 낯선 사회인만큼 정주민 대상의 본격적인 다문화 교육의 필요성과 방향을 제시하고자 하는 것이다.

따라서 이 글에서는 정주민 대상의 다문화 교육이 본격화되어 있지 않은 상황에서 일회적이고 시혜적인 차원의 다문화 교육이 아닌 본격적인 정주민 대상의 다문화 교육, 즉 함께하는 공동체 구현 차원의 다문화 교육을 제시하고자 한다. 특히 시론적인 차원에서 다문화 교육의 필요성을 제언하는 수준이 아닌 실제적이고 구체적인 정주민 대상의 다문화 교육을 제시하기 위하여 설화〈밥 안 먹는 색시〉와 같은 충격적이고 파격적인 서사의 설화를 다문화 문학[3]으로서 선정하였고, 정주민 대상의 다문화 교육과 함께 설화의 다문화 문학으로서의 가치도 입증하고자 한다.

---

3 기존 다문화 문학의 사전적 의미는 이질적인 여러 문화적 배경 속에서 나타나는 다양한 현상을 소재로 하는 문학이다. 그러나 이 글에서는 다문화 문학의 정의를 확장하여 기존의 의미와 함께 다문화 사회 구성원에게 인문학적 관점에서 다문화 사회에 대한 새로운 시각과 사고를 가능하게 하는 문학을 다문화 문학으로서 규정하였다. 이 글에서는 인문학적 관점에서 새로운 시각과 사고를 가능하게 하는 다문화 문학으로서 설화〈밥 안먹는 색시〉를 선정하였다.

2. 정주민 대상의 다문화 교육의 필요성

정주민 대상의 다문화 교육은 이주민의 삶을 위해 필요한 것이 아니다. 이주민을 위한 시혜적 차원의 다문화 교육이 아닌 정주민이 자신의 행복 실현을 위해 필요한 또 하나의 교육이 정주민 대상의 다문화 교육이다. 물론 이주민 나아가 다문화 사회를 위한 타자 지향이 다문화 교육의 최종 목표이기는 하지만, 정주민 대상의 다문화 교육의 일차적 목표는 다문화 사회라는 변화에 대한 적응, 즉 정주민의 행복한 삶이 가장 첫 번째의 교육 목표다.

그동안 정주민 대상의 다문화 교육은 상호 문화 교육이라는 취지 속에 정주민이 이주민의 언어와 문화를 경험하는 방향이었다. 예컨대 결혼 이주 여성의 남편들은 다문화 축제 등을 통해 아내 나라의 음식을 체험해보고 타국의 기본적인 언어를 배우는 형태를 다문화 교육으로써 경험하였다. 대부분이 이벤트 차원의 다문화 교육에서 발전하지 못하였고, 그 결과 애초의 취지와 달리 부작용을 낳기도 했다. 정주민이 자신을 다문화 교육이 필요한 학습자로서 인지하기보다 '다문화 교육은 이주민에게만 필요하다.', '정주민은 다문화 교육이 필요한 학습자가 아니다.'와 같은 잘못된 인식을 가지게 한 것이다. 마치 제2외국어로써 한국어를 배우는 한국어 교육이 정주민들에게 불필요한 것과 같이 정주민에게 다문화 교육이 불필요하다는 사고에 화룡점정을 찍게 만든 격이다. 즉 한국어 교육처럼 다문화 교육도 이주민에게만 해당되는 교육으로 낙인 찍힌 결과가 초래된 것이다.

그러나 다문화 사회는 이주민에게만 낯선 사회가 아니다. 그동안 살아왔던 터전과 익숙한 언어인데도 다문화 사회는 정주민에게도 낯선 사회다. 특히 한국 사회는 오랜 세월 단일 민족을 강조하던 사회로 다국적 이주민의 유입에 대하여 유연한 자세를 취하기 어려웠다. 그런데도 지금까지의 많은 사회적 관심과 학문적 연구 그리고 교육이 이주민 대상의 편향적 태도였고 정주민을 고려한 본격적인 관심과 연구, 교육은 도외시되는 형편이었다. 물론 소수자 입장의 이주민에게 정책과 교육의 대부분이 집중된 것은 당연한 결과일 수도 있겠지만, 중요한 점은 다문화 사회가 정주민에게도 낯설고 학습이 필요하다는 점을 고려하지 않는다면 짝짝이 신발처럼 불편한 다문화 사회가 될 수밖에 없다는 것이다.

'정주민에게 다문화 교육이 왜 필요한가?'라는 물음에서부터 논의를 시작해보면 그 답은 하나다. 그것은 행복한 삶 때문이다. 다문화 사회는 낯설고, 낯선 사회에서 생성되는 이주민을 향한 선입견과 편견은 정주민의 삶에도 영향을 미친다. 서론에서 언급한 바처럼 이주민의 부적응은 오롯이 이주민의 삶에만 영향을 미치는 것이 아니라 다문화 사회 전체에 영향을 미칠 수밖에 없기 때문이다. 그렇기에 타문화에 대한 선입견과 편견, 이주민의 문화 적응에 대한 올바른 이해를 수반할 때 정주민은 다문화 사회라는 환경의 변화를 행복한 삶으로 견인할 수 있다. 예컨대 정주민이 이주민의 다양한 문화 적응 양상을 인식하지 못한 채 오로지 강한 동화 심지어 종속 유형의 문화 적응만을 이주민에게 강요한다면 모두의 삶에 불행한 결과를 초래할 수밖에 없을 것이다. 그래서 이주민이 새로운 정주 문화를 공부해야 하는 것처럼 정주민도 다문화 사회에서 선택할 수 있는 이주민의 다양한 문화 적응 양상을 이해하고, 각각의 문화 적응이 파생할 수 있는 공동체 삶의 결과를 예상할 수 있어야 한다. 특히 이주민의 문화 적응은 정주민과의 관계 속에서 형성된다는 점 나아가 이주민의 문화 적응이 전체 다문화 사회에 큰 영향을 미친다는 점을 고려해보면 이주민의 문화 적응에 대한 이해가 다문화 교육 차원에서 정주민에게도 반드시 필요하다. 다문화 사회는 이주민뿐 아니라 정주민과 함께 만들어가는 공동체 사회기 때문이다.

다행히도 최근의 변화된 논의들을 통해서 정주민 대상의 다문화 교육의 필요성을 확인할 수 있다. 여전히 이주민 중심의 논의가 대부분이거나 혹은 이주민과 정주민을 피해자 가해자로 분리하는 편향된 이분법적 인식이 여러 통로를 통해 확산되고 있지만, 정주민을 고려한 연구들이 시작된 것이다. 양승민(2008)의 논의를 빌리자면 다문화 가정 부부를 대상으로 한 연구에서 여성학 분야는 결혼 이주 여성의 인권에 초점을 맞추고, 사회학 분야에서는 갈등과 부적응의 원인을 사회 구조에서 찾았으며, 사회복지학 분야에서는 갈등을 해결하기 위한 실천적 함의를 제시하는 데 주안점을 두고 있다고 한다. 이와 같은 연구들이 모여 최근에는 국제 결혼한 한국 남성의 사회 적응 문제에 초점을 맞추며 정주민들의 적응의 문제에 집중하기 시작하였다(이근무 외, 2009). 그러나 여전히 정주민의 적응 문제를 논하면서도 정주민 대상의 다문화 교육에 관한 연구는 쉽게 찾아보기 어렵다. 다문화 교육 혹은 문화 적응이라는 키워드로 살펴본 대부분의 연구는 이주민에게 초점이 맞추어져 있으며 정주민 대상의 다문화 교육은 아직도 중심이 아닌 주변부에 있는 것이다.

3. 설화 〈밥 안 먹는 색시〉를 통한
정주민 대상의 다문화 교육

다문화적으로 접근한 설화 〈밥 안 먹는 색시〉 소개

설화 〈밥 안 먹는 색시〉는 기존의 설화 연구에서 다루어지지 않은 작품으로, 미발표된 김헌선의 신화적 해석만이 존재한다. 그러나 연구 성과와는 별개로 어린이 대상의 동화책으로 재화가 이루어졌을 만큼 대중적인 관심을 받는 설화이기도 하다. 연구 성과가 많은 광포 설화들이 동화로 재화되는 점을 고려해보면 설화 〈밥 안 먹는 색시〉는 매우 이례적이다. 그리고 이례적인 상황은 우연이라기보다 설화 서사의 힘에서 기인한 것으로 보인다. 설화 속에 등장하는 이기적인 남편과 해괴한 색시들의 모습은 상상을 초월하는 파격적인 모습으로 흥미로우면서도 동시에 다양한 교훈을 전달하기 때문이다. 그래서 이 글에서는 설화 〈밥 안 먹는 색시〉가 가진 서사의 힘에 기대어 무엇보다도 다문화적으로 접근할 수 있는 지점에 주목하고자 한다. 즉 다문화 문학으로서 설화 〈밥 안 먹는 색시〉가 전달하는 인문학적 메시지에 주목하고자 하는 것이다.

먼저 설화 〈밥 안 먹는 색시〉를 다문화적으로 접근했을 때, 남자는 정주민이다. 남자의 집으로 편입한 여자들은 색시이면서 동시에 이주민의 자격을 가진다. 남자가 기존의 집, 기존의 문화권에서 자신의 방식대로 계속 살아왔던 사람, 즉 정주민이라면, 설화에 등장하는 두 명의 색시는 전혀 다른 곳에서 남자의 집으로 이주해온 이주민으로 볼 수 있기 때문이다. 그래서 설화 〈밥 안 먹는 색시〉는 정주민 한 명과 이주민 두 명이 존재하는 옛이야기다.

	정주민	이주민
남자	○	
색시 1		○
색시 2		○

다문화적으로 접근한 주인공들

국적의 이주처럼 공간의 이주로 설화 속 주인공들은 이주민과 정주민으로 구분될 수 있다. 그리고 새로운 환경으로 이주했느냐 혹은 그렇지 않느냐와 같은 공간 이주의 특성 외에도 설화 〈밥 안 먹는 색시〉의 주인공들은 이주민과 정주민의 관계로 볼 수 있는 수많은 이유를 서사 속에서 보여주고 있다. 먼저 구체적인 서사를 살펴보면 다음과 같다.

1) 남자가 입이 큰 여인과 혼인한다.
2) 색시가 밥을 많이 먹자 남자는 여인을 죽인다.
   (혹은 내쫓는다.)

3) 남자는 병어 입처럼 입이 작은 여인과 다시 혼인한다.

4) 남자는 새색시가 밥을 적게 먹는 모습을 보며 기뻐한다.

5) 남자가 곳간에 쌀이 차지 않는 것을 이상하게 여기며
    새색시를 다시 의심한다.

6) 남자는 몰래 새색시를 훔쳐본다.

7) 새색시는 머릿속의 숨겨둔 입으로 밥을 먹는다.

7-1) 남자는 첫 번째 밥 많이 먹는 색시를 다시 데리고 온다.

남자는 전혀 다른 삶을 살아왔던 색시와 함께 한 집에서 살고, 남자와 색시는 일종의 작은 다문화 사회를 형성한다. 그리고 현실 속의 사람들이 서로 다르다는 이유로 문화적 갈등을 경험하듯 설화 속 정주민인 남자와 색시 사이에도 다르다는 이유로 문화적 갈등이 발생된다. 남자와 색시도 다문화 가정에서 흔히 볼 수 있는 원초적이면서도 빈번하게 직면하는 음식 문화에서 갈등한다. 밥 한 톨까지도 아끼는 남자와 대식가인 색시는 서로의 다름에 갈등할 수밖에 없고, 결국 남자는 색시를 이해하지 못하고 죽이는 극단적인 상황에까지 도달한다. 이러한 남자의 행위는 이주민을 향한 정주민의 폭력을 상징화한 것으로, 타문화에 대한 배려와 존중 대신 혐오와 배타성이 낳는 결과가 무엇인지를 확인하게 한다.

실제로 많은 다문화 가정에서는 음식 문화와 연관한 생활 문화에서 문화 갈등을 경험하며 이것이 때로는 다문화 가정을 해체하는 불씨로 발전하기도 한다. 특히 음식 문화의 적응은 이

주민의 노력과 시간이 상당하게 요구되는 문제이지만, 언어 문화에 비해 상대적으로 빠른 적응을 정주민에게서 요구 받는 부분이 음식 문화기도 하다. 시어머니와 남편은 그 무엇보다도 음식 문화에 대해서는 이주민인 색시 혹은 며느리가 빠르게 한국 음식에 동화되기를 바라는 것이다.

(예) 음식 문화 차이에 따른 어려움 양상[4]

가. 처음에는 김치와 같은 맵고 짜고 시고 하는 여러 가지 양념 먹는 것이 내 취향에 맞지 않았습니다. 간장, 된장, 청국장의 독한 곰팡이 냄새가 식욕을 떨어트렸습니다.

나. 처음 한국에 생활할 때는 무척 힘들었습니다. 한국의 음식이 안 맞아서 밥을 안 먹은 적도 많았습니다. 음식도 짜고, 맵고, 무슨 음식인지도 모르고 필리핀 음식과는 너무나 달라 내가 먹을 수 있는 것이 없었습니다(박선옥, 2011).

결혼 이주 여성의 수기에서 확인하는 바처럼 음식 문화에 적응하는 문제는 그렇게 쉬운 문제가 아니다. 설화 〈밥 안 먹는 색시〉의 입 큰 색시가 본래의 자신의 식성대로 밥을 많이 먹고, 남편이 원하는 대로 소식하지 못하는 것은 수기 속의 결혼 이주

---

4 '2010 전국 다문화 생활 체험 수기 공모'(법무부, 행정안전부, 새마을운동 중앙회 공동 주관)에서 입상한 글들이다.

여성과 마찬가지로 이주 전의 문화를 가지고 있기 때문이다. 그래서 색시에게 밥을 많이 주지 않으려는 남자의 모습은 단지 탐욕 많은 한 인물의 행위라기보다 이주민을 자신의 가치관과 문화대로 종용하려는 정주민의 모습으로 해석할 수 있고 대식가의 습성을 고치치 못하는 색시의 모습도 이주 선의 원문화를 고집하는 이주민의 모습과 같다. 그래서 음식 문화의 갈등으로 남자가 입 큰 색시를 죽이는 장면은 문학적 상상력의 소산이지만, 단지 상상이라 치부할 수 없는 것은 현실의 삶 속에서 설화 속 남자를 우리는 종종 만나기 때문이다. 따라서 다문화 문학으로서 설화〈밥 안 먹는 색시〉가 전달하는 메시지에 주목해야 한다. 타문화를 향한 정주민들의 혐오와 배타주의가 가진 폭력성을 죽거나 괴물이 된 설화 속 색시들을 통해 각인해야 할 것이다.

현실에서 밥을 많이 먹는다고 죽이지는 않겠지만, 이주민의 다름 때문에 배타주의를 보이는 정주민이 있고, 그 때문에 불행한 결과를 마주하는 현실을 부정할 수 없다. 남자의 폭력성은 설화에만 존재하는 것이 아니다.

여자는 열 그럭얼 뚝딱 다 묵으쁘맀다. 다 묵으쁘듸만 횡 빈 그럭 들고 집이로 갔다. 저 마누래가 밥얼 열 그럭얼 묵고 살 수넌 없일기라카고 살짝살짝 뒤따라 집이 가 보너꺼네 마누래는 정지 가더이마넌 콩얼 반 되나 가 나와서 솥에 옇고 더걸더걸 뽁아서 묵었다. "시상에 이 안덜이 밥을 열 그럭얼 묵고 우째 배지가 덜 차서 콩얼 뽁아 묵노?"카고 배지를 푹 쑤시쁘렀다. 배지 안을 보이 콩간 데넌 뱀이 다 삭고 콩이 안 간 데넌 뱀이 안직 그대로 있었다. 아 밥 많이 묵넌 식충인가 했다(임석재, 1991).

남자는 결국 밥 많이 먹는 색시를 죽였다. 색시를 자신의 가치관으로 수용할 수 없자 살인이라는 극단적인 행동을 한 것이고, 이것은 타문화를 향한 편견이 낳은 결과다. 즉 남자의 엽기적인 행동은 다문화 사회에서 편견이 가져올 수 있는 무시무시한 결과를 상징화한 것으로, 상징적이면서도 동시에 현실적이다.

다문화 문학으로서 설화 〈밥 안 먹는 색시〉는 타문화에 대한 선입견과 편견의 문제, 이주민을 향한 배타주의와 폭력 등을 성찰의 관점에서 문제 제기를 하고 있다. 그래서 다문화적으로 접근한 설화 〈밥 안 먹는 색시〉가 보여주는 정주민에 대한 비판적 성찰은 정주민 대상의 첫 번째 다문화 교육 내용이라 하겠다. 설화 속 남자의 부조리한 면은 정주민의 부정적인 면모를 타자화하여 그것이 가진 문제점을 성찰하게 한다. 오래전부터 사람들은 문학을 통해 경험해보지 못한 이문화 속의 사람들과 상호관계를 맺으며 공감 능력을 배양하고 있었고(오정미, 2021a) 다문화 문학도 문학의 본질대로 정주민과 이주민의 삶을 공감이라는 형태로 성찰하게 만들 것이다.

설화 속 남자와 이주민인 색시의 모습에서 다문화 교육적으로 접근할 수 있는 성찰적 내용은 구체적으로 다음과 같다. 남자 때문에 죽은 첫 번째 색시, 그리고 머릿속 입을 가진 두 번째 색시는 다문화 교육 차원에서 중요한 화두를 던진다. 남자 때문에 죽은 첫 번째 색시는 정주민의 폭력으로 상처 받은 이주민의 모습이고, 뉴스와 같은 사회 사건을 통해 이미 그 문제의 심각성을 인지하고 있다. 그래서 이 글에서 주목하는 이주민은 머릿속에 입을 가진 두 번째 색시다. 정상적인 입이 아닌 머릿속에 숨겨 둔 입은 매우 기괴하고 동시에 충격적이다. 설화 〈밥 안 먹는 색시〉의 핵심적인 장면은 두 번째 색시가 남편 몰래 머릿속 입으로 주먹밥을 던져 먹는 장면이다.

> 색시가 머리를 툭툭 쳐서 머리카락을 뒤로 훌렁 넘겼습니다.
> 머리 꼭대기에 커다란 입이 스윽 나타났습니다.
> 색시가 주먹밥을 머리 위로 풍덩풍덩 던져 넣었습니다.
> 커다란 입이 풍덩풍덩 다 먹어 버렸습니다.
> 개미구멍만한 입이 말했습니다. "맛있다, 맛있어."
>
> (권사우, 2006)

색시는 짓눌린 문화적 본능을 해소하기 위하여 결국 머릿속에 입을 가진 괴물이 되었다. 이러한 비정상적인 상태를 다문화적으로 접근하면 그것은 이주민으로서의 색시가 새로운 남자의 집에서 부적응했음을 의미한다.

부적응 유형의 문화 적응에는 종속 유형이 있다(오정미, 2012). 종속 유형은 이주민이 주체성을 잃고 정주민과의 소통에도 실패한 채 결국에는 정주 문화에서 살아갈 수 없는 문화 적응을 의미한다. 종속 유형의 문화 적응을 겪는 설화 속 주인공에게는 시어머니의 고된 시집살이를 이겨내지 못하고 죽어 밥풀 꽃이나 구렁이와 같은 원혼이 된 며느리들의 모습이 있다(오정미, 2012). 밥풀 꽃이나 구렁이와 같은 뒤틀린 형상이 종속 유형의 문화 적응이 가지는 비참함을 상징화한 것이다. 머릿속 입 달린 색시의 모습도 다를 바 없다. 밥을 많이 먹는 모습을 숨기는 색시의 모습에서 색시가 주체성을 잃어버렸다는 사실과 함께 이미 정주민과의 소통도 거부 당해졌다는 점을 알 수 있다. 그래서 다문화적으로 접근했을 때, 머릿속에 입이 달린 색시는 종속 유형의 문화 적응을 하는 이주민을 표상한다. 색시의 뒤틀린 형상은 정주민들에게 종속 유형이 무엇인지를, 즉 자발적 의지로 정주문화에 편입하는 동화 유형의 문화 적응과 타자에 의해 강요 당하는 종속 유형의 문화 적응의 차이점을 구체적으로 제시하며, 최종적으로 이주민의 문화 적응이 결국 정주민과의 관계 속에서 형성됨을 정주민에게 전달한다. 이것이 정주민이 다문화 교육을 받아야 하는 이유이자 교육 내용이다.

색시의 머릿속 입은 설화를 재화한 동화책 속에서 더욱 빛을 발휘한다. 머릿속 입이라는 충격적이고 파격적인 색시의 괴물과도 같은 모습은 종속 유형의 문화 적응을 하는 이주민을 상징적으로 보여주면서 동시에 더 중요한 의미를 전달한다. 그것은 정주민이 가진 이주민에 대한 선입견과 편견이다. 그동안 이주민에 대한 선입견과 편견 등에 대한 담론들은 수없이 오갔지만, 그것이 낳은 결과, 즉 이주민의 상처가 무엇인지는 여전히 불명확했다. 편견은 눈에 보이지 않는 추상적 담론이기에 선입견과 편견이 가진 파괴력을 시각적으로 확인할 수 없었던 것이다. 그러나 머리에 입이 달린 색시의 모습, 특히 삽화로 보는 머릿속 입은 그 기괴함만큼 정주민이 이주민에게 가지는 선입견과 편견이 낳는 비참한 결과를 시각적으로 목도하게 한다.

　색시가 밥알 3개만으로 배불리 먹는 것을 좋아하던 남자. 남자는 색시가 자신의 뜻대로 살아가고 있음에 만족해하며 살아갔다. 어느 날 남자는 자신의 뜻대로 종속되어 살아간다고 믿었던 색시가 많은 양의 밥을 먹는 사실을 알고 충격에 빠진다. 그리고 남자의 선입견과 편견은 색시를 머릿속 입 달린 괴물로 만들어 버린다. 머릿속 입으로 밥을 먹는 해괴한 색시의 모습은 어쩌면 남자가 만들어낸 허상으로, 남자가 느낀 충격, 다시 말해 색시를 향한 남자의 선입견과 편견, 그 자체를 상징할 수도 있다. 물론 이와 같은 해석은 상상력의 소산이기는 하다. 그러나 색시가 자신과 다르다는 점과 자신의 뜻에 따르지 않는다는 점에서 남자가 색시를 괴물로 보았다는 것은 충분히 공감할 수 있는 다문화적 해석이다. 이와 같은 해석에는 편견이 인간 내면에 존재하는 변화에 대한 적대감이나 두려움의 증후군을 함축한다(김진희 외, 2014)는 정의를 바탕으로 한다. 남자는 자신과 다른 색시에게 편견의 잣대를 들이대기 시작하고 대식가인 색시를 보는 순간, 적대감과 두려움을 그대로 표출하며 색시를 머릿속 입 달린 괴물로 만들어버린 것이다. 즉 입 달린 괴물을 통해 남자는 자신의 편견을 그대로 드러내는 것이다.

　그래서 설화 〈밥 안 먹는 색시〉는 나와 다른 존재에 대하여 낙인을 찍고, 적대적 태도를 가지는 선입견과 편견의 과정을 서사화한다는 점에서 다문화 문학으로서의 자격을 가진다. 나와 다름을 다른 문화로 보기보다 그것을 부정적으로 간주하는 것, 그래서 남자가 색시를 괴물로 보는 것이 설화 〈밥 안 먹는 색시〉를 정주민 대상의 문화 교육 텍스트로 선정한 중요한 이유다. 정주민이 가진 편견이 무엇인가를 구체화하며 정주민이 자신을 되돌아보게 하는 성찰적 메시지를 전달하고, 이것이 정주민을 대상으로 문화 교육을 해야 하는 이유며, 동시에 교육 내용이다. 그러나 이와 같은 비판적 성찰은 설화 〈밥 안 먹는 색시〉를 다문화적으로 접근하는 중요한 이유이기는 하지만, 가장 중요한 이유라고는 할 수 없다. 가해자격의 정주민의 모습과 피해자격의 이주민의 모습은 설화 〈밥 안 먹는 색시〉를 굳이 활용하지 않아도 우리는 충분히 인식하고 있으며, 그만큼 정주민의 편견에 대한 경각심과 이주민에 대한 배려는 사회적으로도 합의된 바이기 때문이다.

설화 〈밥 안 먹는 색시〉를 정주민 대상의 다문화 문학으로서 선정한 가장 중요한 이유는 따로 있다. 범박하게 말해 정주민도 다문화 교육이 필요한 학습자라는 점, 즉 정주민이 이주민이나 사회 공동체를 위해서 다문화 교육의 학습자인 것뿐 아니라 자신들의 행복한 삶을 위해 다문화 교육이 필요하다는 사실을 인지하기 위함이다. 예컨대 약자 입장의 이주민을 보호하고 존중하기 위한 시혜적 차원에서의 다문화 교육이 아닌 정주민의 행복한 삶을 위한 다문화 교육의 필요성을 제시하고자 한 것이고,

설화 〈밥 안 먹는 색시〉를 재화한 동화책 『밥 안 먹는 색시』에서 구체적으로 그 답을 찾을 수 있다.

정주민 대상의 다문화 교육의 방향

동화책 『밥 안 먹는 색시』는 설화 〈밥 안 먹는 색시〉를 바탕으로 한 최초의 동화책으로, 2006년에 출판되어 현재도 출판하고 있다.

이 글에서 다문화 교육을 위한 텍스트로 제시하는 동화책은 설화의 인물 설정과 기본 서사를 그대로 유지하는 동화책 『밥 안 먹는 색시』(김효숙 글, 권사우 그림, 2006)이다.

> 우리 색시가 주먹밥을 머리 위로 풍덩풍덩 던져 넣었습니다. 커다란 입이 풍덩풍덩 다 먹어버렸습니다. 개미구멍만 한 입이 말했습니다. "맛있다, 맛있어." 욕심 많은 남자는 그 모습을 보고 곳간도 버리고 색시도 버리고 다리야 날 살려라 멀리멀리 도망을 갔습니다(김효숙 글, 권사우 그림, 2006).

재화된 동화책의 마지막 장면에는 머릿속 입으로 밥을 먹는 색시를 본 남자가 겁에 질려 집과 모든 것을 버리고 도망가는 장면이 추가되어 있고, 이 지점이 다문화 교육을 위해 중요하다. 남자는 이제 가해자의 모습이 아니기 때문이다.

남자는 이제 색시를 마음대로 종용하려 했던 정주민으로서의 모습이 아니다. 집을 버리고 도망 나오는 남자에게서 색시만큼이나 측은한 모습이 보인다. 즉 가해자의 정주민이 아닌 피해자의 정주민의 모습이 보이는 것이다. 그리고 남자에 대한 측은함은 도망 가는 서사가 덧붙여지지 않은 본래의 설화에서도 똑같이 느껴진다. 소중한 집이라는 공간을 버리고 도망 가는 남자의 모습이 설화에 직접 언어로 표현된 것은 아니지만, 그런데도 동화책의 마지막 장면이 설화의 남은 여백에서도 고스란히 전달된다. 그 이유는 할머니의 웃음에서 알 수 있다.

> 밥 묵는 각시를 안 얻고, 밥 안 묵는 각시를 얻어 논께네 양식만 더 밥 묵는 각시 보다 더 많이 드더란다. 그래 본께네 꼭뒤(뒤통수)를 따고 옇더란다. 그 이약(이야기) 아이가?] [웃음] (한국구비문학대계 8-1)

설화에서는 동화와 달리 색시가 숨겨놓은 머릿속 입으로 밥을 먹으며 이야기가 끝난다. 동화처럼 구체적 결말이 제시되어 있지 않지만, 할머니의 웃음을 통해 설화의 열린 결말이 동화와 별반 다르지 않다는 사실을 추측하게 한다. 할머니의 웃음에는 남자에 대한 조롱, 비판이 담겨 있고 남자가 집을 버리고 도망 가는 동화책의 서사와 의미하는 바가 다를 바 없다. 즉 열린 결말로 이야기가 끝나지만, 설화도 동화처럼 남자 역시 머릿속에 입이 달린 색시와 같이 행복하지 못하다는 결말이 내재해 있는 것이다. 죽거나 괴물의 모습으로 쫓겨나는 색시들만이 피해자인 것이 아니라 남자 역시 모든 것을 잃은 또 다른 피해자임을 할머니의 웃음을 통해 깨닫는다.

그래서 동화와 함께 설화 〈밥 안 먹는 색시〉는 색시뿐 아니라 남자도 모든 것을 잃은 피해자라는 사실을 서사화하여 누구보다도 정주민이 다문화 교육이 필요한 이유를 전달한다. 즉 다문화 문학으로서 설화 〈밥 안 먹는 색시〉는 정주민에게 이주민의 문화 적응이 정주민 본인의 삶과 깊은 연관성을 가진다는 메시지를 전달한다. 정주민 대부분이 이주민의 문화 적응을 이주민의 문제로만 치부하며 이주민의 불행으로 한정 짓는다. 그러나 실제로는 정주민의 폭력에 따른 이주민의 부적응은 이주민 개인의 불행에서 가정의 해체로 나아가 사회 문제로 발전하여 다시 내 문제로 되돌아온다. 예컨대 이주민인 아내의 가출과 같은 부적응의 결과는 정주민을 포함한 다문화 가정의 해체를 야기하고 정주민의 삶, 나아가 한국 사회의 근간마저 흔들며 다시 개인의 삶까지 피폐하게 만든다. 이러한 실제적인 현상을 앞에 두고 많은 사람은 이주민의 문화 적응을 이주민의 문제로 간과하는 오류를 범한다.

이러한 점에서 설화 〈밥 안 먹는 색시〉와 같은 다문화 문학은 정주민들에게 이주민의 문화 적응이 정주민의 삶과 깊은 연관이 있음을 서사로 전달하며 정주민들에게 다문화 교육의 필요성을 제시한다. 남자의 비참한 모습을 통해 다문화 사회에 대한 이해, 이주민의 문화 적응에 대한 학습이 정주민에게도 반드시 필요하다는 점을 전하기 때문이다. 즉 다문화 사회라는 낯선 사회에서의 적응이 이주민에게만 해당되는 것이 아니라 정주민에게도 필요한 것이며, 이주민의 삶이 곧 내 삶 나아가 우리가 속한 사회의 삶의 방향이라는 점을 설화 〈밥 안 먹는 색시〉를 통해 학습할 수 있는 것이다.

다문화 사회에서 유효한 의미를 전달하는 설화 덧붙여 누구나 쉽게 접할 수 있는 콘텐츠로 재화된 설화는 새롭게 다문화 문학으로 규정할 수 있다. 설화라는 좋은 이름이 있는데도 굳이 다문화 문학이라 이름을 하나 더 붙이는 것은 오랜 세월 사람들의 삶이 고스란히 담겨 있는 설화가 현재의 다문화 사회 삶에서도 진행형의 길잡이기 때문이다. 한민족을 강조하던 한국인에게 다문화 사회는 낯설고, 그 낯섦이 때로는 예상치 못한 방향으로 흘러갈 수도 있지만, 설화 〈밥 안 먹는 색시〉와 같은 다문화 문학은 고전적 의미의 교훈 외에도 다문화 사회라는 현재의 삶에 성찰적 메시지를 전달한다.

4. 나가며

다문화 사회에서의 다문화 교육 학습자는 대부분이 이주민이었다. 정주민 대상의 다문화 교육이란 시혜적 차원으로 이주민의 문화를 체험해보는 형태, 예컨대 결혼 이주 여성의 남편들이 아내 나라의 음식을 함께 요리하고 간단한 언어를 배우는 형태였다.

그러나 다문화 사회는 이주민과 함께 정주민에게도 낯선 환경이다. 한국의 경우는 몇 년 전만 해도 단일 민족을 강조하던 국가로, 전혀 다른 문화권의 구성원과 함께 어울려 산다는 것은 정주민인 한국인에게도 녹녹치 않은 일이다. 그래서 정주민도 다문화 사회에 대한 진지한 이해, 변화된 환경에서 새롭게 살아가는 방법, 즉 다양한 문화권 사람과의 공동체 삶에 대하여 체계적으로 학습할 필요가 있다. 그래서 다문화 사회에서의 정주민의 행복한 삶이 가장 첫 번째의 교육 목표가 되어 정주민 대상의 본격적인 다문화 교육이 필요한 것이다.

이에 설화〈밥 안 먹는 색시〉를 다문화 문학으로서 선정하여 정주민에게 필요한 다문화 교육의 내용을 제시하였다. 또한 설화를 재화한 동화책 『밥 안 먹는 색시』를 통해서도 다문화 교육의 내용을 구체화하였다. 자신의 집이란 영역에서 계속 살아가던 남자를 정주민, 그 남자와 결혼하여 남자의 집으로 편입한 첫 번째와 두 번째 색시를 이주민으로 상정하였다. 대식가인 색시와 소식을 종용하는 남자와의 갈등을 비롯한 여러 서사를 다문화적으로 분석하였다. 특히 머릿속 입으로 밥을 먹는 해괴한 모습의 두 번째 색시에 집중하였고, 그 결과 색시의 머릿속 입을 통해 정주민의 선입견과 편견이 낳은 이주민의 피폐해진 삶을 시각적으로 확인하였다. 그리고 이주민의 부적응이 이주민의 불행한 삶을 초래할 뿐 아니라 결국에는 정주민에게도 부메랑처럼 되돌아온다는 다문화 교육 차원의 중요한 메시지를 전달하고자 하였고, 이러한 내용이 정주민 대상의 본격적인 다문화 교육의 필요성이자 방향이었다.

그리고 설화 〈밥 안 먹는 색시〉처럼 다문화 사회 구성원에게 인문학적 관점에서 새로운 시각과 사고를 가능하게 하는 문학을 다문화 문학으로 규정하며 설화의 다문화 문학적 가치를 조명하고자 하였다. 문학이 가진 본질은 시대를 초월하여 불변하지만, 문학 작품의 해석은 당대의 사회 문화와의 상호 작용 속에서 끊임없이 변화할 수 있기에 고전적 해석에서 나아가 다문화적으로 접근하여 작품을 재해석한 것이다. 일종의 질풍노도의 시기를 겪는 현재 다문화 사회에서 욕심 많은 남자와 밥 많이 먹는 여자의 이야기가 아닌 정주민과 이주민의 관계로 접근한 설화 〈밥 안 먹는 색시〉는 다문화 사회에서 의미 있는 설화의 향유며 다문화 문학의 탄생이라 하겠다. 다문화 문학으로서 다양한 문학 작품을 재해석하고 우리 사회에 환언하는 과정은 이주민과 정주민의 경계를 허물고 다양한 문화가 공존하는 진정한 다문화 사회를 만들어가는 21세기 문학 향유의 과정일 것이다.

참고 문헌

———

강영안 외(1996). 문화철학: 문화 개념의 철학적 배경, 철학과현실사.

게랄트 휘터, 박여명 옮김(2019). 존엄하게 산다는 것, 인플루엔셜.

구인환·박인기·우한용·최병우(2017). 문학교육론, 삼지원.

권사우(2006). 밥 안 먹는 색시, 길벗어린이.

권순희(2010). 다문화 사회의 국어수업: 다문화시대 문화간 의사소통 능력 향상을 위한 교육 자료,
　　　국어교육학연구, 38, 33~70.

김대숙(1988). 여인발복 설화의 연구, 이화여자대학교 박사 학위 논문.

김미나(2009). 다문화 사회의 진행 단계와 정책의 관점: 주요국과 한국의 다문화정책 비교 연구,
　　　행정논집, 47(4), 193~223.

김민경(2012). 국제결혼한 한국남성의 사회부적응 우울 및 자아탄력성과 일상생활만족에 대한 연구,
　　　한국생활과학회지, 21(4), 679~693.

김병모(1998). 금관의 비밀 - 한국 고대사와 김씨의 원류를 찾아서, 푸른역사.

김봉섭(2009). 재외동포가 희망이다, 엠-애드.

김봉섭(2011). 재외동포 강국을 꿈꾼다, 엠-애드.

김상태(2012). 엉터리 사학자 가짜 고대사, 책보세.

김성길(2003). 다문화 개념 재정립과 소통의 배움 원리, Andragogy Today, 16(1), 1~20.

김성민(2020). 재외동포 이해 교육 제고 전문가 워크숍.

김소연(2019). 중국인 학습자의 한국 현대시 읽기 반응 연구, 서울대학교 석사 학위 논문.

김순임·민춘기(2014). '상호 문화능력' 학습을 위한 교양 교과목 개발을 위하여, 교양교육 연구,
　　　8(5), 517~555.

김애령(2020). 듣기의 윤리, 봄날의 박씨.

김영란(2014). KSL 한국어 교육과정에 대한 비판적 고찰, 국어교육학연구, 49(3), 60~92.

김영순 외(2017). 학습자 변인과 한국어언어·문화 교육, 언어와 문화,13(2), 217~234.

김영순(2021). 시민을 위한 사회·문화 리터러시, 박이정.

김영순·최승은(2014). 상호 문화학습의 실천적 내용에 관한 탐색적 연구, 언어와 문화, 12(2), 1~27.

김영순·최승은·황해영·정경희·김기화(2019). 결혼이주여성의 주체적 삶에 관한 생애담 연구,
　　　북코리아.

김영순·최유성(2019). 문화 번역 개념을 통한 상호 문화 한국어 교육 패러다임 탐색, 언어와 문화,
　　　15(1), 1~24.

김용권·김우창·유종호·이상옥 공역(1994). 현대문학비평론, 한신문화사.

김용섭(2020). 문화 격변의 방아쇠 된 코로나 19, 新東亞 6월호.

김유정 외(2012). 중국동포 커뮤니티 형성과 에스닉미디어의 역할: 커뮤니케이션하부 구조의 관점에서,

한국언론학보, 56(3), 347~375.

김정현(2009). 언어 번역에서 문화 번역으로: 폴 리쾨르 번역론 연구를 통한 상호 문화성 성찰,
    철학논총, 57, 95~120.

김진희 외(2014). 다문화 사회에서 편견의 문제와 다양성관리, 민족연구, 57, 92~111.

김채현(2020). 코로나 19가 강제한 이탈과 변동, 춤웹진, 6월호.

김태식(2008). 임재해, 『신라 금관의 기원을 밝힌다』를 읽고, 단군학 연구, 18, 97~497.

김향미(2020). 비통한 스페인 마드리드… 슬픈 드라이브 스로 장례식, 경향신문(4월 7일)

김헌선(2004). 〈밥 안 먹는 마누라〉 설화 유형의 동아시아적 분포와 변이, (미발표 논문).

김현미(2005). 글로벌 시대의 문화 번역, 또 하나의 문화.

김혜진(2011). 설화를 활용한 자기 성찰적 글쓰기 교육 연구, 고전문학교육, 22, 249~278.

김혜진(2017). 한국어 학습자의 문화적 문식력 신장을 위한 고전소설 교육 연구,
    서울대학교 대학원 한국어교육 전공 박사 학위 논문.

김호웅(2013). 디아스포라의 시학, 연변인민출판사.

나경철(2020). 마스크 쓸 때 '안경 김 서림' 해결법 인기, 뉴스투데이(3월 25일).

노명완·박영목(2008). 문식성 교육연구, 한국문화사.

뉴턴프레스(2019). Newton Highlight 121권 인공지능, (주)아이뉴턴.

니클라스 카, 최지향 옮김(2019). 생각하지 않는 사람들, 청림출판.

더글러스 로빈스, 정혜욱 옮김(2002). 번역과 제국, 동문선.

뒤르켐, 황보종우 옮김(2019). 자살론, 청아출판사.

랄프 릴튼, 전경수 옮김(1984). 문화와 인성, 현음사.

로렌스 베누티, 임호경 옮김(2006). 번역의 윤리, 열린책들.

류방란 외(2018). 제4차 산업혁명 시대의 교육: 학교의 미래, 한국교육개발원.

르몽드 디플로마티크(2014). 르몽드 인문학, 휴먼큐브.

마르코 마르티니엘로, 윤진 옮김(2002). 현대사회와 다문화주의, 한울.

마르틴 압달라 프릿세이, 장한업 옮김(2017). 유럽의 상호 문화 교육, 한울.

마정미(2014). 문화 번역, 커뮤니케이션북스.

민춘기(2015). 외국어교육에서의 문화학습에 대한 대학생들의 인식과 요구 평가,
    한국연구재단 연구보고서.

민현식(2006). 한국어교육에서 문화 교육의 방향과 방법, 한국언어문화학, 3-2, 국제한국언어문화학회.

민현식(2008). 한국어교육에서 소위 다문화 교육의 문제점에 대해, 한국언어문화학, 5(2). 115~150.

박갑수(2010). 한국어교육(韓國語教育)의 현실과 미래(未來): 한국어교육이 앞으로 나아가야 할 방향,
    국학연구론총, 6. 37~72.

박갑수(2015). 언어·문학·문화, 그리고 교육 이야기. 역락.

박명진(2013). 이미지 문화와 시대 쟁점. 문학과지성사.

박병기(2003). 우리 시대의 문화와 사회윤리. 인간사랑.

박병기(2013). 의미의 시대와 불교윤리. 씨아이알.

박병기(2016). 딸과 함께 철학자의 길을 걷다: 화쟁과 소통의 비교윤리학. 작가와비평.

박병기(2017). 한국사회의 변화와 미래, 도덕교육의 과제, 한국도덕윤리교육학회

　　　연차학술대회 기조강연문(미간행). 1~15.

박병기 외(2018). 대학생의 인성과 인성역량 함양. 교육과학사.

박상천(2007). 문화콘텐츠학의 학문 영역과 연구 분야 설정에 관한 연구, 인문콘텐츠, 10, 59~83.

박선옥(2011). 여성결혼이민자 수기(手記)에 나타난 문화 변용 양상 연구, 다문화콘텐츠연구,

　　　11, 107~139.

박선희(2006). 은합우(銀合杅) 명문의 연대 재검토에 따른 서봉총 금관의 주체 해명,

　　　백산학보, 74, 83~116.

박선희(2011). 고조선 복식문화의 발견, 지식산업사.

박선희(2013). 고구려 금관의 정치사, 경인문화사.

박소연(2015). 문화 번역 및 번역된 젠더에서 바라 본 식민 여성: 1938년작 조선영화 〈어화〉를

　　　중심으로, 여성문학연구, 35, 283~321.

박인기(2019). 문학의 생태 변화와 문학의 생활화, 미주 PEN문학, 17, 국제PEN 한국본부

　　　미주서부지역위원회.

박인기(2020). 문화융합시대의 학습생태와 융합교육, 국어교육연구. 72, 275~306.

박인기·박창균(2010). 한국인의 말, 한국인의 문화. 학지사.

박진임(2004). 문학 번역과 문화 번역: 한국 문학 작품의 영어 번역에 나타나는 문제점 연구,

　　　번역학연구, 5(1), 97~111.

배현숙(2002). 한국어 교육에서 문화 교육 현황 및 문제점, 이중언어학, 21, 178~199.

새뮤얼 헌팅턴, 이희재 옮김(1997). 문명의 충돌. 김영사.

서경식(2012). 역사의 증인 재일조선인, 반비.

서대석(2001). 한국 신화의 연구. 집문당.

서병곤·손수도(1998). 중국지역문화대계, 상해원동출판사.

서정희(2021). 동백꽃, PEN문학(1·2월호), 국제PEN한국본부.

성일권 옮김(2020a). 코로나 바이러스 이후가 더 우려되는 이유, 르몽드 디플로마티크 한국어판.

성일권 옮김(2020b). 언택트 사회에서 안녕하신가요, 르몽드 디플로마티크 한국어판.

손다정·장미정(2013). 쓰기 지식을 중심으로 한 학문 목적 한국어 쓰기 교육의 연구 경향,

어문논집, 56, 431~457.

송호정(2004). 단군, 만들어진 신화, 산처럼.

슬라보예 지젝(2000). 급진성으로 세계를 변화시켜야, 르몽드 디플로마티크 한국어판.

슬라보예 지젝(2020). 우리 모두는 코로나 호에 함께 타고 있다, 르몽드 디플로마티크 한국어판.

신용하(2005). 한국 원민족 형성과 역사적 전통, 나남출판.

신용하(2017). 한국 민족의 기원과 형성 연구, 서울대학교출판문화원.

신지선(2016). 사무실이 사라진다⋯생산성 높이는 자율적 원격근무, 뉴스토마토(7월 20일).

신지은(2014). 문화 번역과 로컬리티 연구: 타자에 대한 번역가의 과제를 중심으로, 인문연구,

   71, 1~34.

심규선(2019). 재외동포들에게 조국의 품격이란, 재외동포의 창(11월호), 재외동포재단.

아서 버거, 김기애 옮김(2000). 문화비평 : 주요 개념의 이해, 한신문화사.

안미영(2008). 한국어 교육에서 설화 문학을 활용한 문화 교육: '선녀와 나무꾼'을 통해 본

   한국의 문화, 정신문화 연구, 31(4), 107~130.

안희은(2015). 상호 문화주의에 기반한 한국어 교육 정책 연구, 부산대학교 대학원 박사 학위 논문.

알렉상드르 기유모즈(1975). 韓國의 思想構造, 삼성출판사.

양민정(2012). 〈나무꾼과 선녀〉형 설화를 비교를 통한 다문화 가정의 가족의식 교육 연구,

   국제지역연구, 15(4), 45~65.

양민종(2003). 샤먼 이야기, 정신세계사.

양승민(2008). 한국적 다문화상담의 모색을 위한 농촌지역 결혼이민여성늘의 스트레스 요인과

   반응에 관한 연구, 연세대학교 대학원 박사 학위 논문.

얼 쇼리스, 이병곤 외 옮김(2006). 희망의 인문학, 이매진.

에마뉘엘 레비나스, 김도형 외 옮김(2020). 타자성과 초월, 그린비.

여용준(2020). 'K-드라마' OTT 중심 재편⋯패권 잡은 넷플릭스, 추격하는 웨이브,

   이뉴스투데이(11월4일).

오정미(2008a). 한국어교육에서 문학 작품 선정에 관한 문제, 한말연구, 221~250.

오정미(2008b). 이주여성의 문화적응과 설화의 활용: 설화〈선녀와 나무꾼〉과 설화〈우렁각시〉를

   중심으로, 구비문학연구, 27, 177~210.

오정미(2012). 설화에 대한 다문화적 접근과 문화 교육, 건국대학교 대학원 박사 학위 논문.

오정미(2015). 다문화 사회에서의 한국의 옛이야기와 문화 교육, 한국문화사.

오정미(2020). 상호 문화 교육을 위한 아시아 설화에 대한 새로운 접근과 이해:

   베트남 설화를 중심으로, 교육문화 연구, 26(5), 1281~1298.

오정미(2021a). 아시아트릭스터담을 활용한 상호문호교육에서의 공감교육: '다름'이 아닌

'같음'을 바탕으로, 우리문학연구, 69, 133~162.

오정미(2021b). 상호문호교육을 위한 문학교육의 방법론 연구: 다국적의 구비문학 자료를
　　　　바탕으로, 언어와 문화, 17(1), 109~129.

오정미(2021c). 다문화동화로서의 아시아 전래동화집 연구, 동화와 번역, 41, 225~248.

왕한석 엮음(2011). 한국어 한국문화 한국사회, 교문사.

왕한석(2016). 한국의 언어 민속지-충청남북도 편, 서울대학교출판문화원.

우실하(2007). 고대에도 한류가 있었다, 지식산업사.

우에다 아츠오 저, 남상진 역(2007). 만인을 위한 제왕학, 지평.

우한용(2020). 한글 문학 배경의 세계', PEN문학(11·12월호), 국제PEN한국본부.

원진숙(2010). 삶을 주제로 한 자기 표현적 쓰기 경험이 이주 여성의 자아 정체성 형성에
　　　　미치는 영향에 관한 한국어 쓰기 교육 사례 연구, 작문연구, 11, 137~164.

원진숙(2014). 다문화 배경 학습자를 위한 한국어 교육의 과제, 국어교육, 144, 1~36.

유발 하라리, 전병근 옮김(2018). 21세기를 위한 21가지 제언: 더 나은 오늘은 어떻게 가능한가,
　　　　김영사.

유석재(2006). 논쟁합시다: 금관의 비밀, 조선일보(1월 17일).

윤내현 외(2006). 고조선의 강역을 밝힌다, 지식산업사.

윤내현(1994). 고조선 연구, 일지사.

윤내현(1998). 한국열국사연구, 지식산업사.

윤성우(2007). 발터 벤야민의 번역론에 관한 소고, 번역학연구, 8(1), 175~191.

윤여탁(2007). 외국어로서의 한국문학 교육, 한국문화사.

윤여탁(2014). 문화 교육이란 무엇인가, 태학사.

윤여탁(2021). 문학성이란 무엇인가, 태학사.

윤영(2016). 국외 한국어 학습자를 위한 문화교재 개발 방향, 인문사회과학연구, 50, 5~27.

윤형숙(2005). 외국인 출신 농촌주부들의 갈등과 적응 - 필리핀 여성을 중심으로,
　　　　지방사와 지방문화, 8(2), 299~229.

이근무 외(2009). 국제 결혼한 남성들의 생애사 연구, 한국사회복지학, 61(1), 135~162.

이도흠(2003). 제주에 대한 재현의 폭력과 저항의 역학관계, 기호학연구, 32, 44~59.

이미경(2015). 이주를 사유하다, 시방아트 http://seebangart.com/archives/914

이미림(1991). 이산문학: 한국민족문화대백과사전, 한국학중앙연구원.

이상돈(2020). 재외동포 이해 교육 제고 전문가 워크숍.

이성범(2013). 음식과 언어: 식문화에 대한 대조언어학적 연구, 서강대학교 출판부.

이송란(2008). 김알지 건국신화 속에서 탄생한 신라금관, 신라사학보, 14, 319~330.

이승재(2012). 문화층위와 문화소: 번역에 대한 문화적 접근, 번역학연구, 13(1), 137~166.

이어령(1992). 문화상징어 사전, 동아출판사.

이연옥 외(2014). 다문화 사회에서의 에스닉미디어의 역할: 미국 북가주지역 한인미디어를
　　　　중심으로, 민족연구, 58, 90~115.

이지성(2019). 에이트: 인공지능에게 대체되지 않는 나를 만드는 법, 차이정원.

이진아(2012). 문화 번역으로서의 민족무용: 최승희의 경우, 사회와 역사, 95, 57~200.

이한상(2004). 황금의 나라 신라, 김영사.

이해영(2010). 근대 동아시아인의 이산과 정착, 경진.

이형진(2016). 한국문학 번역의 문화 번역: 한국문학의 문화 번역 지점을 중심으로, 번역학연구,
　　　　17(3), 139~164.

이호준(2010). 다문화 가정 한국인남편의 결혼적응 과정, 아시아교육연구, 11(4), 119~143.

이희은(2014). 문화 번역의 이론적 의미와 전지구화 시대의 영상번역, 미디어, 젠더 & 문화, 29(2),
　　　　187~223.

일레인볼드윈 외, 조애리 외 옮김(2017). 문화 코드를 어떻게 읽을 것인가, 한울아카데미.

일아 옮김(2014). 담마빠다, 불광출판사.

임석재(1991). 한국구전설화 전 12권, 서울:평민사.

임재우(2018). 방탄소년단의 티셔츠는 과연 애국심의 상징일까, 한겨레신문(11월 18일).

임재해 외(2007). 고대에도 한류가 있었다, 지식산업사.

임재해 외(2009b). 마을 만들기 어떻게 할 것인가, 민속원.

임재해(1995). 민족신화와 건국영웅들, 천재교육.

임재해(2006a). 디지털 시대의 고전문학과 구비문학 재인식, 국어국문학, 143, 37.

임재해(2006b). 굿 문화사 연구의 성찰과 역사적 인식지평의 확대, 한국무속학, 11, 67~146.

임재해(2008a). 골계전 설화의 다문화 읽기와 다문화 사회 만들기, 구비문학연구, 26, 65~78.

임재해(2008b). 신라 금관의 기원을 밝힌다, 지식산업사.

임재해(2008c). 민속예술 비교연구의 준거와 비교모형 설정, 비교민속학, 36, 비교민속학회, 15~76.

임재해(2009a). 고조선 '본풀이'의 역사인식과 본풀이사관의 수립, 단군학연구, 21, 351~408.

임재해(2009b). 다문화주의로 보는 농촌의 혼입여성 문제와 마을 만들기 구상: 마을 만들기
　　　　어떻게 할 것인가, 민속원.

임재해(2011). 아시아 문화공동체를 겨냥한 다문화 공유의 민속축제 연구, 남도민속연구,
　　　　23, 297~348.

임재해(2012a). 민속에서 '판'문화의 인식과 인문학문의 길찾기, 민족미학, 11(1), 15~68.

임재해(2012b). 페이스북 공동체의 소통 기능과 정치적 변혁성, 한국민속학, 55, 145~188.

임재해(2013). 세계화 시대 한국 민속학의 현실적 과제와 자각적 전망. 비교민속학, 50, 168.

임재해(2015a). 민속학의 생활사료 인식과 역사학의 통섭. 한국민속학, 61, 7~53.

임재해(2015b). 고조선문화의 높이와 깊이. 경인문화사.

임재해(2018). 고조선 문명과 신시문화. 지식산업사.

임재해(2019). 공동체문화의 두 얼굴, 마을공동체와 가상공동체의 길. 미래학으로서 공동체문화
　　　연구의 패러다임 정립과 활용. 안동대학교 민속학과 학술대회 자료집.

장윤수(2011). 노마디즘과 코리안 디아스포라 문학. 북코리아.

장윤수(2011). 코리안 디아스포라 문학의 정체성 연구. 재외한인연구, 25, 7~40.

장혜진(2020). BTS 팬 플랫폼 '위버스' 원조 네이버 넘본다…엔터플랫폼 무한경쟁시대.
　　　서울경제(12월 9일).

재레드 다이아몬드, 강주헌 옮김(2016). 나와 세계: 인류의 미래에 관한 중대한 질문. 김영사.

재외동포재단(2019). 제21회 제외동포문학상 수상작품집. 재외동포 문학의 창.

재외동포재단(2019.6-2021.8). 재외동포의 창. 월간 저널.

재외동포재단(2020). 재외동포 이해 제고와 학교교육 연계. 전문가워크숍 자료집.

재외동포재단(2020). 제22회 제외동포문학상 수상작품집. 재외동포 문학의 창.

전동진·조경수(2013). 다문화 이주 학습자를 위한 문화 활용 한국어 쓰기 교육에 대한 제언.
　　　우리말 글, 59, 253~278.

전영선(2017). 통일문제의 생태주의적 인식과 문화 번역의 가능성. 통일인문학, 70, 71~97.

전재성 역주(2011). 숫타니파타-개정본. 한국빠알리성전협회.

전재성 역주(2014). 마하박가-율장대품. 한국빠알리성전협회.

전치형·홍성욱(2019). 미래는 오지 않는다. 문학과지성사.

정운채(1995). 선화공주를 중심으로 본 무왕설화의 특성과 서동요 출현의 계기. 겨레어문학, 19,
　　　333~355.

정윤길(2010). 브라이언 프리엘의 식민주체구성과 혼종성: Translations를 중심으로.
　　　현대영미드라마, 23(2), 109~138.

정윤길(2012). 문화 번역의 관점에서 포스트콜로니얼 텍스트 읽기: 벤야민과 바바의 번역론을
　　　중심으로. 영어권문화 연구, 5(1), 241~263.

정혜욱(2011). 문화 번역의 사적 전개 양상과 의의. 세계의 문학, 36(3), 343~357.

정혜욱(2015). 주디스 버틀러와 문화 번역의 과제. 비평과 이론, 20(1), 141~174.

조영철(2018). 공립 다문화 대안학교 교사의 상호 문화 교육 경험에 관한 내러티브 탐색.
　　　인하대학교 대학원 박사 학위 논문.

존 듀이, 홍남기 옮김(2010). 현대 민주주의와 정치 주체의 문제. 씨아이알.

존 메이너드 케인즈, 정명진 옮김(2016). 평화의 경제적 결과, 부글북스.

존 스토리, 박만준 옮김(2021). 대중문화와 문화이론, 경문사.

존 폴 레더락, 김가연 옮김(2016). 도덕적 상상력, 글항아리.

지눌(2002). 권수정혜결사문, 한국불교전서 4책, 동국대출판부.

지현숙(2010). 한국어교육에서 문화 교육과정 연구의 새로운 탐색: 소위 다문화 교육을 넘어,
　　　한국언어문화학, 7(1), 261-290.

진달용(2022). 한류신화에 관한 10가지 논쟁, 한울.

천소영(2005). 한국어와 한국문화, 우리책.

최돈형 외(2020). 행복한 세상을 꿈꾸는 지속가능한발전 교육: KEDI에 두고 온 시간들, 학지사.

최병우(2019). 조선족 소설 연구, 푸른사상.

최영준(2018). 다문화 교육 정책의 변화와 개선방안, 평생교육 · HRD연구, 14(2), 55~75.

최정윤 외(2018). 한국 고등교육 체제 노동시장 성과분석 및 개선과제, 한국교육개발원.

최준식(2009). 무교- 권력에 밀린 한국인의 근본신앙, 모시는 사람들.

클라우스 슈밥, 송경진 옮김(2016). 제4차 산업혁명, 메가스터디북스.

클리퍼드 기어츠, 문옥표 옮김(1998). 문화의 해석, 까치.

테리 이글턴, 이강선 옮김(2021). 문화란 무엇인가, 문예출판사.

표정옥(2009). 놀이와 축제의 신화성, 서강대학교출판부.

프레데릭 로르동(2020). 코로나는 신자유주의 체제를 '파탄'낼 수 있을까?, 르몽드 디플로마티크,
　　　한국어판.

피어스 비텝스키 지음, 김성례 · 홍석준 옮김(2005). 샤먼 -영혼의 여정 · 트랜스, 액스터시,
　　　치유 · 시베리아에서 아마존까지, 창해.

피에르 부르디외, 최종철 옮김(2005). 구별짓기 - 문화와 취향의 사회학 上, 새물결.

필립 스미스, 한국문화사회학회 옮김(2009). 문화이론 : 사회학적 접근, 이학사.

하비 콕스, 유강은 옮김(2018). 신이 된 시장, 문예출판사.

하윤수(2009). 미국 다문화 교육의 동향과 사회과 교육과정, 사회과교육, 48(3), 117~132.

한국콘텐츠진흥원(2018). 2019 콘텐츠산업예측, 한국콘텐츠진흥원.

한국콘텐츠진흥원(2019). 2018 콘텐츠산업결산및 2019 예측, 한국콘텐츠진흥원.

한국정신문화 연구원(1980-1988). 한국구비문학대계 전 82권, 한국정신문화 연구원.

한미애(2011). 문화 번역에 대한 인지시학적 접근: 황순원의 『학』을 중심으로, 번역학연구,
　　　12(4), 205~229.

한병철(2017). 선불교의 철학, 이학사.

헬레나 노르베리-호지, 김종철 외 옮김(2001). 오래된 미래, 녹색평론사.

호미바바, 나병철 옮김(2012). 문화의 위치, 소명출판.

홍기원 외(2006). 다문화정책의 방향과 문화적 지원 방안 연구, 서울: 한국문화관광정책연구원.

홍미정(2015). 디아스포라: 역사용어사전, 서울대학교 역사연구소.

홍성민(2000). 문화와 아비투스, 나남출판.

홍성민(2004). 피에르 부르디외와 한국사회, 살림.

홍찬숙(2015). 개인화-해방과 위험의 양면성, 서울대학교 출판문화원.

황정미(2010). 다문화시민 없는 다문화 교육: 한국의 다문화 교육 아젠다에 대한 고찰,
     담론201, 13(2), 93~123.

Abdallah-Pretceille, M. (1999). Diagonales de la communickation Anthropos Research &
     Publications.

Anderson, B. (1983). Imagined communities : reflections on the origin and spread of
     nationalism. New York: NY: Verso.

André Lefevere. (2002). Translation, History and Culture, London: Routledge.

Arasaratnam, L. A. (2006). Further testing of a new model of intercultural communication
     competence. Communication Research Reports, 23(2), 93~99.

Baldwin, E. et al. (1999). Introducing Cultural Studies, London: Prentice Hall.

Banks, J. A. (2008). Diversity, Group Identity, and Citizenship Education in a Global Age.
     Educational Researcher, 37(3). 129~139

Bennett, M. J. (1986). A developmental approach to training for intercultural sensitivity.
     International journal of intercultural relations, 10(2), 179~196.

Bhabha, H. K. (2004). The Location of Culture. London: Routledge Classics.

Bhabha, Homi. (1994). The location of culture. New York, NY: Routledge.

Bloom, D. (1987). Literacy and schooling. University of Michigan. 37.

Byram, M. (1997). Teaching and assessing intercultural communicative competence.
     Clevedon, UK: Multilingual Matters.

Chen, G. M., & Starosta, W. J. (1999). A review of the concept of intercultural awareness.
     Human Communication, 2, 27~54.

Choi, S.A. & Kim, M. J. (2021). An Exploring Study on the Linkage Possibility of the
     Support Policies in Multicultural Family and Multicultural Education for Social
     Integration. Journal of Multiculture and Education, 6(1), 117~143.

Cohen, Robin & Fischer, Carolin.(by edited 2108). 'Routledge Handbook of Diaspora Studies',

Routledge.

Council of Europe. (2007). From Linguistic Diversity to Plurilingual Education: Guide for the Development of Language Education Policies in Europe, Language Policy Division DGIV, Strasbourg.

Deardorff, D. K. (2004). The identification and assessment of intercultural competence as a student outcome of international education at institutions of higher education in the United States. Unpublished dissertation, North Carolina State University.

Deardorff, D. K. (2006). Identification and assesment of intercultural competence as a student of internationalization. Journal Studies in Intercultural Education, 10(3), 241~266.

Deardorff, D. K. (2009). The Sage Handbook of Intercultural Competence. California: Sage.

Edwards, V. & Corson, D. (1997). Functional literacy, Encyclopedia of language and education. Volume 2.

Eisler, R. (2004). "Education for a culture of peace", R. Eisler & R. Miller(ed.), Educating for a culture of peace, Portsmouth: Heinemann.

Fantini A. E. (2000). A central concern: Developing intercultural competence. About our institution, 25~42.

Fantini A. E. (2005). About intercultural communicative competence: A construct. SIT Occasional Papers Series, 1~4.

Fantini A. E. (2006). Assessment tools of intercultural communicative competence. Retrieved on, 12, 2015.

FilipinosinCanada.(2019). Rhea Santos joins OMNI Television to report from Canada. http://filipinosincanada.com/2019/10/18/rhea-santos/

Geertz, C. (1973). The interpretation of culture, New York: Basic Books.

Geertz, C. (1983). Found in translation: on the social history of the moral imagination. Local Knowledge: Further Essays in Interpretive Anthropology. New York: Basic Books.

Gellner, E. (2006). Nations and nationalism, 2nd ed. Ithaca, NY: Cornell University Press.

Gollnick, Donna M.· Chinn,Philip C. (2013). Multicultural Education in a Pluralistic Society, Pearson.

Gowans, C. W. (2015). Buddhist Moral Philosophy, New York & London: Routledge.

Gudykunst, W. B. (1993). Toward a theory of effective interpersonal and intergroup communication: An anxiety/uncertainty management(AUM) perspective. In R. L.

Wiseman & J. Koester (Eds.), Intercultural communication theory. 72~111.

   Interkulturelle Herausforderung. Frankfurt am Main: IKO.

Gudykunst, W. B. (1995). Building bridges: Interpersonal skills for a changing world. London: Pearson.

Gudykunst, W. B. (2002). Intercultural communication theories. Handbook of international and Intercultural Communication, 2, 179~182.

Hall, S. (1996). Cultural Studies: Two Paradigms, in What is Cultural Studies?: A Reader, ed. John Storey, London: Arnold, 31~48.

Han, B. (2017). Ethnic/Diasporic/ Transnational: The Rise and Fall of ImaginAsian TV. Television and New Media. 19(3): 274~290.

Han, G.S. (2015). K-Pop nationalism: Celebrities and acting blackface in the Korean Media. Continuum: Journal of Media & Cultural Studies 29(1): 2~16.

Hayes, A. (2006). The ethnic press for people of color: A short-lived goldeera. In G. T. Meiss & A. A. Tait (Eds.), Ethnic media in America: Building a system of their own 41~79. Dubuque, IA: Kendall/Hunt Publishing.

Herbrand, F. (2002). Fit für fremde Kulturen. Interkulturelles Training für Führungskräfte. Bern: Paul Haupt Verlag.

Hirsch, E.D., Jr., Kett, Josph F. and Trefil, James. (2002). The New Dictionary of Cultural Literacy, Houghton Mifflin Harcourt Publishing Company.

International Communication Gazette 82(1): 26~41.

Iwabuchi, Koichi. (2008). "When the Korean Wave meets Residents Koreans in Japan: intersections of the Transnational, the Postcolonial and the Multicultural." In East Asian Pop Culture: analyzing the Korean Wave, eds. C.B. Huat and Koichi Iwabuchi, 243-264. Hong Kong: Hong Kong University Press.

Jakobson, R. (1959). On linguistic aspects of translation. in Pomorska, K., & Rudy, S. (eds.). (1987). Language in Literature. Cambridge, MA: Harvard University Press.

James A. Banks & Cherry A. McGee Banks. (2010). Multicultural Education 7th Edition, Wiley.

Jason B. Ohler. (2013). Digital Storytelling in The Classroom 2nd Edition, orwin.

Jenkins, Henry, Sam Ford, and Joshua Green. (2013). Spreadable Media: Creating Value and Meaning in a Networked Culture. New York: New York University Press.

Jin, Dal Yong. (2016). New Korean Wave: transnational cultural power in the age of social media. Urbana, IL: University of Illinois Press.

Jin, Dal Yong. (2021). "The BTS sphere : Adoreable Representative M.C. for Youth's transnational cyber - nationalism on social media." communication and the Public : 6(1-4): 33~47.

Jin, Dal Yong and Kyong Yoon. (2016). "The social mediascape of transnational Korean pop culture: Hallyu 2.0 as spreadable media practice." New Media and Society 18(7): 1277~1292.

Jin, Dal Yong and Soochul Kim. (2011). "Sociocultural Analysis of the Commodification Ethnic Media and Asian Consumers in Canada." International Journal of Communication 5: 552~569.

Jin, Dal Yong, Kyong Yoon, and Wonjung Min. (2021). Transnational Hallyu: The Globalization of Korean Digital and Popular Culture. London: Rowman & Littlefield.

Ju, H.J. (2007). The Nature of Nationalism in the Korean Wave: A Framing Analysis of News Coverage about Korean Pop Culture. Paper Presented at the Annual Meeting of the National Communication Association Convention. 14 November.

Kraidy, Marwan. (2005). Hybridity or the Cultural Logic of Globalization. Philadelphia: Temple University Press.

Lasswell, Harold D. (2006), The Structure and Function of Communication in Society, Communication Theories, critical concepts in media and cultural studies (vol1, edited Paul Cobley), Routledge.

Lu, Amy Shirong. (2008). "The Many Faces of Internationalization in Japanese Anime." Animation: an indisplinary journal 3(2): 169~187.

M. Mahtani, 'Integrating the Hyphen-Nation: Canadian multicultural policy and 'Mixed race' identities. Social Identities 8, 2002, 67~90.

McLaren, Courtney and Dal Yong Jin. (2020). 'You Can't Help But Love Them: BTS, Transcultural Fandom, and Affective Identities. Korea Journal 60(1): 100~127.

Min, P.G. (2017). "Transnational Cultural Events among Korean Immigrants in the New York-New Jersey Area." Sociological Perspective, 60(6): 1136~1159.

Ministry of Immigration, Refugees, and Citizenship. (2020). Government of Canada announces plan to support economic recovery through immigration. News Release. 30 October.

Ministry of Immigration, Refugees, and Citizenship. (2021). Wages for Immigrants to Canada

Rising, But Still Below Those of Canadians. News Release. 2 February.

Murray, C., Yu, S., & Ahadi, D. (2007). Cultural diversity and ethnic media in BC: Report to Canadian Heritage.

Ojo, T. (2006). Ethnic print media in the multicultural nation of Canada: A case study of the black newspaper in Montreal. Journalism, 7(3), 343~361.

Paige, R. M., Jacobs-Cassuto, M., Yershova, Y. A., & DeJaeghere, J. (2003). Assessing intercultural sensitivity: An empirical analysis of the Hammer and Bennett Intercultural Development Inventory. International journal of intercultural relation, 27(4), 467~486.

Pieterse, Jan Nederveen. (2009). Globalization and Culture: Global Mélange. 2nd ed. ML: Rowman & Littlefield Publishers.

Pratt, M.L. (1991). Arts of the Contact Zone. Profession, 91.

Ronald Hutton, Shamans-Siberian Spirituality and the Western Imagination, Hambledon Continuum, 2007, 45~110.

Shi, Y. (2009). Re-evaluating the alternative role of ethnic media in the U.S.: The case of Chinese language press and working-class women readers. Media, Culture and Society, 31(4), 597~606.

Singer, P. (2015). The Most Good You Can Do-How Effective Altruism Is Changing Ideas About Living Ethically, New Haven & London: Yale University Press.

Spitzberg, B. H. (1997). A model of intercultural communication competence. Intercultural communication: A reader, 9, 375~387.

Stephan, W., Stephan, C., & Gudykunst, W.B. (1999). Anxiety in intergroup relations: a comparison of anxiety/uncertainty management theory and integrated threat theory. International Journal of Intercultural Relations, 23(4), 613~628.

Straubhaar, J. (2021). Cultural Proximity. In Jin, D.Y. (ed.). The Routledge Handbook of Digital Media and Globalization, 24-33. London: Routledge.

The Korea Times. (2020). Should K-pop stars speak out about social issues?. 15 June.

Thomas, A. (2003). Interkulturelle Kompetenz – Grundlagen, Probleme und Konzepte. Arneot, 2(15), 114~125.

Ting-Toomey, S. (1993). Communicative resourcefulness: An identity negotiation perspective.

In R.L Wiseman & J. Koester (Eds.), International and intercultural communication annual(Vol. 17), Intercultural communication competence. 72~111. California: Sage.

UNESCO. (2013). Intercultural Competence. Paris: Place Fontenoy.

Vancouver Sun. (2019). Snow, cold doesn't dampen spirits at Chinatown's 46th annual Lunar New Year parade. 2 February.

Willians, Raymond. (1983), keywords, London: Fontana.

Yoon, T-J. & Kang, B. (2017). Emergence, evolution, and extension of "Hallyu Studies": What Have scholars found from Korean pop culture in the last twenty years?. In T-J. Yoon, & D. Y. Jin (Eds.). The Korean Wave: Evolution, fandom, and transnationality. Lanham, MD: Lexington Books.

Yu, S. (2018). Conceptualizing Media in a Multicultural Society. In Diasporic Media beyond the Diaspora: Korean Media in Vancouver and Los Angeles. Vancouver, BC: UBC Press.

Zeng, W. and C. Sparks. (2020). Popular nationalism: Global Times and the USChina trade war.

다문화
인문학
총서01

다문화 사회의
인문학적 시선

초판 1쇄 발행 2022년 3월 28일

글   김영순, 박병기, 진달용, 임재해, 박인기, 오정미

편집   김유정
디자인   피크픽(peekpick)

펴낸이   김유정
펴낸곳   yeondoo
등록   2017년 5월 22일 제300-2017-69호
주소   서울시 종로구 부암동 208-13
팩스   02-6338-7580
메일   11lily@daum.net
ISBN   979-11-91840-26-1 03300